UNIVERSITÀ DEGLI STUDI DI CAGLIARI
Facoltà di Scienze Politiche
Dipartimento di Ricerche
Economiche e Sociali

QUESTIONI DI POPOLAZIONE IN EUROPA UNA PROSPETTIVA GEOGRAFICA

a cura di Maria Luisa GENTILESCHI e Russell KING

ASSOCIAZIONE
DEI GEOGRAFI ITALIANI

INSTITUTE
OF BRITISH GEOGRAPHERS

PÀTRON EDITORE
BOLOGNA 1996

Copyright © 1996 by Pàtron editore
Via Badini 12, 40050 Quarto Inferiore - Bologna

I diritti di traduzione e di adattamento, totale o parziale, con qualsiasi mezzo sono riservati per tutti i Paesi. È inoltre vietata la riproduzione, anche parziale, compresa la fotocopia, anche ad uso interno o didattico, non autorizzata.

ATTI DEL PRIMO SIMPOSIO ITALO-BRITANNICO DI GEOGRAFIA DELLA POPOLAZIONE (Cagliari, 6-7 settembre 1993)

COMITATO SCIENTIFICO:

Russell King, University of Sussex, UK
Maria Luisa Gentileschi, Università di Cagliari
Paolo Doccioli, Università di Firenze
Emilio Biagini, Università di Cagliari

CON IL PATROCINIO DI:

Amministrazione della Provincia di Cagliari
Assessorato Pubblica Istruzione della Regione Autonoma Sardegna
Associazione Italiana Insegnanti di Geografia, Sezione Sardegna
Banco di Sardegna
Camera di Commercio, Industria, Artigianato e Agricoltura della Provincia di Cagliari
Comune di Cagliari
Consiglio Nazionale delle Ricerche
Credito Industriale Sardo
Ente Regionale per il Diritto allo Studio Universitario
Ente Sardo Industrie Turistiche
Università di Cagliari

Stampato con il contributo di:
Consiglio Nazionale delle Ricerche (Comitato 08)
Facoltà di Scienze Politiche dell'Università di Cagliari
Regione Autonoma della Sardegna

Stampato nello Stabilimento Editoriale Pàtron
40050 Quarto Inferiore - Bologna - maggio 1996

INDICE

Presentazione
di Maria Luisa GENTILESCHI .... p. 5

Introduction
di Russell KING .... p. 7

I. Le comunità immigrate verso la stabilizzazione: continuità, mobilità geografica, dinamiche socio-economiche

G. BARBINA, La comunità friulana in Canada fra integrazione e assimilazione .... p. 11
R. KING e B. REYNOLDS, Little Ireland in Italy: Casalattico and the migration link to Dublin .... p. 23
P. WHITE, The intra-urban mobility of ethnic minorities, with special reference to the Paris agglomeration .... p. 39
D. SPORTON, Migrant networks and community development: Moroccan migration to France .... p. 53

II. L'immigrazione in Italia: quadri distributivi, mercato del lavoro, politiche di controllo

E. DELL'AGNESE, Profughi politici e rifugiati 'economici' in Italia: il doppio esodo albanese nel 1991 .... p. 69
P. NODARI, L'immigrazione straniera nel Friuli-Venezia Giulia: Paesi d'origine e motivazioni della scelta migratoria. Risultati di un'indagine campionaria .... p. 83
C. DONATO, Immigrazione straniera e mercato del lavoro nel Friuli-Venezia Giulia .... p. 97
G. ROTONDI, Gli extracomunitari nel Veneto: un'immigrazione 'diffusa' per un modello produttivo 'diffuso' .... p. 117

M. KNIGHTS, Bangladeshis in Rome: the political, economic and social structure of a recent migrant group .... p. 129

C. POLTO, Immigrazione nel Messinese: prime considerazioni sulla distribuzione degli stranieri .... p. 143

III. L'evoluzione demografica delle grandi aree urbane

K. HALFACREE, Ruralism and the postmodern experience: some evidence from England in the late 1980s .... p. 163

P. BOYLE, Examining metropolitan outmigration: a detailed analysis using migration flow data from the British 1981 Census .... p. 179

G. BRUNETTA, Processi distributivi della popolazione veneta alla luce del recente Censimento demografico (1991). .... p. 199

L. DI COMITE, A. PATERNO, Caratteristiche evolutive della popolazione dell'area metropolitana di Bari tra i censimenti demografici del 1981 e del 1991 .... p. 209

J. CARPENTER, Population displacement and neighbourhood change in a metropolitan region: the case of two inner-city districts in Paris .. p. 225

IV. Popolazione, sanità, ambiente

V. HIONIDOU, The Greek famine of 1941-42: an overview .... p. 245

G. MOONEY, The prevention and control of infectious childhood diseases in late nineteenth – and early twentieth – century London: the case of diphtheria and measles .... p. 255

PRESENTAZIONE

Alle prese con un tema, *Questioni di popolazione in Europa: aree urbane, etnicità, dinamiche centro-periferiche*, su cui era imperniato il Primo Simposio Italo-Britannico di Geografia della Popolazione, che lasciava una notevole libertà di scelta circa le «questioni» da affrontarsi con le chiavi concettuali e gli strumenti del geografo, gli studiosi convenuti a Cagliari hanno prodotto contributi che presentano un notevole grado di coerenza. Questa compattezza esteriormente deriva da reazioni comuni che scaturiscono nelle città europee a fronte di vecchie e nuove migrazioni, ma a ben guardare nasce dall'attenzione che gli studi geografici prestano al territorio con le sue risorse e alle politiche che di volta in volta vengono finalizzate alla risoluzione o almeno all'attenuazione dei conflitti in atto o che comunque cercano di creare le condizioni di una migliore convivenza. Non tutte le comunicazioni poi hanno riguardato gli spazi urbani: in fondo però si tratta pur sempre di dinamiche provocate da processi innescati dalle aree urbane in zone marginali – remoti comuni montani o isole – le cui piccole comunità residuali rinviano echi lontani dei mutamenti delle aree centrali.

Si sente ripetere da più parti che i conflitti culturali ed etnici tracceranno in futuro demarcazioni tra le popolazioni in maniera più netta e profonda di quanto non abbiano fatto i confini tra le nazioni e gli stati. Non c'è dubbio che nel mondo occidentale le aree più coinvolte nelle questioni multietniche saranno quelle urbane, specialmente le maggiori. Correnti migratorie di varia provenienza vi si dirigono, creando le premesse di problemi di convivenza che già emergono prepotentemente. Da luogo di attrazione, la città sta diventando luogo di emarginazione e di conflitto.

Gli spazi urbani sono però anche quelli in cui meglio si possono organizzare le condizioni di abitazione e di lavoro dei diversi segmenti di popolazione. Una prospettiva spaziale di tipo dinamico, che identifichi i nuovi stanziamenti e ne segua l'evolversi, dai primi arrivi alle forme successive di mobilità, e che ricostruisca gli spostamenti settoriali e il mutevole rapporto con il territorio, può offrire un contributo importante per capire i termini delle nuove convivenze. Per il geografo capire significa ordinare in nessi logici popolazione e territorio. Quali siano i nessi lo possiamo apprendere – in buona parte almeno – nei luoghi e dalle persone che analoghe esperienze hanno già vissuto. Perciò consideriamo preziosa un'occasione d'incontro con i geografi britannici che hanno al loro attivo una lunga consuetudine con i problemi dell'immigrazione straniera nel proprio Paese.

Lo studio delle migrazioni interne e internazionali si è confermato ancora una volta come il principale filone della geografia della popolazione in Italia, ma non certo l'unico. Il Simposio è servito anche a mettere in contatto gruppi che lavorano su questo e su altri temi: i siciliani, con il loro vasto piano di ricerca sulla presenza straniera che coprirà tutte le province dell'Isola, il gruppo abruzzese, impegnato in uno studio multiregionale sulle popolazioni urbane, quello di geografia del genere, i cui lavori sono stati in parte esposti e discussi in una tavola rotonda nel corso del Simposio; i geografi sassaresi, infine, che si stanno occupando del consumo di suolo agrario provocato dall'espansione urbana.

Tutte queste ricerche, e altre ancora, sono ad un diverso stadio di maturazione e i loro risultati compariranno in successive pubblicazioni a cura di altri. Al di là dei contributi qui raccolti, il Simposio ha svolto anche una funzione importante di incontro e di confronto, base di future collaborazioni e interazioni. In questo le persone che hanno lavorato alla sua organizzazione trovano motivo di soddisfazione e di compenso per il lavoro svolto e nel ringraziare gli intervenuti si augurano che una più stretta coesione tra culture oggi più vicine dia presto frutti abbondanti.

MARIA LUISA GENTILESCHI
Università di Cagliari

INTRODUCTION

The first British-Italian Symposium on Population Geography (6-7 September 1993) brought ten population geographers from Britain (and Ireland) to Cagliari to present papers on their recent research. A somewhat larger number of papers was presented by the Italian side, but the result nevertheless was a useful and balanced exchange of research exsperiences which this book now sets in print for a wider audience.

Although the British are often portrayed, with some justification, as an insular nation, a significant proportion of British geographers have always conducted the bulk of their field research outside of Britain. Indeed this outward-reaching focus distinguishes British geographers from most of their continental European colleagues who seem more preoccupied with local research. In the past the exterior orientation of much British geographical research was probably a function, at least partly, of the imperial project; even during the post-colonial period, the earlier links set up by British geographers in South Asia, Africa, the Caribbean and elsewhere were maintained and overseas geographical research flourished under the Commonwealth Geographical Bureau and other agencies.

From the 1960s on, however, a clear redirection of external geographical interest occurred as a selection of British geographers started researching and writing on continental European countries: one thinks of Bill Mead's pioneering work on Finland, John Cole's on Italy, Ian Thompson's on France and Tom Elkins's on Germany, amongst others. Nor was there a lack of more general texts with a wider European focus: F.W. Monkhouse on Western Europe, D.S. Walker on the Mediterranean and Roy Millward on the Scandinavian Lands are some examples. In his 1982 Presidential Address to the Geographical Association Mead recounted the discovery of Europe by British geographers: the truth, as David Stoddart had stated some years earlier, was that Geography had always been a 'European science'.

Since early 1970s, British geographers' connections with Europe have strengthened, and shifted south towards the Mediterranean. Several reasons can be suggested for this. The new generation of geographers born since the war had no experience of colonial geographies and looked for foreign pastures closer at hand: what more natural location than the sunny climes and beautiful landscapes of southern Europe, idyllised in British minds since the Victorian days of the Grand Tour? Second, Britain's entry into the EEC in 1973 set a whole new geographical agenda, pressed forward at many levels including the secondary school curriculum. Third, cheap travel enabled field research (and the student field trips which are so firm a part of university departmental life for British geography) to be carried out relatively easily: from Gatwick, Luton or Manchester (even Belfast and Dublin) places like Montpellier, Malta, Majorca or Malaga are just two hours or so away. How many thousands of UK and Irish students of geography had their first overseas field and travel experience in the beguiling landscapes of the European Mediterranean! Finally, the 'Europeanisation' of British and Irish geographical education has continued since the late 1980s with the Erasmus scheme. This has not only favoured student exchange at an accelerating rate but has also acted as a catalyst for joint research projects between staff of partnered and networked universities. Such joint, Anglo-Italian, research projects in geography have yet to bear copious fruit, but it is so be hoped that the next Italo-British meeting of population geographers can be based around research which is truly joint. The papers presented in this volume are the first step along that road.

I close this brief introduction with three votes of thanks: first to the British contributors for submitting their manuscripts to me (as English-language editor) so promptly and for their willingness to make revisions suggested by the editorial panel; second to the four members of this panel for giving up valuable time to read the draft papers; and third to Professor Gentileschi and her team in Cagliari for their excellent organisation and hospitality.

RUSSELL KING
University of Sussex

I – LE COMUNITÀ IMMIGRATE VERSO LA STABILIZZAZIONE: CONTINUITÀ, MOBILITÀ GEOGRAFICA, DINAMICHE SOCIO-ECONOMICHE

Guido Barbina*

LA COMUNITÀ FRIULANA IN CANADA FRA INTEGRAZIONE E ASSIMILAZIONE**

Riassunto. La comunità friulana del Canada si è formata in conseguenza di tre ondate migratorie. L'ultima degli anni Cinquanta, è stata certamente la più importante e quella che permette meglio un'analisi dello stato di assimilazione dei friulani nell'ambito della società canadese.
I friulani giunti in Canada dopo la seconda guerra mondiale hanno trovato inizialmente condizioni particolarmente difficili ma grazie all'aiuto dei connazionali delle ondate precedenti e delle organizzazioni etniche essi hanno superato rapidamente i problemi del primo adattamento e si sono integrati nella società canadese nel corso di una generazione, mantenendo però alcuni precisi caratteri etnici. La situazione di benessere economico in cui i friulani del Canada attualmente si trovano ha eliminato ogni forma di segregazione e sta portando la comunità friulana a una completa assimilazione.

Summary. The Friulan Community of Canada has developed as a consequence of three migratory waves. The last migration, in the Fifties, has certainly been the most important and the one that allows the best analysis of the assimilation state of Friulans in the Canadian society.
The Friulans who arrived in Canada after the Second World War initially found an extremely difficult situation. Thanks to the help of fellow nationals of previous waves and existing ethnic organizations they have quickly solved the first settling in problems and became integrated in the Canadian society within one generation, although preserving a few definite ethnical characteristics.
The economic welfare situation which the Friulans of Canada presently enjoy, has eliminated any form of segregation and is bringing the Friulan community towards a complete assimilation.

1. Storia dell'emigrazione friulana in Canada

Nella società plurietnica canadese la componente italiana è certamente rilevante, sia come quantità che come presenza attiva.

Le ondate migratorie dall'Italia al Canada sono state tre. La prima è quella dell'ultimo ventennio del secolo scorso, che ha visto arrivare in Canada una decina di migliaia di italiani, pari allo 0,20% della popolazione canadese al censimento del 1901. La seconda ondata è quella fra gli anni Venti e Quaranta ma è poco significativa (in quel periodo in Italia vigeva una politica demografica contraria all'esodo migratorio): nel 1941 la componente

---

* Dipartimento Economia, Società e Territorio dell'Università di Udine.
** *Questo studio è stato effettuato col parziale finanziamento ministeriale (MURST 40% 1990).*

italiana era però salita allo 0,98% del totale[1]. La terza e più importante ondata è stata quella degli anni Cinquanta: al censimento del 1961 i cittadini di origine italiana in Canada erano 450.351, pari al 2,47% dell'intera popolazione canadese (18.238.247 ab.); nello stesso periodo erano cambiati gli equilibri etnici interni per l'arrivo di nuovi immigrati provenienti da altri paesi europei e asiatici (Anderson, Frideres, 1981, pp. 136-137).

Negli anni Sessanta il governo canadese cominciò a mettere a punto una nuova politica nei riguardi delle ormai numerose comunità diverse dai due «gruppi fondatori» dello stato (francesi e inglesi), con l'obiettivo di controllare in qualche modo i movimenti secessionisti dei francofoni del Quebec, che sembravano mettere in pericolo l'unità della federazione. Così nel 1971 si passò alla politica del multiculturalismo, abbandonando la linea tradizionale del *melting pot*, che favoriva, su ciascun territorio, le due comunità fondatrici (inglesi e francesi), ignorava i problemi dei popoli indigeni (amerindi e inuit) e aspettava che le comunità immigrate si fondessero da sole soprattutto nella società anglofona (angloconformismo).

Con la politica del multiculturalismo, annunciata alla Camera dei Comuni l'8 ottobre 1971, il governo federale riconosceva a tutte la comunità non solo il diritto di mantenere la propria cultura, ma anche di essere partecipi alla costruzione della nazione a pari dignità con le due comunità fondatrici; con lo stesso provvedimento si stanziavano fondi per sviluppare il plurilinguismo e per favorire i gruppi minori. Così il Canada si distingueva dagli Stati Uniti (e dunque cercava di contrastare la incombente «americanizzazione» dello stato) in quanto a una società anglofona che assimilava lentamente le culture degli immigrati (il *melting pot* degli Stati Uniti) opponeva una società fondata sull'apporto di tutte le culture dei gruppi immigrati.

Sulla validità di questa politica, che ebbe diversi aggiustamenti, e sulle polemiche che essa ha provocato ci sono molte analisi (Berry *et al.* 1977; Burnet, 1979 e 1981; Anderson, Frideres, 1981; Peter, 1981; Isajiw, 1983; Berry, 1984; Breton, 1986; Kallen, 1987): oggi il multiculturalismo è ancora ufficialmente adottato, ma in realtà i suoi sostenitori sono molto diminuiti ed è applicato in maniera poco convinta e con mezzi finanziari ridotti.

La consistenza della comunità italiana, attualmente, è certo rilevante: il censimento del 1981 su una popolazione totale di 24.343.000 ab. registrava 7.556.775 appartenenti alla «terza forza», cioè di origine né britannica né francese (le comunità fondatrici), né nativa; di questi 747.970 avevano dichiarato «anche» un'origine italiana essendo nati in Italia o in Canada da almeno un genitore italiano (Kalbach, 1987)[2].

---

[1] Nei censimenti canadesi a partire dal 1871 si chiede anche l'origine etnica del censito, identificata in base alla sua discendenza in linea paterna. Dal censimento del 1981 però si possono dare anche «risposte multiple», cioè indicare più origini etniche. L'analisi dei dati etnici contenuti nei censimenti canadesi è piuttosto difficoltosa e tale da non riuscire a dare con immediatezza l'immagine di una situazione multietnica diventata oggi, a causa dei matrimoni misti, quanto mai complessa.

[2] La storia dell'emigrazione italiana in Canada non è stata ancora studiata completamente:

Purtroppo è impossibile sapere quanti di questi immigrati siano di origine friulana, tuttavia è certo che i friulani costituirono uno dei gruppi più consistenti fra gli italiani entrati in Canada negli anni Cinquanta, quando dal 1951 al 1960 alcune migliaia di friulani lasciarono ogni anno la loro terra per recarsi in Canada: in questo decennio ci sono stati 16.932 espatri dalla provincia di Udine verso il Canada, con un massimo nel 1957 (2.367 espatri). Dopo il 1960 il flusso migratorio dal Friuli cominciò ad affievolirsi, assumendo la caratteristiche proprie dell'emigrazione da aggiustamento familiare fino all'inizio degli anni Ottanta, quando cessò del tutto. In questo periodo (dal 1950 al 1980) almeno 20.000 friulani hanno raggiunto il Canada, aggiungendosi alle migliaia che già vi si trovavano. In totale si può stimare che oggi almeno 80.000 canadesi siano o nati in Friuli o di origine, almeno parziale, friulana[3].

2. Gli indicatori etnici nel processo di integrazione

Per comprendere i problemi dell'inserimento di questa comunità nella società del *melting pot* prima e del multiculturalismo poi, bisogna tener conto della cultura di partenza dell'emigrante friulano[4].

Di origine modesta, provenienti dall'ambiente rurale conservatore della campagna friulana, questi migranti partivano come monolingui friulani, con una scarsa conoscenza della lingua italiana, appresa alla scuola elementare ma non utilizzata né in famiglia né nei rapporti sociali; la loro conoscenza della lingua inglese (o francese) era nulla. Legati alla tradizione cattolica, alle consuetudini e al modo di pensare del Friuli, si trovarono nei primi anni in gravissima difficoltà al contatto con la società e con i modelli propri della società che li accoglieva. Destinati ai lavori più umili, più pesanti (come i lavori nelle miniere o quelli all'aperto nella stagione invernale) e di più bassa remunerazione, considerati con ostilità e incomprensione dai canadesi, essi si stabilirono soprattutto nei grossi centri urbani e in particolare nella conurbazione di Toronto, che oggi ospita da 40.000 a 50.000 persone di origine friulana (secondo le stime più attendibili)[5].

---

cfr. Gualtieri, 1928; Vangelisti, 1958; Spada, 1969; Boissevain, 1970; Bordeleau, 1974; Harney, 1975 e 1984; Ramirez, Del Baso, 1984; Ramirez, 1984 e 1989; Sturino, 1985, 1988 e 1990; Zucchi, 1985 e 1988; Painchaud, Poulain, 1988; Bagnell, 1989; Perin, Sturino, 1989.

[3] Notizie sull'emigrazione friulana in Canada si hanno in Ridolfi, 1931; Grohovaz, 1982, Landed, 1992 e sul periodico «Friuli nel Mondo» edito a Udine dall'Ente Friuli nel Mondo.

[4] Le altre comunità friulane più consistenti sono quelle di Montreal, di Quebec e di Vancouver, ma in ogni città canadese vive almeno un piccolo gruppo di persone friulane o di origine friulana.

[5] Il materiale di questo studio è stato raccolto essenzialmente da due laureande della Facoltà di Lingue e Letterature Straniere dell'Università di Udine, che hanno svolto la loro tesi con ricerche presso le comunità friulane del Canada (Stellin M., *Il Multiculturalismo in Canada*, 1990; Sindici F., *L'integrazione degli immigrati friulani nella società multiculturale*

Delle tre ondate migratorie solo l'ultima, che è anche la più consistente, si presta bene ad un'analisi del processo che ha portato alla sua integrazione con la società canadese. Infatti gli immigrati degli anni Cinquanta oggi hanno raggiunto la maturità, l'assestamento professionale, la pensione; i loro figli sono iscritti alle università, prestano servizio militare, hanno il loro primo lavoro; i loro nipoti sono alla scuola primaria o superiore; nell'insieme ci offrono un campione di tre diversi momenti della vita e di tre diverse problematiche esistenziali, affrontate ciascuna con modalità proprie.

Gli immigrati della prima ondata (quella del secolo scorso) sono invece ormai scomparsi e i loro discendenti, anche per i matrimoni esoetnici, sono assimilati col resto della società canadese e raramente si riesce ad identificarli per un motivo diverso da qualche cognome di origine chiaramente friulana. Anche quelli della seconda ondata sono poco identificabili etnicamente e i loro discendenti sono quasi sempre così perfettamente inseriti nella società canadese da avere solo qualche ricordo della loro origine.

Per comprendere il processo di integrazione dei friulani nella società canadese bisogna chiarire quali sono gli elementi essenziali della identificazione etnica in generale e dei friulani in particolare.

Gli indicatori etnici possono essere classificati in quattro gruppi: quelli linguistici (uso della lingua nelle relazioni con gli altri componenti della comunità, coscienza della lingua come simbolo etnico, utilizzo della radio e dei programmi televisivi nella propria lingua, lettura di testi e giornali); quelli sociali (endogamia, riunioni organizzative delle attività etniche, solidarietà di gruppo); quelli politico-sociali (interessamento alle vicende della patria, uso del voto, partecipazione ai fatti politici della propria patria) e quelli culturali (abitudini alimentari, partecipazione a manifestazioni etniche di carattere culturale e folcloristico).

A parte il dato della provenienza geografica, si può dire che l'indicatore più forte, per la comunità friulana, è quello linguistico, in quanto i friulani considerano la loro lingua un preciso segnale di identificazione e una ben visibile bandiera etnica.

Altri elementi sono più difficili da osservare, perché riguardano i comportamenti, sia a livello elementare (personale e familiare) che a livello più allargato, i quali non sempre sono pienamente avvertibili e distinguibili da quelli del gruppo dominante.

Fra questi comportamenti sono significativi, come indicatori etnici, il forte senso della famiglia, strutturata in modo gerarchico e solidamente ancorata a certi rapporti interni assai ben definiti, alcune tradizioni alimentari[6],

---

canadese e le funzioni dei fogolârs furlans, 1992), e durante due miei viaggi in Canada (luglio e dicembre 1992). L'analisi del processo di integrazione è stata condotta con interviste e constatazioni personali ed è stata agevolata sempre dalla collaborazione della comunità friulana in Canada.

[6] Indubbiamente, per i friulani, la tradizione alimentare è però meno significativa di quanto non sia per le comunità dell'Italia meridionale, che rimangono per generazioni attacca-

l'amore per la musica popolare friulana, la solidarietà di gruppo, il senso religioso, l'attaccamento alla casa (intesa come edificio, che si aspira ad avere in proprietà esclusiva come simbolo di sicurezza esistenziale) e soprattutto la fortissima propensione al risparmio, dovuta a una lunga tradizione di insicurezza economica.

Osservando questi indici bisogna inoltre tenere presente la sequenza dei momenti con cui una comunità etnica minoritaria entra in contatto con la società dominante: adattamento, integrazione e, infine, assimilazione.

L'adattamento, dopo il periodo di aggiustamento durante il quale il nuovo arrivato si preoccupa di raggiungere uno stato di armonia col nuovo ambiente cercando di comprenderne le regole, è il processo con cui i nuovi arrivati modificano il proprio comportamento abituale per trovare in qualche modo un primo contatto col gruppo dominante. La prima forma di adattamento è quella dell'apprendimento linguistico, senza il quale si rimane irrimediabilmente ghettizzati, e della conoscenza delle norme che regolano la convivenza nel paese ospitante (per norme si intendono non solo quelle legislative, ma anche quelle relative al modo di vestire in un clima molto differente da quello di origine, le regole di lavoro, l'accettazione dei gusti e dei comportamenti altrui, e tutto ciò che permette in qualche modo di essere accettati nella nuova società).

Per gli immigrati friulani il processo di adattamento è stato molto rapido anche perché è stato facilitato dall'aiuto fornito dai friulani delle precedenti ondate migratorie e ciò ha favorito una pronta socializzazione e un'accettazione della comunità friulana da parte della società canadese certamente più rapide rispetto alle altre comunità etniche italiane.

In questo momento hanno avuto straordinaria importanza le organizzazioni di solidarietà e di assistenza operanti allo interno della comunità friulana, e fra queste le missioni cattoliche e le *fameis furlanis* già esistenti o prontamente costituite[7].

---

te ai loro cibi, fino al punto di trasferire queste abitudini anche alle altre comunità, come per esempio nel caso della pizza e degli spaghetti (Epstein, 1978). Nel caso dei friulani l'attaccamento alla tradizione riguarda il vino (il modo di produrlo, non la quantità consumata), la grappa friulana, gli insaccati di maiale, spesso fatti in casa col concorso di amici, e poche altre cose, come le caldarroste consumate ritualmente per la ricorrenza dei defunti.

[7] La prima Famee Furlane venne costituita a Toronto nel 1932 come società di mutuo soccorso allo scopo di aiutare le famiglie friulane per le spese dei funerali (*Famee Furlane Mutual Benefit Society*). Oggi ne sono attive 15 (a Toronto – diventata nel 1970 *Famee Furlane Club* –, Oakville, Hamilton, Niagara, London, Windsor, Sault St. Marie, Sudbury nell'Ontario, Ottawa, Montreal, Halifax nella parte orientale del paese e Winnipeg, Edmonton, Calgary e Vancouver negli stati centrali e nella Columbia Britannica) e sono riunite nella Federazione dei *Fogolars Furlans* nata nel 1973 e aderente all'Ente «Friuli Nel Mondo» con sede a Udine e col compito di assistere tutte le comunità friulane della diaspora. Alle *Fameis Furlanis* bisogna aggiungere le Leghe Femminili, sorte inizialmente allo scopo di prestare assistenza a chi ne aveva bisogno. Oggi le *Fameis Furlanis* sono, nel loro insieme, una potenza economica rilevante, possiedono beni immobili (come le sedi di Toronto, di Windsor

3. Un'assimilazione limitata

L'integrazione è avvenuta più lentamente, dopo aver superato positivamente (ma a prezzo di considerevoli sacrifici individuali) la fase precedente.

Per il termine «integrazione» applicato a comunità di immigrati si possono dare più definizioni, con differenti sfumature: la migliore pare quella di Van Amersfoort, che utilizza questo termine per indicare il contatto positivo a livello istituzionale fra immigrato e società dominante (Van Amersfoort, 1982), senza che ci sia stata perdita di identità culturale da parte della comunità immigrata.

È importante notare che il processo di integrazione della comunità friulana in Canada è avvenuto in una società che, anche per merito del multiculturalismo, non è rigidamente stratificata in senso etnico o razziale o religioso come è invece quella degli Stati Uniti (Steinberg, 1989).

Questa permeabilità verso l'alto ha allargato le possibilità di contatti con la cultura canadese e facilitato il processo di assunzione di comportamenti e mentalità propri della società canadese: tuttavia l'attaccamento alla cultura di base ha favorito il mantenimento della identità etnica anche fra i friulani che hanno raggiunto i livelli sociali più elevati, facendo della comunità friulana un insieme caratterizzato da una doppia cultura e da una grande dinamicità intellettuale[8].

In questa comunità distribuita su tutti i livelli sociali l'uso della lingua friulana è oggi normale solo fra persone nate in Friuli e nell'ambito della cerchia familiare o in occasione di incontri tra friulani[9], mentre la lingua di relazione normale è quella della nazione dominante. I genitori immigrati usano spesso con i loro figli il friulano (che questi riescono a comprendere), ma i

---

e di Vancouver) e non hanno più compiti assistenziali ma hanno preso le caratteristiche dei clubs anglosassoni, organizzando un gran numero di attività culturali, ricreative e sportive (alcune chiaramente etniche, come il tiro della fune, il gioco delle bocce, le gare di «briscola») e favoriscono in varia maniera l'aggregazione dei friulani e degli altri italiani che le frequentano organizzando feste, cene comunitarie, balli, picnic, concorsi di vario tipo, manifestazioni culturali, corsi di cultura e gare sportive. Le *Fameis* di Toronto e di Windsor gestiscono anche due ristoranti «etnici» assai rinomati: il Restaurant «Al Fogolâr» di Toronto è considerato uno dei migliori della città. Esse collaborano attivamente con i consolati italiani e con gli Istituti Italiani di Cultura (dove ci sono). Parallela alla *Famee Furlane* di Toronto opera anche una casa per anziani, il Friuli Centre, costruita dalla comunità friulana, che ospita persone sole e anziane prevalentemente di origine italiana.

[8] Senza poter fare un elenco completo delle diverse situazioni socialmente elevate raggiunte dai componenti della comunità friulana, si può ricordare che un friulano occupa un seggio del senato federale, alcuni sono docenti universitari, mentre sono friulani alcuni dei maggiori imprenditori edili di Toronto e molti professionisti affermati, industriali, uomini della cultura canadese, amministratori pubblici anche in posti di grande responsabilità, tecnici apprezzati; i friulani occupano tutti i settori lavorativi e, nell'insieme, hanno raggiunto un livello economico molto elevato.

[9] Naturalmente la parlata friulana è inquinata da moltissimi prestiti dall'inglese (o dal francese) o da adattamenti lessicali che spesso rendono il discorso poco comprensibile a chi non conosce l'inglese.

figli parlano ai genitori in inglese (o francese) e usano questa lingua (o il francese) in tutti i momenti di relazione. I nipoti parlano con i genitori e coi nonni solamente nelle lingue nazionali. L'uso dell'italiano è in lieve aumento rispetto al friulano, in quanto le occasioni di parlare questa lingua sono oggi maggiori che in passato (stampa e canali televisivi in italiano, relazioni con altri immigrati italiani non friulani, frequentazione di corsi di lingua e cultura italiana sono oggi certamente più disponibili di qualche anno fa), ma è ancora limitatissimo per la seconda generazione, che dell'italiano ha una conoscenza scolastica e parziale, che diventa quasi nulla nella terza.

Al di là dell'uso però si registra attualmente una ripresa dell'interesse, di tipo affettivo più che pratico, verso la lingua friulana. Sta avvenendo cioè quel fenomeno di recupero dell'identità etnica, almeno per quanto riguarda la lingua, tipico in una comunità che ormai si è assestata bene e che non sente più la necessità di uniformarsi in ogni modo con la società dominante[10].

Per quanto riguarda gli altri elementi dell'identità etnica, si registra una persistenza, nell'ambito della prima generazione, di alcune abitudini alimentari, come, per esempio, quella di farsi il vino da soli, comprando uve e mosti californiani, o di coltivare nell'orto di casa (o in serra) il radicchio e l'insalata, o di consumare in certe ricorrenze cibi tradizionali: ma le necessità della vita quotidiana hanno ormai imposto ad ogni livello, nella normalità, l'uso alimentare delle società tecnologicamente evolute (cibi precotti, surgelati, preconfezionati, ecc.). È interessante notare come alcune tradizioni alimentari anglosassoni (il tacchino nel Giorno del Ringraziamento) siano state assorbite senza difficoltà.

Rimane ancora forte il senso della famiglia, con a capo il padre (i fallimenti matrimoniali sono molto rari e il distacco dei figli dalla casa paterna avviene molto tardivamente, rispetto alla consuetudine della società anglosassone) e l'attaccamento alle pratiche religiose, anche se ormai la chiesa frequentata è quella più vicina a casa (mentre nei primi anni tutti i friulani di Toronto si trovavano ogni domenica nella chiesetta del quartiere di St. Clair, dove celebrava un sacerdote friulano) e solamente in circostanze particolari, come a Natale, la comunità sente il bisogno di ritrovarsi in una cerimonia religiosa segnata etnicamente.

Le conoscenze degli avvenimenti italiani o del Friuli sono molto limitate e riguardano soprattutto lo sport: il disinteresse per i fatti politici o economici o culturali della terra d'origine è completo. Fortissimo rimane invece un altro elemento della identificazione etnica: il senso del risparmio e della proprietà.

---

[10] Nell'anno accademico 1992-93 il Dipartimento di Studi Italiani dell'Università di Toronto ha organizzato, con la collaborazione della Società Filologica Friulana e della Facoltà di Lingue e Letterature Straniere dell'Università di Udine, un corso di lingua friulana: esso (e le lezioni tenute in parallelo alla sede della *Famee Furlane*) è stato seguito da molti giovani e adulti di origine friulana insieme a studenti di diversa provenienza etnica.

Una delle prime preoccupazioni dell'immigrato friulano è stata quella di risparmiare per costruirsi una casa. E oggi la comunità friulana è arrivata quasi tutta alla terza (e definitiva) residenza. Dopo il primo periodo, durante il quale l'immigrato viveva in condizioni precarie nei quartieri poveri, c'è stato un secondo momento durante il quale la residenza era di tipo superiore e non necessariamente legata alle *Little Italy* delle varie città. Più lentamente, e solo in questi ultimi anni, gli immigrati friulani (per la maggior parte) sono passati alla terza casa, quella che hanno fatto costruire loro o che comunque risponde a quelle esigenze di ampiezza e di solidità che ogni friulano pretende dalla propria dimora. Ovviamente queste ultime residenze non sono più disposte sul territorio urbano secondo un criterio di vicinanza etnica ma secondo lo status sociale di chi le possiede e spesso sono collocate nei quartieri più signorili delle varie città (e sono mostrate all'ospite con compiaciuto orgoglio, come prova del raggiungimento dell'aspirata posizione sociale).

Il considerare la terza casa come definitiva contrasta nettamente con la mentalità anglosassone, che non si preoccupa troppo della dimora ed è portata a un frequente mutamento di residenza, ma è caratteristica della tradizione friulana, che vede nella casa propria, quella costruita da chi la abita, qualcosa di immutabile e che dà sicurezza contro tutte le avversità.

La scelta della terza casa ha disperso naturalmente la comunità friulana su spazi molto vasti, e tali da rendere sempre più difficili le relazioni comunitarie, favorendo invece quelle con i vicini appartenenti alla medesima classe sociale.

Infine bisogna registrare l'aumento delle relazioni con la terra d'origine. Le maggiori possibilità economiche e i più rapidi mezzi di trasporto attuali hanno facilitato le visite in Friuli o di parenti friulani in Canada: ma tutto questo può aver migliorato i rapporti con i parenti rimasti in patria, ma non certamente l'attaccamento reale (al di là di quello sentimentale) col Friuli; le vacanze si fanno nei luoghi preferenziali della società canadese e comunque il desiderio di ritornare in patria, anche se solo da pensionati, è quasi nullo, mentre era fortissimo nei primi anni dopo l'arrivo.

4. *Conclusioni*

Da tutti questi indicatori si può trarre la conclusione che la comunità friulana in Canada è oggi perfettamente integrata alla società canadese, ma non è ancora ad essa assimilata.

Al termine «assimilazione» sono stati dati significati differenti[11]: il più

---

[11] Berry definisce l'assimilazione come il processo mediante il quale gruppi caratterizzati da culture diverse finiscono per avere una cultura comune (Berry, 1982); per Taft questo è il processo mediante il quale gli immigrati e la popolazione indigena diventano più simili come risultato della reciproca interazione (Taft, 1966); Eisenstadt per descrivere il processo dell'assimilazione preferisce il termine assorbimento (Eisenstadt, 1954), mentre Weinstock osserva

idoneo al caso canadese mi sembra quella del Park, per il quale assimilazione significa qualcosa di meno del totale cancellamento dei caratteri etnici originari, ma comprende una uniformità di comportamento fra comunità etnica minoritaria e società dominante, anche se questa uniformità può tollerare differenze di opinioni, di credenze e di sentimenti (Park, 1964).

La comunità friulana in Canada infatti mantiene con evidenza alcuni almeno dei più importanti indicatori etnici, ha una precisa coscienza della sua identità (i friulani del Canada amano oggi definirsi come cittadini canadesi di origine friulana e non accettano di essere considerati immigrati friulani; quasi tutti ormai hanno chiesto la cittadinanza canadese) e cerca di difendere con accanimento la propria particolarità pur con la coscienza, e il compiacimento, di essere ormai parte integrante della comunità nazionale canadese.

Tuttavia questa identità si affievolisce di generazione in generazione: la dispersione sul territorio, gli stimoli della cultura angloamericana, l'esogamia e i contatti con altre realtà etniche spengono lentamente i motivi reali della identificazione etnica: della cultura d'origine rimarranno alcuni ricordi sentimentali e alcuni valori spirituali che sembrano ancora saldamente radicati, ma quando sarà scomparsa la prima generazione, quella degli originari, il processo di assimilazione verrà certamente accelerato e della comunità friulana in Canada rimarrà solamente una traccia nella storia del popolamento di questo paese.

BIBLIOGRAFIA

ANDERSON A., FRIDERES J., *Ethnicity in Canada: Theoretical Perspectives*, Toronto, Butterworths, 1981.
BAGNELL K., *Canadese: A Portrait of the Italian Canadians*, Toronto, Macmillan, 1989.
BERRY J. et al., *Multiculturalism and Ethnic Attitudes in Canada*, Ottawa, Minister of Supply and Services, 1977.
BERRY J., «Acculturation and Adaptation in a New Society», in *International Migrations*, XXX, 1982, pp. 69-85.
BERRY J., «Multicultural Policy in Canada: A Social Psychological Analysis», in *Canadian Journal of Behavioural Science*, 16, 1984, pp. 69-85.
BOISSEVAIN J., *The Italians of Montreal: Social Adjustment in a Plural Society*, Ottawa, Information Canada, 1970.
BORDELEAU Y., *Les Comportements du Groupe Ethnique Italien*, Montréal, Ministère des Communautés Culturelles et de l'Immigration, 1974.
BRETON R., «Multiculturalism and Canadian Nation-building», in Cairns A., Williams C. (a cura di), *The Politics of Gender, Ethnicity and Language in Canada*, Montréal, The Institute for Research on Cultural Policy, 1986.

come il termine assimilazione sia usato spesso come sinonimo di acculturazione, adattamento, assorbimento, integrazione, accettazione e altri (Weinstock, 1964).

BURNET J., «Separate or Equal: A Dilemma of Multiculturalism», in Rasporich A. (a cura di), *The Social Sciences and Public Policy in Canada*, Calgary, Univ. of Calgary Press, 1979, pp. 176-183.
BURNET J., «Multiculturalism Ten Years Later», in *History and Social Science Teacher*, 17, 1981, pp. 1-6.
EISENSTADT S., *The Absorption of Immigrants*, Londra, Routledge & Kegan, 1954.
EPSTEIN A., *Ethos and Identity. Three Studies in Ethnicity*, Londra, Tavistock Publ., 1978.
GROHOVAZ G. (a cura di), *The First Half Century. Il Primo Mezzo Secolo*, Toronto, Famee Furlane Club, 1982.
GUALTIERI F., *We Italians: A Study in Italian Immigration in Canada*, Toronto, Italian World War Veterans' Association, 1928.
HARNEY R., «Ambiente and Social Class in North American Little Italies», in *Canadian Review of Studies in Nationalism*, n. 2, 1975, pp. 208-224.
HARNEY R., «Chiaroscuro: Italians in Toronto, 1885-1915», in *Polyphony. The Bulletin of the Multicultural History Society of Ontario*, Toronto, vol. 6, n. 1, 1984, pp. 44-49.
ISAJIW W., «Multiculturalism and the Integration of the Canadian Community», in *Canadian Ethnic Studies*, 15, 1983, pp. 108-117.
KALBACH W., «Growth and Distribution of Canada's Ethnic Population, 1871-1981», in Driedger L. (a cura di), *Ethnic Canada Identities and Inequalities*, Toronto, Copp Clark Pitman Ltd., 1987.
KALLEN E., «Multiculturalism: Ideology, Policy and Reality», in *Journal of Canadian Studies*, 17, 1987, pp. 51-63.
Landed. A Pictorial Mosaic of Friulani Immigration to Canada (a cura del Famee Furlane Club di Toronto), Toronto, Friuli Benevolent Corporation, 1992
PAINCHAUD P., POULAIN R., *Les Italiens du Québec*, Montréal, Ed. Critères, 1988.
PARK R., *Race and Culture*, New York, The Free Press, 1964.
PERIN R., STURINO F. (a cura di), *Arrangiarsi: The Italian Immigration Experience in Canada*, Montréal, Guernica, 1989.
PETER K., «The Myth of Multiculturalism and other Political Fables», in Dahlie J., Fernando T. (a cura di), *Ethnicity, Power and Politics in Canada*, Toronto, Methuen, 1981, pp. 56-67.
RAMIREZ B., DEL BASO, M., *The Italians in Montreal: from Sejourning to Settlement*, Montréal, Les Editions du Courant, 1984.
RAMIREZ B., *Les Premiers Italiens de Montréal: L'origine de la Petite Italie du Québec*, Montréal, Boréal Express, 1984.
RAMIREZ B., *The Italians in Canada*, Ottawa, vol. n. 14 della serie Canada's Ethnic Groups, Canadian Historical Association, 1989.
RIDOLFI L., *I Friulani nell'America del Nord*, Udine, 1931.
SPADA, A., *The Italians in Canada*, Ottawa, Riviera Publ., 1969.
STEINBERG, S., *The Ethnic Myth*, Boston, Beacon Press, 1989.
STURINO F., «Italian immigration to Canada and the farm labour system through the 1920's», in *Studi Emigrazione*, n. 77, 1985, pp.81-97.
STURINO F., *Italian-Canadian Studies: A Select Bibliography*, Toronto, York Univ. e Multicultural History Society of Ontario, 1988.
STURINO F., *Forging the Chain. Italian Migration to North America 1880-1930*, Toronto, Multicultural History Society of Ontario, 1990.
TAFT R., *From Stranger to Citizen*, Londra, Tavistock Publ, 1966.

VAN AMERSFOORT H., *Immigration and the Formation of Minorities*, Cambridge, Cambridge Univ. Press, 1982.
VANGELISTI P., *Gli Italiani in Canada*, Montreal, Chiesa della Difesa, 1958.
WEINSTOCK A., «Some factors that retard or accelerate the rate of acculturation», in *Human Migration*, vol. 17, 1964, .
ZUCCHI J., «Italian Hometown Settlements and the Development of an Italian Community in Toronto, 1875-1935», in Harney, R. (a cura di), *Gathering Place: Peoples and Neighbourhoods of Toronto*, Toronto, Multicultural History Society of Ontario, 1985, pp. 121 – 146.
ZUCCHI J., *Italians in Toronto: Development of a National Identity, 1875-1935*, Montréal, McGill-Queen's Press, 1988.

Russell King*, Brian Reynolds**

LITTLE IRELAND IN ITALY: CASALATTICO AND THE MIGRATION LINK TO DUBLIN

Riassunto. Sono qui descritti i diversi tipi di «catena migratoria» che uniscono alcune comunità rurali italiane della provincia di Frosinone e gruppi emigrati in Irlanda. Il legame ha un aspetto occupazionale, riguardando il lavoro nei caffè e in altri punti di ristoro. Facendo seguito ad uno studio gia pubblicato, gli autori esaminano l'impatto dell'emigrazione di ritorno, attraverso interviste condotte nel villaggio di Casalattico e la ricognizione delle proprietà immobiliari degli emigrati. L'intensa attività di rinnovo e di costruzione di nuove abitazioni ha profondamente trasformato l'aspetto dell'abitato, i cui ritmi di vita sono molto legati al va-e-vieni stagionale con l'Irlanda e altri Paesi di emigrazione.

Summary. The paper describes the different types of «migratory chains» that link some Italian rural communities in the province of Frosinone and groups of emigrants in Ireland. One feature of this link concerns jobs in cafés and other types of catering facilities. This investigation is a follow up to an earlier published study and the authors examine the impact of return emigration, through interviews with villagers in Casalattico and the reconnaissance of real estate owned by emigrants. The extensive refurbishment of old, and construction of new, property has profoundly changed the appearance of the village, where the pace of life is closely linked to the seasonal to and fro between Casalattico and Ireland and other countries to which the villagers have emigrated.

1. Introduction

It is conventional to explain international migration within Europe in terms of economic disparities between the sending and receiving countries. At a macro level this is undoubtedly true. Looking at post-war labour migration, for example, the countries of emigration during the 1950s, 1960s and early 1970s were the poorer countries of the European periphery (Finland, Ireland, Portugal, Spain, southern Italy, Yugoslavia, Greece, Turkey), whereas the immigration countries were the richer, industrialised states of North-West Europe (Britain, France, West Germany, Switzerland, the Benelux countries, Sweden). At a micro level, however, other processes become more relevant. One of these is chain migration, whereby individual villages develop links to particular destinations via social and kinship networks. These links have

---

* School of European Studies, University of Sussex.
** Department of Italian, University College Dublin, National University of Ireland.

functioned as the driving forces behind migration, often for generations. In this way chain migration «reproduces» international mobility through time and perhaps between places whose economic disparity may not be wide. Often the family basis of chain migration is paralleled by a specialisation in a particular sector of employment: «occupational chaining». These conditions perfectly describe the evolution of migration links between various rural communities in Italy, on the one hand, and destinations in Britain and Ireland, on the other. The occupational specialism is in catering, specifically ice cream, cafés, restaurants and fish and chip shops.

The historical geography of Italian migration to Britain has been well described by Marin (1975), Sponza (1988) and Colpi (1991). Two mountain districts acted as the main fountain-heads of early migration in the late 19th century. The first was a zone of the northern Apennines along the border between Tuscany and Emilia-Romagna. Here, the communes of Barga (province of Lucca) and Bardi (province of Parma) were particularly important and have been the object of specific studies – Sereni (1974) on the emigration of the Barghigiani to Scotland and Hughes (1991) on the settlement of the Bardigiani in South Wales. The second source area was much further south: this was the Val di Comino, a valley system in the southern Apennines on the borders of Latium and Campania. Here the commune of Picinisco (province of Frosinone) had a key importance for emigration to Scotland (Wilkin, 1979). But perhaps the most remarkable example of chain migration – and to an «unconventional» destination, Dublin – is Casalattico, a commune made up of a collection of small villages and hamlets on the other side of the valley from Picinisco.

The development of the migration of the Casalatticesi to Dublin has been researched in detail by Reynolds (1993), based partly on documentary evidence but mainly on the basis of oral histories[1]. As in the other places mentioned above, the migration started in the latter part of the 19th century. Much of it was seasonal at first, but longer-term emigration soon developed. Many of the early emigrants moved entirely on foot, in small family groups, working on their trek northwards. Small communities took root along the way: at Lyon (where they worked in glass bottle factories), at Villejuif on the southern outskirts of Paris, and eventually in Scotland, Belfast and Dublin. The last of these destinations was the «end of the line» and not reached until the turn of the century. However, the Casalatticesi who settled there prospered, in a modest way, and further migration was often direct between the village of origin and the Irish capital where they developed specialisms in cafés, ice-cream and, above all, fish and chips. Now the fish and chip trade in Ireland is a virtual monopoly of migrants from Casalattico. It is a lucrative

---

[1] This research, along with that described in the present paper was part-financed by the Italian Ministry of Foreign Affairs and the Trinity Trust (the research fund of Trinity College Dublin).

business, but success is only achieved by working long and unsocial hours in hot and smelly conditions.

Since we have already published an account of the contemporary character of the 2,000-strong Italian community in Dublin (King and Reynolds, 1992), we turn our attention in this paper to the impact of return migration on the community of origin. This impact is studied through field work in Casalattico which involved interviewing a sample of returnees and a survey of all buildings in the commune to determine the migration profile of their owners or occupants and the condition and status of the building (derelict, improved, newly-built etc.). The field data are supplemented by census data. Before we describe in more detail the impact of return migration on the landscape and life of Casalattico, we need to set out a few salient features of the physical and economic geography of the commune.

2. *Casalattico: physical setting and economic characteristics*

Figure 1 shows Casalattico in its regional setting in the Val di Comino. A former ice-dammed lake, the valley is broad and relatively flat, surrounded by steep mountains rising to peaks in excess of 2,000 metres in the Abruzzi Apennines. Casalattico is located on the southern edge of the valley and is one of about a dozen settlements sited at elevations of around 400-700 m. on the margins of the plain. Most of the settlements are ancient, some with Roman origins (Marsili, 1965). The plain is drained by the River Melfa and its tributaries.

The total area of the commune of Casalattico is 28.4 km^2; the maximum elevations exceed 1,400m and the lowest, along the Melfa river which forms the northern boundary of the commune, are around 200m. A considerable part of the commune's territory is mountainous and rocky, with obvious implications for agricultural activity. Only a narrow strip of land along the southern bank of the River Melfa is low-lying and relatively flat. In the past this riverine zone suffered from flooding but improvements in flood defences and the siphoning off of water for irrigation have eliminated this problem: indeed for much of the year the river bed is completely dry.

As a typical commune of the Val di Comino, Casalattico can be considered as a classic example of a marginalised rural community, suffering historically from multiple problems of isolation, overpopulation and an economy traditionally based entirely on subsistence farming. As elsewhere in the Val di Comino, the result was massive emigration which began in earnest in the 1880s and peaked in the 1950s. Only in the 1970s was the trend to net emigration stanched. The evidence of the crucial role of emigration in the historical geography of the commune is everywhere visible in the human landscape: villages and hamlets which are largely abandoned; large modern houses built with emigrant money; very few young people; and an economy which is heavily reliant on emigrant investment and the trade of returning migrants.

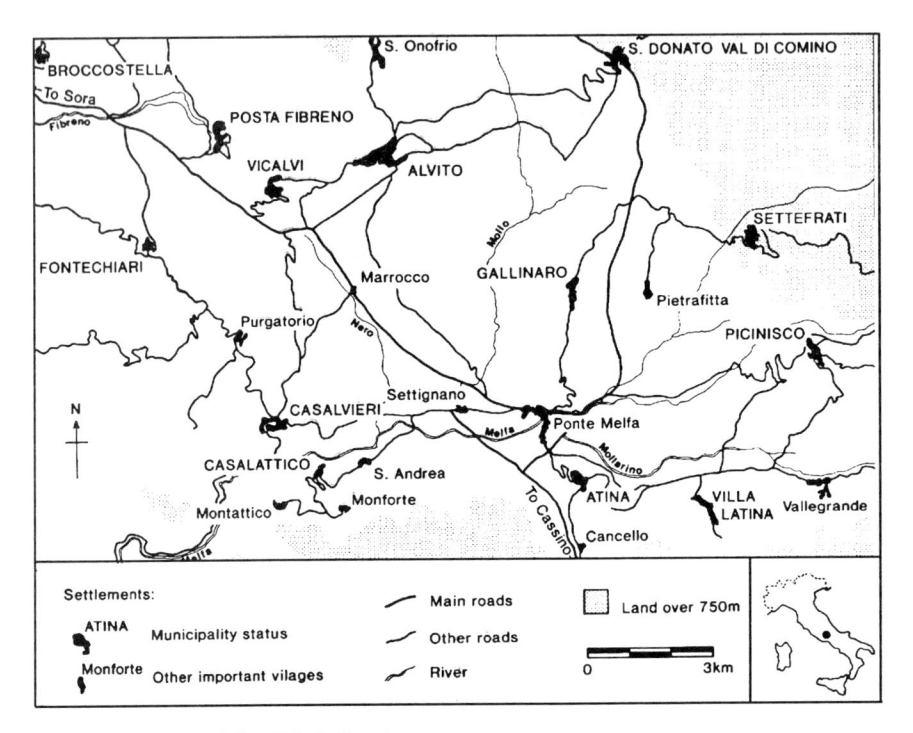

Fig. 1 – Casalattico and the Val di Comino

Returning migrants are of two main types: those who resettle for good, including many retirement migrants; and those who return for an annual summer holiday visit of a month or more. Between these two is a less common hybrid type – migrants who intercalate periods of work abroad with extended periods of rest or work in the village. This category is, however, growing. Virtually all of the businesses in the commune – shops, bars etc. – are dependent on returning migrants for their survival, especially the high-spending summer returnees. Should this seasonal trade fall off, many businesses would fail.

The demographic and economic changes in the commune of Casalattico over the post-war period can be summarised by a brief examination of census data on population and employment for the five censuses between 1951 and 1991 (Table 1). The data show two clear twenty-year trends. The first phase is one of demographic and economic collapse over the period 1951-71 due to emigration: population dropped by more than a half and all sectors of employment lost numbers heavily. This was followed by a period of recovery, due to the slackening off of emigration and the growth of return migration, which spans the period 1971-91. Numbers in farming remained low but the number of people working in industry, construction and the tertiary sector recovered strongly to exceed the corresponding numbers in 1951. Total population in 1991 (720) remains significantly below the total for 1951

Tab. 1 – Casalattico: population and employment trends, 1951-91

	1951	1961	1971	1981	1991
Total population	1124	660	513	755	720
Economically active	669	322	157	238	252
Active as % total	*59.6*	*48.8*	*30.6*	*31.5*	*35.0*
Active population working in:					
Farming	588	233	124	86	92
Industry and construction	41	40	15	37	44
Tertiary sector	70	49	18	115	116

Source: Censimento Generale della Popolazione 1951, 1961, 1971, 1981, 1991.

(1,124), however. Looking at individual intercensal decades, the major period of outmigration was 1951-61, the major period of return 1971-81. These periods also coincide with the timings of the main migratory phases as revealed by interview data (set out in more detail in Reynolds, 1993) and by the Irish census data on the Italian-born in Ireland (King and Reynolds, 1990). The migration cycle of departure and return induces two processes of landscape change – one of landscape dereliction due to outmigration, depopulation and abandonment, and one of landscape renewal due to return, repopulation and investment. The rest of this paper looks at the more visible manifestations of these landscape changes.

3. *Migration and the rural built environment*

A detailed analysis of the transformations wrought by migratory processes on the landscape and settlement patterns of the area of origin involves careful mapping of the «migratory history» of each dwelling together with its physical state. This has rarely been carried out in the geographical literature on Italian migration (for a notable exception see Meneghel and Battigelli, 1977). In Casalattico, as in other areas of heavy outmigration and return, each village, each hamlet, indeed each house has its own story to tell of poverty, sacrifice and success or failure. Derelict houses tell of departure and abandonment, new houses of success, investment, and an actual or planned return. Even within Casalattico, different migratory traditions have developed from different parts of the commune. From the main village of Casalattico emigrants have gone to Britain and Ireland, with a few to the United States and France. From Montattico and Monforte, two mountain villages to the south (Figure 1), the migration streams have been more specialised, to Ireland and Scotland respectively.

Field mapping was completed in 1991 and covered the whole commune, noting the relevant data on each building. The data mapped consisted of two sets of information. The first related to the age and condition of the building. Here we devised four categories: new (i.e. post 1960s), improved (e.g.

with new doors, windows or additional rooms etc.), unimproved but still lived in, and abandoned/derelict. The second set of data pertained to the migratory history of the occupant or owner of the dwelling. This in turn broke down into two subsets of information: the migratory status of the occupant/owner (non-migrant, emigrant currently living abroad, and returned migrant); and the country of emigration (Ireland, England, Scotland, France etc.). Although a certain amount of information could be mapped by careful observation, key local informants, notably the village postman, provided necessary details.

The dwelling and migration data were entered onto a detailed base map furnished by the town hall. For scale reasons we cannot reproduce the finished field map here; sectionalised, it represents too many maps to include in a short paper such as this. Instead we present and comment on two contrasting sections of the commune, the hill-top village of Montattico and the valley-bottom settlement of Sant'Andrea.

Montattico is the highest and most remote of the inhabited settlements in the commune. Situated at an altitude of 720m, it is surrounded by rocky, mountain country of limited agricultural potential. In contrast to the more wealthy neighbouring village of Monforte, where there were many landowners and traders, the inhabitants of Montattico were shepherds, subsistence farmers and landless farm labourers.

The migration map of Montattico (Figure 2) presents a spectacular picture of the consequences of emigration: almost every house has been affected by the phenomenon and much of the village is in a state of total abandonment. The main reason for this is that Montattico has experienced a more intense emigration than any other part of the commune and there have been fewer permanent returnees resettling here – many emigrants from Montattico have returned to the main village of Casalattico or to Sant'Andrea. According to the census data the 1951 population of Montattico was 230 but by 1961 there had been a 59% reduction to 97 people. There was a further drop to 80 in 1971, followed by an apparent recovery to 127 by 1981 and 132 in 1991. These figures, however, are overestimates of the population habitually residing in the village. Local informants estimated the permanent population as 60 in 1991. Since we lived in this village whilst carrying out the fieldwork, and came to know virtually all of its inhabitants, we confirm the lower figure. Many people registered as living in the village by the census actually spent most of the year abroad as emigrants. The vast majority were working in fish and chip shops in Dublin!

Emigration has caused the almost complete abandonment of the old centre of the village of Montattico. With the exception of one new house, all new building has taken place outside, and to the east of, the original site of the village. The lack of new housing and of restoration of old housing in the central nucleus of the village is due to the overcrowded and squalid nature of the cramped dwellings, problems of inaccessibility (many houses are only reached by narrow and steep alleys), and the difficulty of tracing the often

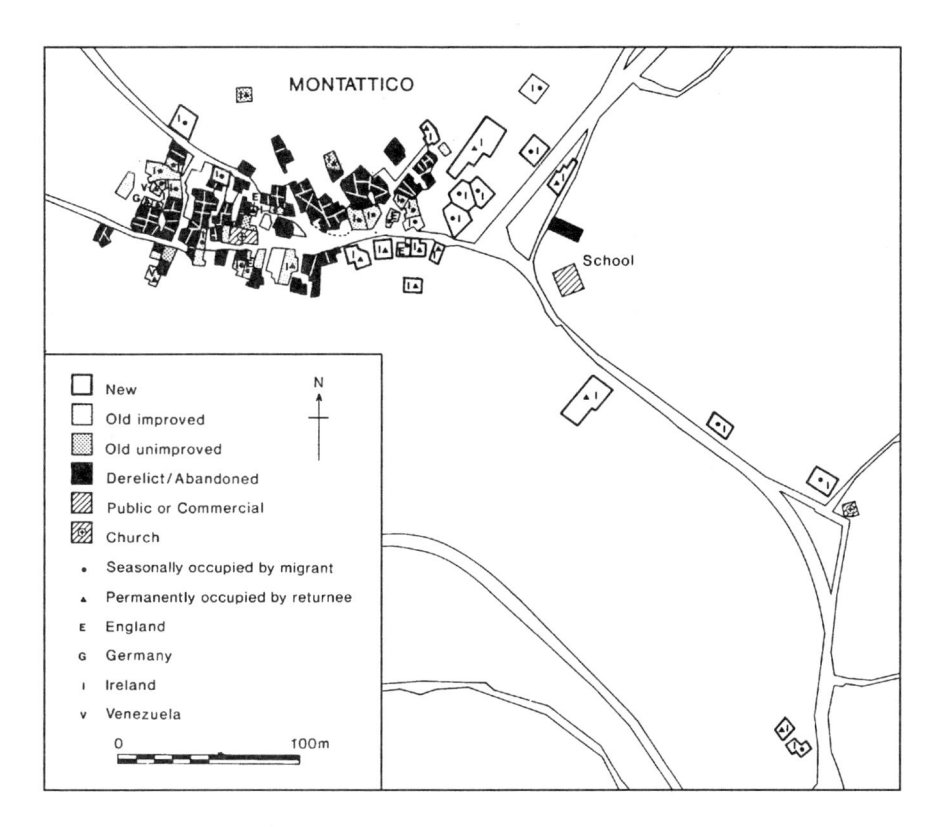

Fig. 2 – Housing and migration: Montattico

multiple owners of any given property. Thus only a few of the traditional houses have been modernised.

Montattico is overwhelmingly the village of the «Irish». Indeed the population has recently installed a statue of St. Patrick, the patron saint of Ireland, and celebrated his feast day for the first time in March 1991. We enumerated 18 houses occupied by permanent returnees from Ireland and only a few with permanent returnees from other countries (two from Venezuela, one from England and one from Germany). Fully 22 of the 25 seasonally occupied houses are owned by émigrés to Ireland; they tend to maintain very close links to Montattico. Four of the «permanent» returnees spend part of the year in Ireland because they still own fish and chip shops there; these shops are mainly run by relatives, however. Nine houses are occupied by mainly elderly non-emigrants.

There are two churches and a school in Montattico. The main church is located in the centre of the village. There is a plaque just inside the main door which commemorates the restoration of the church in 1937 with the help of money from *i nostri cari emigrati* (our dear emigrants), who are listed with the sums donated. The second church, situated 250 metres south-east of the main village, is minuscule and hardly ever used. The school was only used for a few years: by the time it was completed in the 1950s there were no longer enough children to justify its existence! In 1991 the school was reopened to house a small group of Albanian refugees. The one shop in Montattico has been closed for more than twenty years.

There is a strong seasonal difference in the pattern of life in Montattico. In winter Montattico is like a village in hibernation. Only the acrid smell of burning wood reveals that it is inhabited at all. In June, when the children start their school holidays in Ireland, the transformation begins. At first there is a trickle of returnees but by July the village square is filled with the sound of children at play, shouting in strong Irish accents. The festive atmosphere continues throughout August but by the beginning of September the village is mainly quiet again.

Whereas Montattico represents the first «landscape cycle» of migration – that of dereliction and abandonment – Sant'Andrea, our other example, represents the subsequent cycle of return and renewal. Unlike Montattico and Monforte which are hill-top villages reached only by narrow lanes full of hairpin bends, Sant'Andrea is lower down and located along the main road leading out of the commune (Figure 1). In fact Sant'Andrea, which has 33 new houses and two small apartment blocks, is the most modern part of the commune. On the whole, the houses are well spread out (Figure 3) and it is only in the old settlement nuclei that the more familiar cramped conditions occur. There are two reasons why most of the new development has taken place in this area. First, there is more flat land available, which makes building easier and cheaper and allows people to have larger gardens. Second, the nearest towns, Casalvieri and Ponte Melfa, where shops, banks, garages and other medium-range services are available, are easily accessible (Figure 1). The negative side of building in this area is that it has resulted in the loss of some of the most fertile agricultural land in the commune. Recently the local authorities have acknowledged this problem and certain restrictions on building in the valley are now in force.

The little knots of derelict housing on Figure 3 mark the original nuclei of settlement in this part of the commune: Sant'Andrea itself, Velia and Case Patacca. Each has a mixture of abandoned and old improved housing. Most of the new housing follows the line of the upper road to the south-west which leads up to Casalattico village and the lower road to the west which leads to Casalvieri, the neighbouring commune. Many of the new houses along these roads are extremely large with spacious gardens and patio areas. The architecture of these new dwellings is frequently out of keeping with the traditional house design of the region. It is interesting to note that virtually all of the new houses are owned by migrants who are, or have been, in Ireland, whilst the smaller number of emigrants to France prefer to improve older houses. Altogether, 16 houses are occupied by permanent returnees from Ireland and 13 by seasonal returnees. The number of houses occupied

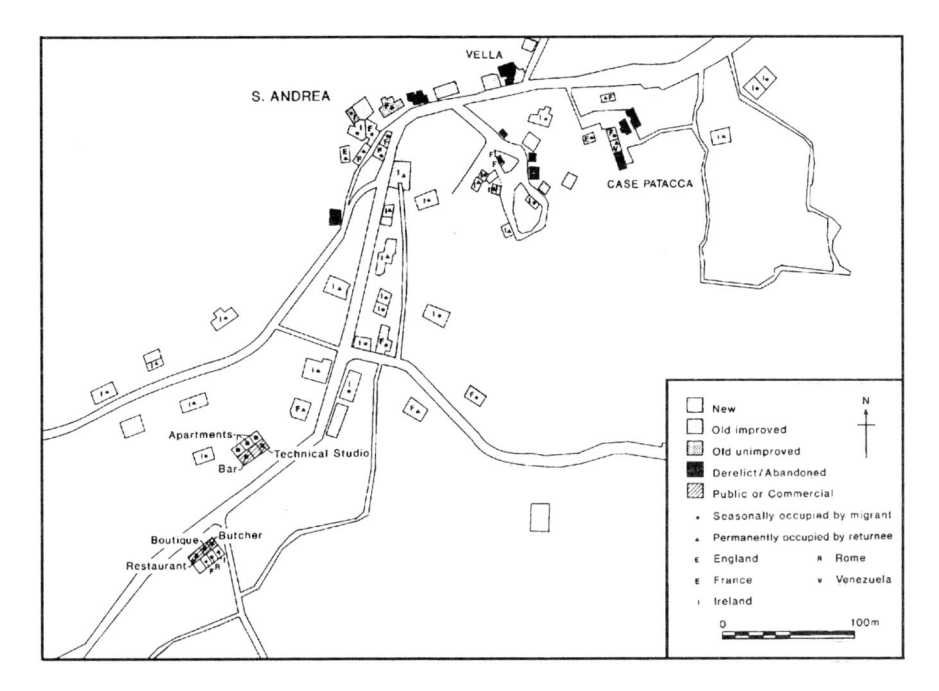

Fig. 3 – Housing and migration: Sant'Andrea

by permanent French returnees (4) is low in relation to seasonally occupied houses (10): this is because the emigrants who go to France, who work mainly in the building trade there, have a lower propensity to return for good.

Two blocks of apartments represent the only rented accommodation available in the commune. During field mapping four of the seven apartments were vacant and two were only rented for the summer months. These apartment blocks are linked to other commercial outlets in this area: a technical studio (vacant), a bar (open all year round), a butcher (open only during summer), a boutique and a restaurant (both open all year round but with limited trade).

The role of Sant'Andrea in acting as a focus for returning migrants seeking space to build new houses is evident from the census data for this part of the commune: 110 in 1951, 61 in 1961, 64 in 1971, 124 in 1981 and 1991. This profile shows the usual sharp drop in population during 1951-61 but then a stronger and an earlier rise, the 1981 population exceeding the 1951 figure. However our own census indicates a stable population of 81 persons (1991).

The examples of Montattico and Sant'Andrea show that emigration and return have had a dramatic impact on the physical appearance of the commune of Casalattico. Land and houses have been abandoned; in some parts of the commune entire hamlets have become derelict due to the removal of

Tab. 2 – Casalattico: dwellings and facilities, 1951-91

	1951	1961	1971	1981	1991
Dwellings: Total	322	288	344	367	462
Occupied	252	205	167	222	246
Empty	70	83	177	145	216
Occupied* dwellings with:					
Electricity	82	200	165	217	243
Piped water	1	3	131	212	244
Well water	27	12	4	1	0
Internal WC	36	34	106	191	239
External WC	39	36	6	1	3
Bath/shower	3	3	42	165	230

* 1951: total dwellings.
Source: As Table 1.

all the population. At the same time, especially in the valley section of the commune, spacious and often ostentatious new housing has mushroomed, transforming the settlement pattern and physical appearance of these areas. For most Casalatticesi emigration has been a strategy first of survival, and second of socio-economic improvement. Possession of a luxurious new house has been the route to social advancement: but the nouveau riche class have achieved their success only by long years of desperately hard work abroad. The harshness of life in a fish and chip shop in Ireland only makes the returnees the more anxious to justify their «sacrifice» by flaunting their wealth in the most visible manner in the building of a large new dwelling.

4. *Census data*

Other aspects of the impact of migration – both emigration and return – can be illustrated by the use of census data for the commune. Table 1, described earlier, set out the trends for total and economically active population. Here we briefly examine the changing stock of housing as recorded in the census, and the changing age structure of the population, both heavily influenced by migratory trends.

Table 2 provides data on the changing housing stock: occupied and unoccupied dwellings and the various facilities provided in the dwellings. Several features of this table can be related to the previous discussion. First, the trend in numbers of dwellings, especially occupied dwellings, partially reflects the population and emigration trends indicated in Table 1. However the stock of dwellings changes in a different way than the totals for resident population. Thus, while the population total fell from 1,120 to 660 (i.e. by 41.1%) during 1951-61, the changes in the housing stock were more gradual: 10.6% decline in total dwellings, 18.7% decline in occupied dwellings, and

Tab. 3 – Casalattico: age structure, 1951-91

	1951		1961		1971		1981		1991	
	N.	%	N.	%	N.	%	N.	%	N.	%
0-4	137	12.2	61	9.2	27	5.3	34	4.5	18	2.5
5-14	144	12.8	84	12.7	83	16.2	101	13.4	77	10.7
15-24	226	20.1	77	11.7	44	8.6	123	16.3	111	15.4
25-34	143	12.7	75	11.4	34	6.6	72	9.5	100	13.9
35-44	163	14.5	68	10.3	61	11.9	77	10.2	72	10.0
45-54	140	12.5	96	14.5	56	10.9	94	12.5	81	11.2
55-64	76	6.8	96	14.5	90	17.5	77	10.2	87	12.1
65+	95	8.4	103	15.6	118	23.0	177	23.4	174	24.2
total	1124	100.0	660	100.0	513	100.0	755	100.0	720	100.0

Source: As Table 1.

18.6% rise in unoccupied dwellings. What we infer from this is that the migration process did not remove very many entire households, but instead took out only certain members of households – typically young adults, and more males than females (we shall examine population structure shortly).

When we examine post-1961 housing trends we see further interesting patterns. The decade 1961-71 saw further population loss (though not as rapid as in 1951-61) and a roughly equal diminution in occupied dwellings; this indicates an «emptying» of households to join family members already working abroad as a result of emigration in the previous decade. This explanation is supported by the doubling of empty dwellings during 1961-71. However, the high number of empty dwellings in 1971 reflects not only continued outmigration during the 1960s but also the investment by emigrants in new housing in anticipation of a return which, for many, took place in the 1970s (note the fall in unoccupied dwellings during 1971-81).

The growth in all kinds of housing 1981-91 reflects the continued return migration of the 1980s (including many retirees from earlier phases of emigration) and also the increasing prosperity of Casalatticesi: whether at home or still abroad. In particular our fieldwork interviews revealed a marked trend towards building new houses in the commune by people still living and working abroad. Such houses were built partly as holiday homes to return to during the summer, partly as a «social statement», and partly as a plan for retirement.

The data on facilities in Table 2 can be commented on more briefly. Large numbers of dwellings were without basic utilities in 1951. In fact 72.4% were without both water and a WC in that year, a proportion which dropped to 44.4% in 1961 and then to zero in 1971 and thereafter. Electricity was supplied to virtually all occupied dwellings by 1961; piped water and toilet facilities improved significantly by 1971; and the provision of baths and showers only by 1981. By 1991 virtually all dwellings in Casalattico could be regarded as fully modernised in these respects – an enormous difference compared to 1951 or even 1961.

Table 3 presents data on the changing age structure of the population of Casalattico, again for the five postwar censuses. The figures speak for themselves; nevertheless some striking trends should be stressed. The most consistent trends are observable in the youngest and oldest cohorts. The number of children aged 0-4 has collapsed from 137 in 1951 to just 18 in 1991, or from 12.2% to 2.5% of the respective total populations. Meanwhile the number of over-65s has nearly doubled in absolute terms and tripled in relative terms over the same period. Other age-group trends are more variable: for instance the teenage and young adult cohorts (15-35 years) were decimated by emigration during 1951-71 but then showed some recovery during 1971-91, mainly due to return migration. There were 369 15-34 year-olds in 1951, 152 in 1961, 78 in 1971, 195 in 1981 and 211 in 1991. These dramatically fluctuating numbers are a clear indication of the age-selectivity of emigration. Return migration, on the other hand, has had a proportionately bigger impact on «restoring» the middle-age and retired categories. In fact the «ageing index» of Casalattico is the fourth highest of the 60 communes in the province of Frosinone[2].

5. Conclusion

In the landscape of Casalattico it is possible to clearly see the ambiguity of the future of the commune. Decay, dereliction and waste are seen alongside renewal, investment and prosperity. As this paper has shown, migration is the key to explaining both aspects of this ambiguity.

As mentioned above, most of the smaller settlements and hamlets of the commune are largely or completely abandoned, whilst the main settlements – Casalattico, Montattico, Monforte, Sant'Andrea – all contain sections of abandoned housing which few seem interested in restoring. Since much of this empty housing is of some antiquity, this is also a waste of an architectural patrimony which may never be recovered[3].

The abandonment of housing is exceeded only by the abandonment of agricultural land. Our attempts to map the abandonment or continued use of farm land had to be curtailed because of the scale problem: the plots and terraces were so tiny that it was impossible to map the level of detail. Nevertheless the essential patterns can easily be described through observation. Virtually all the terraced hillsides have been abandoned. Painstakingly constructed flights of terraces which until 30 years ago had supported an intensive and varied subsistence agriculture of cereals, olives, vines and vegetables are now collapsing and degrading. Only untended olives remain on these terraces which are now overgrown with grass and bushes. The terrace walls are crumbling due to lack of maintenance. Higher up there are flatter mountain pastures still used for grazing sheep, cattle and horses, but these upland pastures too are used at much lesser intensity than in the past. Pockets of cultivation still exist around the main settlements and along the valley floor. Here are grown sweet corn, vines, fruits and vegetables for family consumption. The few remaining farmers – less than 100 according to recent censuses (see Table 1) – are of two types: either elderly non-emigrant peasants who continue their subsistence farming now with the help of state welfare, or returned emigrant hobby farmers who for reasons of nostalgia keep a few plots under cultivation to feed themselves and their families and to give produce to friends.

Whilst the decay and decline of the landscape illustrates the community's inability to sustain itself in terms of providing work and income for its inha-

---

[2] This index is calculated by dividing the number of over-65s by the number of under-14s. The value for Casalattico was 195.5 in 1991.
[3] Curiously, many of these abandoned dwellings have been given new roofs and guttering as a result of government grants following damage by the 1984 earthquake.

bitants (unemployment was 33.3% according to the 1991 census), new houses and the comfortable lifestyles that are led within these houses derive from wealth generated outside Casalattico. The commune is exceptionally reliant on capital which is earned abroad, chiefly in Ireland, and returnees play a crucial role in perpetuating a basically non-viable and subsidised economy. There has been no endogenous development within the commune; instead emigration has been seen as the only way to secure a comfortable life, either abroad or after return. Most of the businesses in the commune – shops and bars principally – are both owned by returnees and dependent upon the custom of other returnees, especially during the summer months when there is a great wave of holiday return migration. Hence the entire community is dependent upon emigration and return, which, because of the peculiar destination of most Casalattico migrants, lends a uniquely Irish flavour to this collection of hamlets and small villages. Irish accents, Irish-registered cars, the statue of St. Patrick and a passion for endless cups of tea are just a few of the more obvious manifestations of this Irish link.

As «Little Ireland in Italy» Casalattico may be unique, but in other respects its experience of mass emigration followed by a partial return is similar to the story of hundreds of other marginalised rural communities in southern Italy and elsewhere (Reyneri, 1979). Like the landscape, the future is full of ambiguity. Return migration is now trailing off and so this channel of repatriated wealth cannot be relied on for ever. At the same time the demographic structure, with so few young children now living in the commune, points to the danger of a population collapse in the next generation. The «missing generation» of young children are now being born almost exclusively abroad to parents who were themselves often born abroad of Casalattico parents. Whether these foreign-born youngsters will ever return to Casalattico to resettle is a moot point.

What will probably happen is that in the future there will be less definitive emigration and less definitive return. These easy-to-identify migration categories will be replaced by transitory forms of migration and mobility in which people from the commune, or born of parents from Casalattico, will spend part of their lives living, working and perhaps studying abroad, and part of their time in the village visiting, relaxing and enjoying the clean air and quiet pace of life. In this way the Irish link will be maintained, and the village will not die.

REFERENCES

COLPI T., *The Italian Factor: The Italian Community in Great Britain*, Edinburgh, Mainstream Publishing, 1991.

HUGHES C., *Lime, Lemon and Sarsaparilla: The Italian Community in South Wales, 1881-1945*. Bridgend, Seren Books, 1991.

KING R., REYNOLDS B., «Italiani in Irlanda: note storico-geografiche», in *Bollettino della Società Geografica Italiana*, Ser. XI, 7(10-12), 1990, pp. 509-529.

KING R., REYNOLDS B., «The evolution of the Italian community in Dublin», in *Tuttitalia*, 5, 1992, pp. 6-13.
MARIN U., *Italiani in Gran Bretagna*, Rome, Centro Studi Emigrazione, 1975.
MARSILI R., «La Val di Comino: note antropogeografiche», in *Bollettino della Società Geografica Italiana*, Ser. IX, 6(11-12), 1965, pp. 553-586.
MENEGHEL G., BATTIGELLI F., *Contributi Geografici allo studio dei fenomeni migratori in Italia. Analisi di due comuni campione delle Prealpi Giulie – Lusevera e Savogna*. Pisa, Pacini, 1977.
REYNERI E., *La catena migratoria*, Bologna, Il Mulino, 1979.
REYNOLDS B., *Casalattico and the Italian Community in Ireland*, Dublin, Foundation for Italian Studies, 1993.
SERENI B., *«They Took the Low Road»: A Brief History of the Emigration of the Barghigiani to Scotland*, Barga, Edizioni Il Giornale di Barga, 1974.
SPONZA L., *Italian Immigrants in Nineteenth-Century Britain: Realities and Images*, Leicester, Leicester University Press, 1988.
WILKIN A., «Origins and destinations of the early Italo-Scots», in *Journal of the Association of Teachers of Italian*, 29, 1979, pp. 52-61.

Paul White*

THE INTRA-URBAN MOBILITY OF ETHNIC MINORITIES, WITH SPECIAL REFERENCE TO THE PARIS AGGLOMERATION

Riassunto. Questo contributo passa in rassegna i dati esistenti in materia di diversi gradi di mobilità di residenza delle minoranze etniche e degli stranieri sulla base dei censimenti britannico e francese, sollevando la questione se le esperienze di mobilità dei gruppi più stabilizzati mostrino aspetti di assimilazione alle norme sociali dominanti. Il medesimo problema è poi esaminato attraverso i risultati di un'inchiesta che ricostruisce la mobilità in età adulta di abitanti della fascia di età adulta-anziana della regione parigina. Gli stranieri hanno compiuto spostamenti verso i suburbi nella stessa misura dei Francesi e si sono altresì spostati attraverso differenti segmenti del mercato della casa, sebbene non abbiano raggiunto in misura altrettanto elevata la condizione di proprietari della casa in cui vivono.

Summary. This chapter reviews the evidence of levels of residential mobility amongst ethnic minorities and foreigners as shown by the British and French censuses and raises the question of whether the mobility experiences of the more established groups show elements of assimilation to majority society norms. This question is then examined through the results of a survey of middle-aged people in the Paris region, tracing their mobility throughout adulthood. Foreigners have made moves into the suburbs in the same way as the French, and they have also moved through different sectors of the housing market, although they have not reached owner-occupation in such large numbers.

1. Introduction

Many people in Western Europe today, of both social scientific and other backgrounds, display considerable interest in the current and future evolution of ethnic minority populations, especially those that are of urban location. In many countries both the locations and the potential evolutionary scenarios of these groups have become highly politically charged features of contemporary debate. Racial attacks have gathered pace in a number of countries, whilst political parties putting forward policies to «deal with» ethnic minority groups have risen to prominence in France, Belgium, Austria, Germany and elsewhere (Vandermotten and Vanlaer, 1993).

However, there has recently been a further tightening of already restrictive immigration controls in several European countries. The catalysts for these new controls can be traced back to episodes such as the Albanian fli-

---

* Department of Geography, University of Sheffield.

ght to Italy of 1991, and to the heightened fears of large-scale but bogus refugee incursions in the wake of economic collapse and ethnic tension in Eastern Europe, and of famine and inter-tribal violence in parts of the Third World.

The future demographic evolution of ethnic minority populations already in Western European countries will now lie in a limited range of demographic and socio-cultural variables of which three must be briefly mentioned here. Firstly, in a period of reduced in-migration, the rate of growth of ethnic minority communities will crucially depend on fertility levels, where much of the evidence suggests that some convergence of family formation behaviour with that of majority populations is taking place (Sporton, 1991; Tribalat, 1987; White, 1993). A second important control on the evolution of ethnic minority communities comes via relabelling processes, in which changes in the self-identification of various individuals (particularly of the second and subsequent generations) must be recognised as reflecting changes in feelings of ethnic identity through time.

The third process is the one that concerns this paper. It is that of the internal migration of ethnic minority groups within Western European countries. This migration is of particular significance in changing or reinforcing existing population distributions, the more so as external sources of minority group supply are restricted by immigration controls. In models of community evolution, derived historically from the work of the Chicago School of Sociology, mobility could be used as a crucial indicator of assimilation, since movement away from «ghettos» could be a diffusing process, both reflecting and influencing changes in the aspirations, life-styles and self-identification of members of erstwhile minority communities. Just as the original «immigrant» communities came about through (international) migration, so it could be argued that «ethnic minority communities» as geographical or territorial neighbourhoods are in large part sustained or split up by (internal) migration within the countries of settlement.

This chapter will consider some of the general evidence on such internal mobility in Western European countries, and will then focus attention on a recent research project concerning ethnic minority groups in Paris. This research project provides the opportunity for examining ethnic minority mobility in a longitudinal context.

2. *Evidence on ethnic minority mobility*

Much research has shown that residential mobility amongst ethnic minority groups tends to be at a higher level than amongst majority society. For example, the 1991 population census in Great Britain showed that amongst «white» respondents 9.7% had made a residential move during the year prior to the census, whilst among all other ethnic groups the proportion of movers had been 13.1%. These figures unfortunately include movers from

Tab. 1 – Residential mobility rates 1990-91, selected British cities

	Percentage Moving	
	«Whites»	All ethnic minority groups
Birmingham	8.4	9.1
Bradford	9.5	8.9
Glasgow	10.9	18.3
Leeds	9.3	12.8
Liverpool	8.1	17.5
Greater London	11.1	13.3
Manchester	12.7	16.4
Newcastle	10.4	23.0
Sheffield	9.6	9.8

Data source: Population Census 1991, Great Britain, Volume 1, Table 17.

outside the United Kingdom, but such in-movement was at a relatively low level during the year in question.

Table 1 shows, however, that mobility rates also varied between cities. In Bradford, indeed, the residential mobility rate of the ethnic minority populations was actually below that of the «whites», whilst in Liverpool and Newcastle the «whites» were only half as mobile as the minority groups.

One very significant finding from the 1991 British census is that mobility is highly variable between different ethnic minority groups. This is demonstrated in Table 2, showing the degree of variability both for Great Britain as

Tab. 2 – Residential mobility rates by ethnic group, 1990-91

	Percentage Moving	
	Great Britain	Greater London
Total Population	9.9	11.5
«Whites»	9.7	11.1
All ethnic minority groups of which:	13.1	13.3
Black Caribbean	9.2	8.6
Black Africa	25.6	24.9
Black other	15.1	12.6
Indian	8.9	8.4
Pakistani	9.9	11.2
Bangladeshi	12.3	12.4
Chinese	18.9	17.0
Other Asian	22.6	21.0
Other	17.8	17.2

Data source: Population Census 1991, Great Britain, Volume 1, Table 17.

a whole and for Greater London as an example city. It is particularly notable that amongst the population of Great Britain as a whole, the residential mobility between 1990 and 1991 of those individuals identifying themselves in the census as of Black Caribbean, Indian or Pakistani origin was either at or below the levels relating to the total population: in the case of the Indians, mobility was below the level of the «white» population. In Greater London both Black Caribbean and Indian mobility rates were below the level of the «whites». These low mobility rates were occurring amongst the ethnic minority groups that were of longest residence in Britain. On the other hand, amongst some of the more recently-arrived groups, including Black Africans, Bangladeshis and the «Other Asians» (many of whom are Arabic), mobility rates were well above the national average.

What these figures suggest is that ethnic minority residential mobility rates may not, in fact, always be high. Instead such rates may vary in a temporal fashion, with recently arrived populations displaying high residential mobility but with more long-standing communities showing a greater degree of residential stability. What would be needed to test this hypothesis would be some form of longitudinal data set.

The data shown in Table 2 also suggest a reason for the varying ethnic minority mobility rates between cities (Table 1), in that where a city's minority groups are predominantly of the low mobility type (such as Pakistanis in Bradford) the overall minority mobility rate will tend to be low.

The French census also provides certain information on the residential mobility of ethnic minorities, in this case defined not (as in the United Kingdom) through a self-identification question but via nationality data: in using such data one must pay due acknowledgement to the fact that ethnicity and nationality are not coincident in France (Ogden, 1989). At the time of writing the results of the 1990 census are not yet available in sufficient detail to perform any analysis for the present purpose. However Table 3 shows the rates of residential mobility for the Paris region (Ile-de-France) and for the city of Paris alone for the 7-year inter-censal period from 1975 to 1982. These data *exclude* migration from abroad, dealing only with residential moves within France, and the actual mobility rates are also not comparable to those in the United Kingdom because of the much longer period within which moves were counted.

In the Paris region there is little difference between the French and the foreigner mobility rates. However, in both the region as a whole and in the city of Paris itself the mobility rates of four groups are distinctly low – amongst Italians, Spaniards and Algerians (all relatively early in-migrant groups now showing residential stability) and amongst those who were born foreign but who have naturalised as French citizens. For other groups mobility rates were above the average.

Although few other European studies have distinguished between the mobility rates of different foreigner or ethnic minority groups, the finding of higher overall mobility rates amongst such populations is a general one

Tab. 3 – Residential mobility, population of Paris, 1975-82

	Percentage moving, 1975-82 (excluding movement from abroad)	
	Ile-de-France region	City of Paris
Total population	47.6	45.1
Frech nationality	47.8	44.8
Of which:		
French by birth	48.1	45.3
Born foreign, naturalised as French	38.3	36.1
Foreigners	46.7	46.7
Of which:		
Italians	33.2	33.0
Other EC nationalities*	46.1	45.0
Spaniards	39.4	38.8
Portuguese	50.7	52.6
Algerians	41.8	42.9
Moroccans	49.0	50.9
Tunisians	51.0	47.9

* 1982 definition: West Germany, Belgium, Denmark, Greece, Ireland, Luxembourg, Netherlands, United Kingdom.
Data Source: Recensement Général de la Population de 1982, Résultats du Sondage au 1/4, Table D11.

(Gans, 1990; White, 1985). However, as indicated earlier, most research is effectively time-specific and identifies mobility only over a short period of years. What would be useful would be to have longitudinal data on the mobility of a whole cohort of the ethnic minority population over a more extended period, for the examination of the correlates of mobility with other elements of the social geography of urban regions. The remainder of this chapter utilises just such a longitudinal data set to examine residential mobility in the Paris region, highlighting two particular aspects of mobility – movement between geographical zones and movement between housing classes.

3. *Foreigner mobility in the Paris region*

The information used here originates in a detailed survey of a sample of 1987 residents of the Paris region undertaken by the Institut National des Etudes Démographiques in 1986. All the respondents were born between 1926 and 1935 and were thus aged 50-60 at the time of the survey. This cohort included a number of those immigrants who constituted the first great wave of movement into France in the early post-war period. A number of research studies has been produced using the survey results (Bonvalet,

1987; Bonvalet and Lelièvre, 1989; 1991), but the current analysis represents a first exploitation of the survey results relating to the mobility of foreigners.

Among the 1987 respondents, 262 (13.2%) held foreign nationality, and a further 126 (6.3%) had been born foreign and had become naturalised as French. Amongst the foreigners the biggest groups originated from Portugal, Algeria, Spain and Italy. Table 3 (above) showed the Portuguese to have relatively high residential mobility, but the other nationalities involved, along with the naturalised French group, were all notable for below average movement. It was suggested earlier that this was a reflection of the growing residential stability of such populations as a result of the maturation of the migration and ethnic community systems involved.

Geographical mobility

The two aspects of the survey highlighted here relate to geographical and housing mobility. The survey asked respondents detailed questions concerning their whole residential and mobility histories, including household composition, housing tenure arrangements and reasons for moves. In the case of geographical mobility the analysis reported here makes use of a classification of respondents' previous addresses according to four geographical zones:

– The city of Paris itself, consisting of the twenty *arrondissements* that make up the inner area of the agglomeration.

– The inner suburban ring, consisting of the three *départements* that make up what is often called the *petite couronne*. These consist for the most part of a mixture of industrial and commercial areas alongside cheaper housing (both apartments and individual dwellings) constructed from the middle of the nineteenth century through to the early 1970s when the last remaining empty spaces were occupied by social housing construction.

– The outer suburban ring, including the more rural parts of the Ile-de-France region, known as the *grande couronne*. This is the area that has seen rapid suburban growth in the post Second World War period, consisting of social housing estates, the establishment of New Towns and, in more recent years, expansion of more expensive owner-occupied housing.

– The final zone consists of the rest of the world, including both provincial France and also residences in other countries.

Residential trajectories were constructed for each individual in the survey. These trajectories showed residential moves across zone boundaries, but ignored moves that lay entirely within zones. Figure 1 summarises the most important findings of this analysis for foreigners, naturalised French, and for those who have been French since birth (but excluding those born in France's overseas *départements*). Only mobility (or immobility) sequences followed by 2% or more of respondents are included. A first set of observations concerns the proportions of respondents whose first independent household was in each zone. Although none of the foreigners had been born in the Ile-de-France region, over 21% of them set up their first independent household there: over half of these were in Paris itself, with most of the remainder in the inner suburbs. Amongst those naturalised as French experiences were similar, although a higher proportion of all first independent

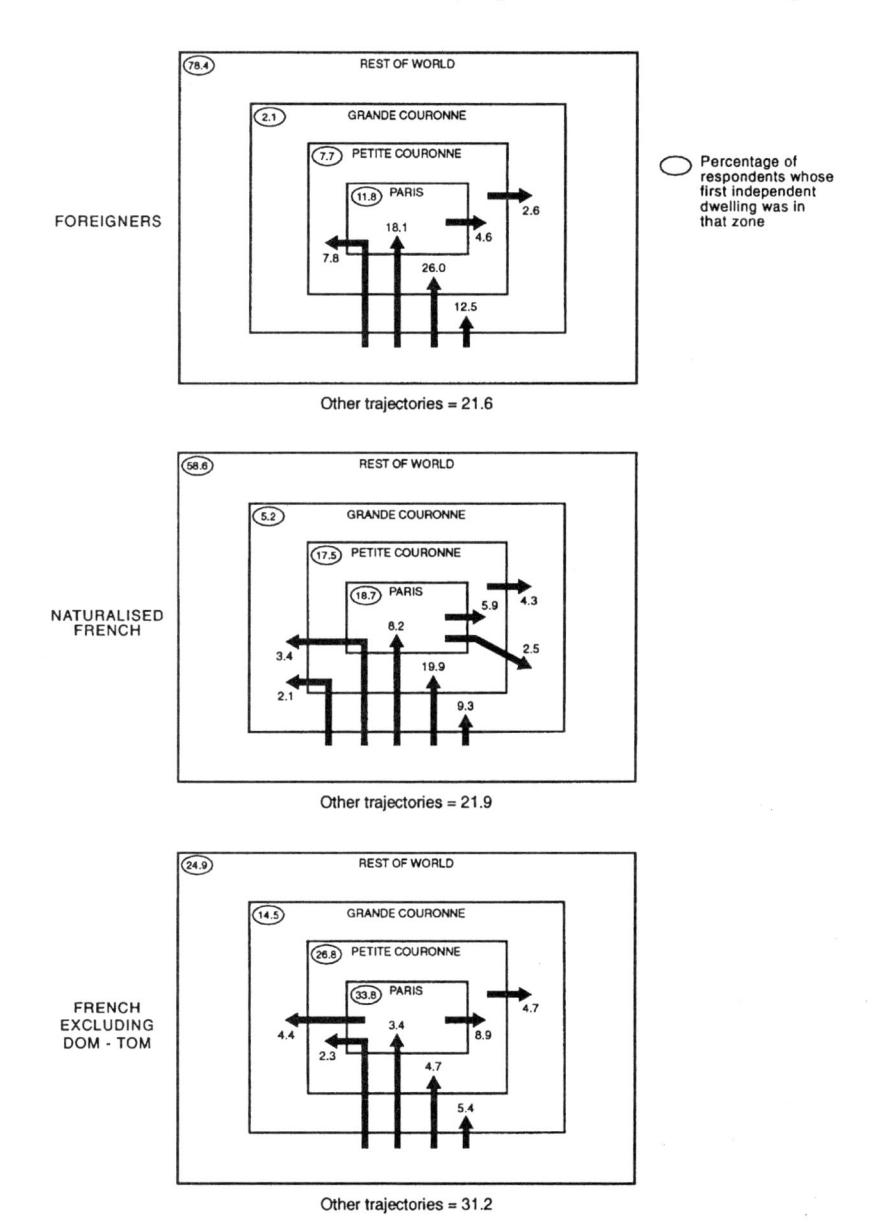

Fig. 1 – Residential Trajectories in Space
(per cent of all respondents – only trajectories including over 2% of respondents indicated)

households was in the Paris region, with a first location in the inner suburbs being almost as important as in Paris itself. On the other hand, amongst French respondents only a quarter of first independent dwellings was outside the Paris region.

Figure 1 also highlights the most significant trajectories of movement between zones. Amongst both foreigner-born groups the commonest residential career (26% of foreigners and just under 20% of the naturalised French) was a move from a residence outside the Paris region directly into the inner suburbs with no further change of zone. For both groups the second most common trajectory was movement from a residence outside the region into Paris and then no further change of zone (18% of foreigners and 8% of the naturalised French). Multiple changes of zone were not uncommon: for example, 8% of foreigners moved from a residence elsewhere into Paris and then later moved out into the inner suburbs during their life course. For the naturalised French multiple trajectories tended to lead out into the outer suburbs or *grande couronne*.

One consistent, and not unexpected, feature of Figure 1 is the predominant pattern of suburbanisation taking place. Apart from initial movements from outside the region into the inner parts of the Paris agglomeration, all other significant moves between geographical zones were clearly outward in character. However it is arguable that the pivot for foreigners had not been Paris itself but the inner suburbs, a finding that rather counters many established ideas on ethnic minority community evolution. In fact, amongst the foreigners in the survey a smaller proportion (46%) had lived at some time in their lives in the city of Paris than amongst the French respondents (53%). Amongst the naturalised French only 43% had residential experience in the inner city.

Housing mobility

A similar analysis was undertaken concerning the movement of respondents between different sectors of the housing market, using a variant of Rex and Moore's (1967) original ideas. For the Paris region the following housing classes were identified:

– Owner-occupation, including those holding a mortgage for the purchase of property.

– Unfurnished property freely rented on the open-market at prevailing rent levels.

– Property rented under legislation introduced in 1948 to control rents. Such property is generally old and remains poorly provided with modern amenities. Rent levels remain low, however, despite periodic adjustments to the control system to permit increases to occur. Housing rented under the «Loi 48», whilst seen as acceptable during the early 1950s, for example, is now much less desirable and is particularly to be found in areas of housing dilapidation, although in some central areas the attractions of accessibility are sometimes thought to compensate for property conditions.

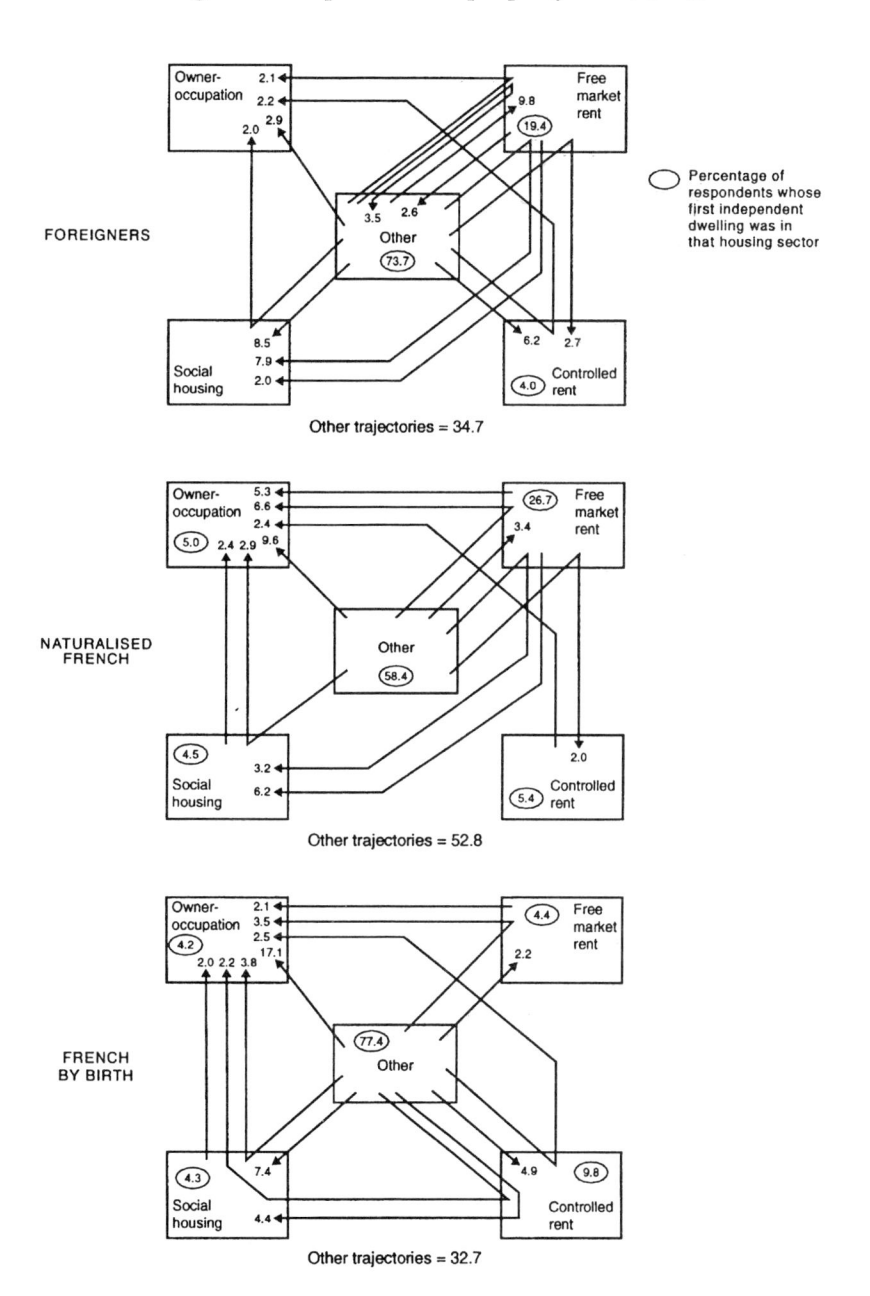

Fig. 2 – Residential Trajectories through Housing Sub-Markets
(per cent of all respondents – only trajectories including over 2% of respondents indicated)

– Social housing, rented from a housing agency of some kind.
– A final «other» category. This, in fact, covers a number of situations, including sharing accommodation (or existing as sub-tenants) with friends or relations; being housed rent-free by an employer; and furnished rented accommodation (*meublés*). All are marked by a lack of security of tenure.

Figure 2 shows the results of the same types of analyses as were performed above for geographical mobility – namely the housing class of the first independent dwelling of the respondents, and the most significant trajectories between housing classes. Again only trajectories involving over 2% of respondents are indicated. It must be remembered here that certain first independent housing experiences will have taken place outside the Paris region, although the detailed results of the survey show that, especially for foreigners, the housing class involved was most likely to have been that labelled «other» here.

Figure 2 makes it clear that it was the «other» housing category that was most significant as the first independent housing class for each of the three groups analysed, with around three-quarters of both the French-born and the foreigners starting off in that sector. Thereafter, however, the housing experiences tended to diverge. Amongst the foreigners the pivotal sector was that of free market rented housing. At some point during their life course 59% of foreigners had lived in that sector. The comparable figure for French respondents was 25%, whilst that for those who were born as foreigners but later naturalised as French was 56%. So, although well over half of those born as foreign had experience in the free market rented property, only a quarter of the French had such experience. It is notable, however, that for foreigners this sector was by no means a «sink», absorbing those who arrived but not letting any go. Instead there was significant out-movement from private rented accommodation into other sectors – most importantly into social housing, but also into rent-controlled property, back into the «other» category, and into owner-occupation.

A commonly-held picture of the housing class mobility of foreigners in the Paris region is of their arrival in some transitory accommodation (represented here by the «other» category) followed by movement into private rented accommodation and later rehousing into social housing. That particular housing trajectory accounted for 7.9% of all foreigner respondents in the survey, whilst a further 9.8% moved from the «other» category into privately rented property and stayed there. Clearly, however, there are great dangers in stereotyping and oversimplifying the residential mobility of foreigners: a great number of alternative trajectories through the housing market were also commonplace.

We should also note the significance of the owner-occupied sector. By the time of the national 1990 census this was becoming an important housing sector for foreigners in France, although not generally perceived as such. In fact 24% of the respondents in the survey had residential experience in the owner-occupied sector at some time, arriving in that sector from all the others in the analysis. This was also the single sector with no major out-movement: those arriving in owner-occupation tended, with relatively few exceptions, to stay there.

The owner-occupied sector is of particular interest when we consider those born as foreign who naturalised as French. Amongst this group there was a very clear pattern of net movement into owner-occupation. Only 5% of these respondents started their independent housing careers in owner-occupation, yet by the time of the 1987 survey 56% had lived in it at some time – a figure closely approaching the 61% amongst respondents who had been born French. This raises a number of interesting questions concerning the links between accession to owner-occupation and the process of naturalisation as French citizens. Unfortunately the 1987 survey did not distinguish which came first, but in any discussion of ethnic minority community assimilation the issue is an important one meriting further research.

A final observation from Figure 2 is that the sector consisting of housing with rents controlled under the 1948 act played a much more significant role in the residential trajectories of the French-born than of either the foreigners or those naturalised as French. The sector was not one in which many French respondents stayed, but which they passed through on their way into other housing sectors.

In net terms, throughout their life courses all respondent groups had seen a progressive movement starting out in the «other» category of sub-tenancies, moving through various forms of rented property (free-market, rent-controlled, and social housing), towards the owner-occupied sector. It is also clear that the foreigners had progressed much less far along this housing track than had the French, but that a significant proportion had stuck the course. The «success» of the naturalised in emulating the French by birth was of particular note.

4. Conclusions

As ethnic minority groups in Western European countries age there is a need for us to rethink some of the old assumptions about the behaviour of such groups. Recent censuses (especially that of the United Kingdom where the census focus is on self-identified ethnicity rather than on some official but abstract definition) along with other survey evidence are providing data against which new theories and models of ethnic minority community evolution can be tested. Many of our ideas on minority groups continue to be derived in part from American concepts originating in the Chicago School which may be misleading in the European context.

One aspect of the Chicago work that has perhaps been unduly neglected concerns its emphasis on in-migration being a wave-like process involving a succession of different groups whose processes of assimilation may differ. We have perhaps become too used in Western Europe to thinking of «immigrants» as a single group in which the public consciousness tends to focus solely on the most visible groups (Afro-Caribbeans, Indians or Pakistanis in Britain; Algerians and Black Africans in France; Turks in Germany). There is a continued neglect of many other groups whose numerical significance may be nearly as great or even greater. In France, for example, there are almost exactly as many Portuguese as Algerians.

The focus in this chapter has been on residential mobility. We have seen here that when aggregate information concerning «ethnic minority» or foreigner groups is considered certain generalised conclusions appear plausible, and that these accord with previous general findings on residential mobility, emphasising high mobility rates and residential instability. However, when we disaggregate the data by different ethnic groups a different picture emerges, in which certain of the «older» minority groups (in terms of their original period of in-migration) appear to show elements of convergence towards the mobility characteristics of majority society. Whether or not one can talk about «assimilationist» trends in mobility behaviour is more problematic.

The more detailed discussion of the case-study of longitudinal mobility information for older ethnic minority groups in the Paris region has suggested that several of the established ideas need adjustment. The inner city was *not* the pivot area for these groups that it is often believed to have been: instead the inner suburbs played that role. Certainly the net pattern of migration flows was outward within the agglomeration as those involved aged, but the starting point for many was already a suburban location. And the foreigners identified in the survey have shown a high degree of mobility through the sub-sectors of the housing market, permeating all such sectors to some extent although in general moving more slowly towards the new French norm of owner-occupation than have the French themselves. Ideally such findings need re-examination against the experiences of more recently-arrived minority groups in France, and against evidence from other countries. The French pattern of the suburbanisation of older minority groups may not be true to the same extent elsewhere.

One final line for future research, as indicated earlier, might concern those who have naturalised as French citizens. With citizenship now high on the political agenda in several European countries of immigrant destination, the issues concerning the connections between naturalisation, residential location (neighbourhood characteristics and connections) and behavioural assimilation are important ones for geographical research. The evidence presented here suggests that the residential mobility behaviour of the naturalised group in the Paris region has, in some respects (most notably in terms of suburbanisation) been «more French than the French». Even without totally accepting an assimilationist paradigm, there is obvious need for cross-national and cross-cultural studies of what it means to reclassify oneself as no longer being a member of a minority group.

REFERENCES

BONVALET C., «Les Parisiens dans leur maturité: origine, parcours, intégration», in *Population*, 42, 1987, pp. 225-248.
BONVALET C., LELIÈVRE E., «Mobilité en France et à Paris depuis 1945: bilan résidentiel d'une génération», in *Population*, 44, 1989, pp. 531-560.
BONVALET C., LELIÈVRE E., «Mobilité en France et à Paris depuis 1945: le filtre Parisien», in *Population*, 46, 1991, pp. 1161-1184.
GANS P., «Changes in the structure of the foreign population of West Germany since 1980», in *Migration*, 7, 1990, pp. 25-49.
OGDEN P.E., «International migration in the nineteenth and twentieth centuries», pp. 34-59, in P.E. Ogden and P.E. White (eds), *Migrants in Modern France: Population Mobility in the Later 19th and 20th Centuries*, London, Unwin Hyman, 1989.
REX J., MOORE R., *Race, Community, and Conflict*, Oxford, Oxford Univ. Press, 1967.
SPORTON D., «The differential fertility of immigrants within the Paris Region, France», in *Kieler Geographische Schriften*, 78, 1991, pp. 187-202.
TRIBALAT M., «Evolution de la natalité et de la fécondité des femmes étrangères en RFA», in *Population*, 42, 1987, pp. 370-378.
VANDERMOTTEN C. and VANLAER J., «Immigrants and the extreme-right vote in Europe and Belgium», pp. 136-155, in R. King (ed.), *Mass Migrations in Europe: The Legacy and the Future*, London, Belhaven Press, 1993.
WHITE P.E., «Levels of intra-urban migration in Western European cities», in *Espace, Populations, Sociétés*, 1985-I, pp. 161-169.
WHITE P.E., «Ethnic minority communities in Europe», pp. 206-225 in D. Noin and R. Woods (eds), *The Changing Population of Europe*, Oxford, Blackwell, 1993.

Deborah Sporton*

MIGRANT NETWORKS AND COMMUNITY DEVELOPMENT: MOROCCAN MIGRATION TO FRANCE

Riassunto. Il contributo mira a capire i meccanismi e il significato delle reti di rapporti degli emigranti con il paese di origine nel facilitare i contatti tra le regioni di origine e di destinazione degli emigrati marocchini in Francia. Dati non pubblicati del Moroccan Demographic Survey evidenziano l'esistenza di nette differenze nella fertilità di regioni urbane e rurali in Marocco. Per capire le ragioni della fertilità dei marocchini che vivono in Ile-de-France è necessario chiarire le motivazioni e i meccanismi che la influenzano nelle stesse aree di origine. La misura in cui il comportamento dei gruppi migranti differisce da quello dei non-migranti è stata considerevolmente modificata dal contatto tra le due comunità. Un'ulteriore complicazione deriva dalle storie migratorie delle persone che già prima di emigrare hanno preso parte a spostamenti di tipo rurale-urbano e che quindi sono state a contatto con vari contesti ed esperienze.

Summary. The contribution aims at understanding the mechanisms and significance of migrant networks in facilitating contacts between regions of migrant origin and destination. Unpublished results from the Moroccan Demographic Survey highlight distinct regional and rural-urban differences in fertility. In order to understand the determinants of Moroccan fertility in the Ile-de-France region it is necessary to examine the motivations and the mechanisms influencing fertility in the region of origin. The extent to which migrant and non-migrant behaviour has been modified by the considerable contact between the two communities. A further complication concerns the migration histories of the expatriate population who may have participated in step-wise migration from rural to urban areas before emigration and have therefore been subjected to a number of confounding experiences.

> «*I will sketch out for you the life of an expatriate: local misery – passport – corruption – humiliation – medical – emigration office – journey – long crossing – condemned housing – work – metro – suitcase – ... holidays – money order – return – customs – ... images – images – images*» (p. 136 Tahar Ben Jelloun, *La Réclusion Solitaire*, 1976)

Ben Jelloun's account of the life a Moroccan migrant worker typifies a burgeoning literature (fiction and non-fiction) which provides biographical insights into the international labour migration experience and aspects of community development. Such accounts also illustrate the significance, among ethnic minority groups, of contact with regions of migrant origin and the networks through which these links are facilitated. In short, to understand the dynamics of migrant community development it is necessary to

---

* Department of Geography, University of Sheffield.

examine culture and society in both sending and receiving regions and the evolution of networks linking the two communities. Contact between communities may represent remittance payments, flows of goods and services or constitute less tangible association through vacation visits and return migration. This paper focuses on these international contacts with specific reference to flows between France and Morocco, and outlines their possible influence upon aspects of community development in areas of migrant origin and destination. The ideas presented in this contribution stem from a broader project which examined the fertility of ethnic minority groups in the Paris region. It was evident that to study fertility in a region of migrant destination it is necessary to relate the findings back to the particular determinants of behaviour observed in the region of migrant origin, recognising that these determinants are themselves subject to constant evolution. The research also highlighted the significance of contact between migrant and non-migrant communities and the facilitating role of migrant networks; the focus of this paper.

1. *International migration systems and migrant networks*

Most contemporary studies of international labour migration invoke a world systems approach whereby structural imbalances differentiating nations within the global economic system determine the movements of labour between them. Emphasis is placed upon interdependencies between societies of migrant origin and destination which evolve through time and space. Study of the impacts of migration within this conceptualisation have sometimes failed to acknowledge the particularities of regional subsystems and therefore different spatial contexts and possible outcomes; a critique advanced by advocates of the new regional geography (see, for example, Taylor, 1989). Linkages between societies of migrant origin and destination include the evolution of social networks, constituting migrants and non-migrants, which channel information, funds, goods and services between communities. Individuals participating in a network are often family members, friends, or those who originate from the same village or region. From the literature, three important functions of migrant networks may be identified:

a. They facilitate short-term adaptation within the country of migrant destination. Members of a network often provide housing, employment and psychological support for the newly arrived migrant. The existence of a network may also encourage migration to a particular city and employment within a specific sector.

b. They influence migrant selectivity by restricting information flows to those within the network resulting in the establishment of channels through which chain migration operates. It has been suggested that high status workers are the first to migrate as initial costs are high but as the movement gathers momentum and the migrant network evolves, costs are reduced and the opportunities of migration are introduced to a broader cross-section of the original community (see e.g. Massey and García-España, 1987).

c. They serve to maintain contact between individuals in the regions of migrant origin and destination through both migration and return migration, holiday visits, remittance payments and service provision. This has the effect, it is argued, of encouraging cultural retention in areas of migrant destination and introduces 'modernising' influences within areas of migrant origin (Philpott, 1968). Considerable attention is placed in the literature upon the significance to local and national economies of expatriate investment and remittance payments (see e.g. Russell, 1992).

It is to this latter body of literature that this paper contributes. Although structural forces ultimately determine migration, networks mediate and modify the effects of social and economic structures on communities (Boyd, 1989). It is therefore necessary to understand the changing social, economic and cultural contexts of migration in both sending and receiving areas and the modifying role of migrant networks to understand aspects . relating to the development of migrant and non-migrant communities.

2. Moroccan migration to France

The literature documenting post-war labour migration to Europe, and in particular France, is vast and beyond the scope of this paper. Instead, attention is focussed on Moroccan migration to France which gathered momentum during the 1960s as the recruitment of Algerian workers, the mainstay of France's migrant workforce, waned following the war of independence. Stimulated by post-colonial labour agreements (in particular, that signed on 27July 1963) and mounting unemployment at home, the Moroccan community in France, augmented by up to 75,000 new arrivals a year (Mazouz, 1988), accounted for 15% of the total foreign population in 1986. In character with emigration from the Maghreb, the first migrants were male, recruited to the major industrial centres of France; in particular, the Ile-de-France region (Paris), Provence-Côte-d'Azur (Marseilles), Rhone-Alpes (Lyon) and Nord-pas de Calais (Lille). Their unskilled labour was employed within certain sectors of the economy, notably in the building trade, the mines and metal works and on factory production lines (Hamdouch et al., 1979, Whitol de Wenden, 1988). The motor vehicle industry which was booming during the 1960s was a key area of employment for Moroccan workers who were often recruited by companies such as Talbot and Renault before they left Morocco (Mazouz, 1988). Moroccan migrants are drawn overwhelmingly from certain regions, notably the rural Rif and Sousse regions which have a long tradition of emigration (Hamdouch et al., 1979, Berriane and Hopfinger, 1992, Lazaar, 1987), villages in the high Atlas, and more recently the urban centres of Casablanca, Meknes and Oujda (CERED, 1991) (Figure

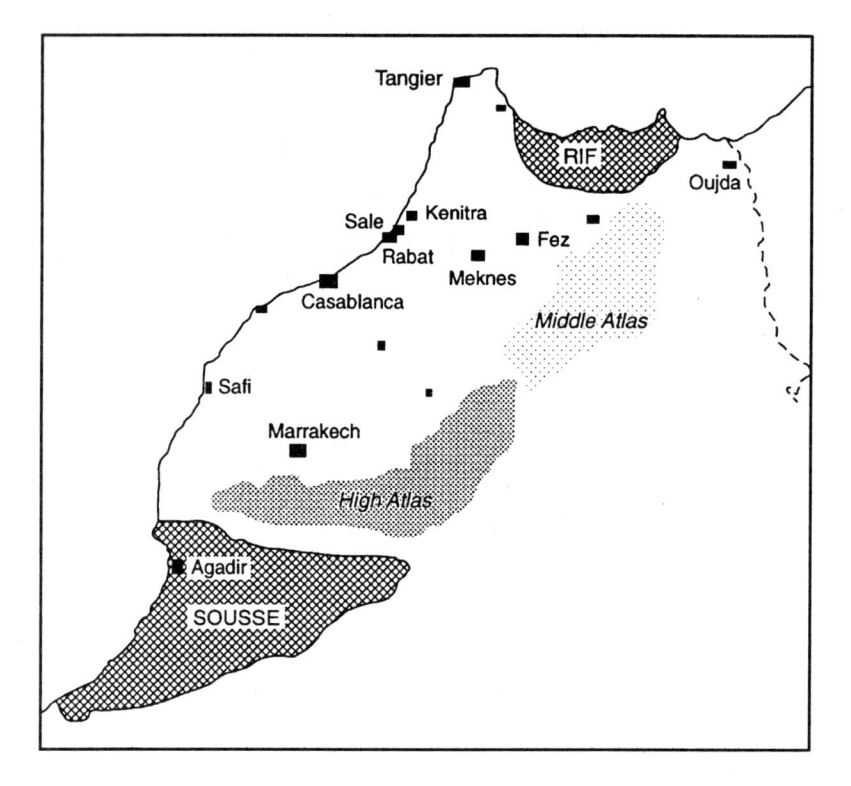

Fig. 1 – Regions of Moroccan emigration

1). Migration channels linking France and Morocco therefore filtered migrants between established regions of emigration and immigration and into specific occupations. In 1974 legislation was introduced in France which restricted further labour immigration but was unable to prevent migration for the purposes of family reunification. Under the auspices of family reunification, the Moroccan population in France experienced a 63% increase in their number, second only to the Turkish community, during the 1975-82 intercensal period (INSEE, 1982).

Despite this growing importance, the Moroccan community has received scant attention within the academic literature (notable exceptions include Mazouz, 1988, and El Mouberaki, 1989). Numerous studies have instead focused on the larger Algerian community or the North African population in general; a generalisation which too often ignores the cultural diversity inherent within both the Maghreb and its constituent regions. Aspects of community covered within this literature include residential location (e.g. Vuddamalay et al., 1992), patterns of nuptiality and fertility (e.g. Muller, 1987, Sporton, 1990), the status of women and the role of Islam (e.g. Mozzo-Counil, 1987), and politicisation and intergenerational identity issues (e.g. Leveau and Kepel, 1988). The majority of these studies, in seeking to understand patterns of behaviour in France, fail to relate these to practices in the regions of migrant origin which are themselves subject to evolution as the global economic system adjusts to structural transformations. Moreover, formal and informal feedbacks exist as a direct result of the migration process to further modify migrant and non-migrant socio-cultural behaviour.

3. Moroccan migrant networks: the organising mechanism

Networks are collectivities of individuals who are organised, often without formal recognition, on the basis of some underlying principle, e.g familism, or patronage (Gurak and Caces, 1992). The 'organising principle' will define the migration channels and determine regional and sectoral impacts within the countries of migrant origin and destination. With respect to Moroccan migration to France, networks, as they have evolved, have been organised at a number of different levels (Table 1).

Initially networks were organised on the basis of *labour*. Migrants were affiliated by virtue of their skills. During the immediate post-war years migrants were selectively recruited from the rural Sousse and Rif regions to work in the mines in northern France and to service agricultural production in the greater Paris region. Later during the 1960s, the demand for labour stimulated by the growth of factory production necessitated further direct recruitment from other Moroccan regions; the high and middle Atlas and the urban centres of Casablanca, Rabat and Meknes. These workers were channelled to the main urban centres of France, predominantly to the Paris region but also to Marseilles, Lyon and Lille. The Moroccan community in France is today characterised by distinct geographical diversity; the product

Tab. 1 – Moroccan migration to France: the organising mechanism

Organising Mechanism	Region of Origin	Region of Destination	Migrant Characteristics
Labour (based on recruitment)	• pre-1938: Sousse • Post WW2: Sousse, Rif, High/Middle Atlas • 1960s-: Urban Morocco	• Nord, Greater Paris • Metropolitan France (Paris, Marseille, Lyon, Lille)	• Single male workers (unskilled-semi-skilled)
Labour (based on familism, localism)	• Post WW2: Rif, Sousse, High/Middles Atlas Urban Morocco	• Metropolitan France Paris region dominates	• Single male relative
Familism (family reunification)	• 1970s-As above	• Metropolitan France	• Women and children
Religion	• Casablanca	• Paris	Jewish families

of the temporally and spatially selective recruitment policies that characterised Moroccan emigration.

The French National Immigration Office, established to oversee labour recruitment, was unable during the 1960s to keep pace with labour demand. 'Pioneer' migrants, seeing opportunities in France, were able to assist the migration of family members and those from their particular village or locality. *Familism and localism* therefore became significant to the evolution of migrant networks and community development in both Morocco and France. Contact maintained between community and family members has more recently facilitated the migration of women and children to France.

With respect to Moroccan emigration to France, a further organising mechanism, *religion*, has influenced the evolution of networks and community development for the minority of Jews. The Jewish population of Morocco is largely concentrated in the cosmopolitan city of Casablanca; emigration to France, and in particular Paris, has been facilitated by accords signed between the Moroccan and French governments and supported by the existence of a significant Jewish population within the region (Bensimon and Pergola, 1984).

4. *Networks and community contact*

Complex networks organised therefore on the basis of labour, localism, familism, and religion link migrant and non-migrant communities. In the case of Moroccan migration to France, contact between communities is facilitated through migrant networks in several ways.

4.1. *Migration*

Although labour migration to France has largely ceased following the imposition of bans in 1974, migration of women and children for the purposes of family reunification continues due to the relative immaturity of the Moroccan community in France (Figure 2). Moroccan nationals now constitute the largest group entering France to join family members. The significance of family reunification migration to community development is the maintenance of cultural links with the country of origin. The continued input of women and children from traditional Moroccan backgrounds undoubtedly affects the way in which communities adjust to life in France. Family reunification migration has however now peaked and will inevitably peter out in the future.

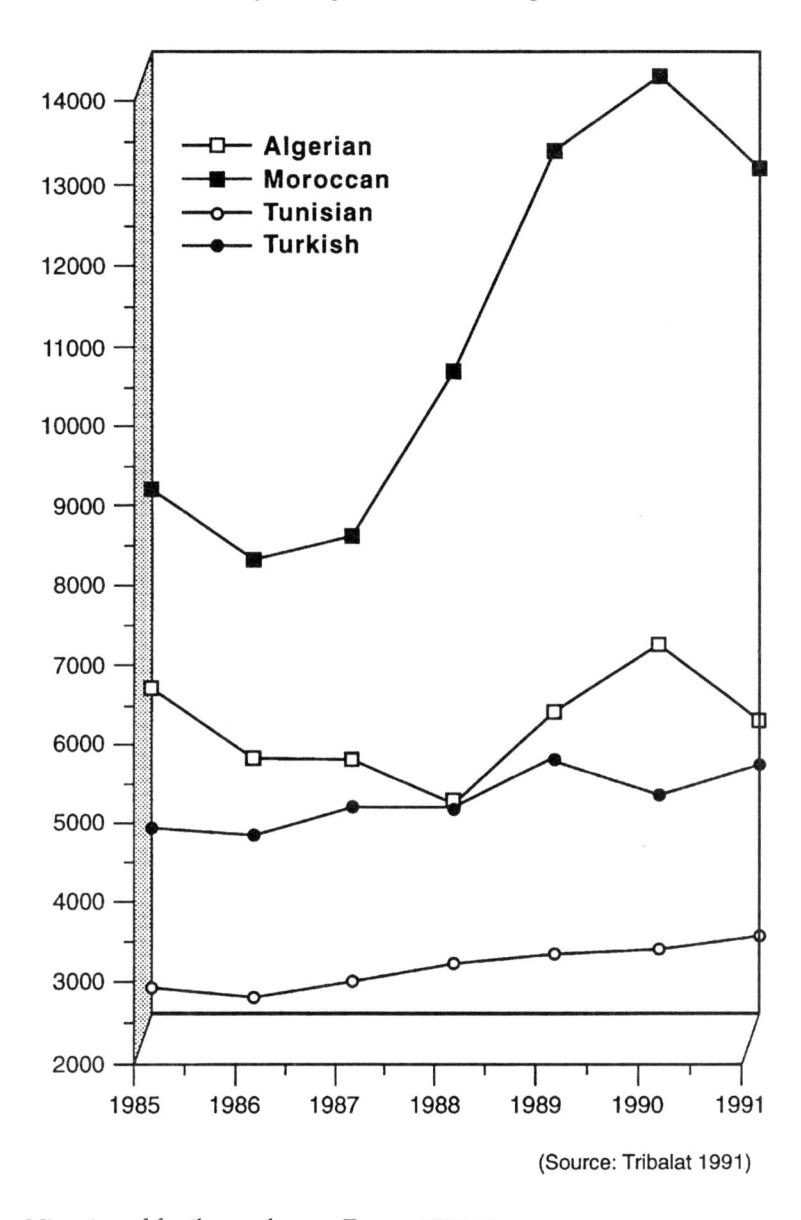

Fig. 2 – Migration of family members to France, 1985-91

4.2. Return migration and the 'myth of return'

As family reunification migration has contributed to cultural retention within migrant communities so return migration may be expected to introduce modernising influences within non-migrant communities. Host govern-

Tab. 2 – Origin and destination of migrants, Morocco 1982-88, '000s.

	Destination				
Origin	Urban	Rural	Morocco	Overseas	Total
Urban	290	103	393	45	438
Rural	374	148	522	26	548
Morocco	664	251	915	71	986
Overseas	27	5	32		
Total	691	256	947		

Source: CERED 1991.

ments have expected and indeed actively encouraged the return of migrant workers and their families upon completion of their contracts or upon retirement. In 1984, the French government introduced a system of assisted repatriation whereby foreign workers were given a maximum of 20,000 francs to return home if they were employees of companies involved in retrenchment. These companies had previously signed agreements with the National Immigration Office. Although this scheme was expanded in 1987 to include the unemployed, Figure 3 suggests that despite initial enthusiasm, uptake rates have been low particularly within the Moroccan community. Table 2, compiled from data taken from the Moroccan National Demographic Survey, reveals that the majority of return migrants (81%) settle in urban areas. At the time of their emigration, most are likely to have originated from rural areas although currently emigration is predominantly via towns and cities.

Rural villages therefore fuelled emigration, either directly or indirectly through step-wise migration, but have not benefited from the return of experienced and skilled workers. An earlier government survey, which revealed a greater propensity for rural return migration, found these migrants to possess largely negative views of their experiences overseas (Hamdouch *et al.*, 1979). Although Moroccan return migration from France is likely to increase as the population age, their return is unlikely to have the modernising affect upon their rural communities of origin that other studies have envisaged.

Of greater significance is the prospect or myth of return within migrant communities, spurred by 'images' of home described in the opening quote (Ben Jelloun, 1976), which remains an important incentive to retain contact with non-migrant communities and preserve cultural identity despite the fact that many migrants will inevitably settle in France. As part of a broader project on the fertility adjustment of migrant women in France (Sporton, 1990), interviews conducted with Moroccan women living in Paris revealed the significance of 'la retour' to cultural retention;

«*To stay here is not to live a normal life... I will return one day... I am Moroccan, I will stay Moroccan even though I live in France*»

[Nadia (28 years), from Rabat, had lived in Paris for three years since joining her husband]

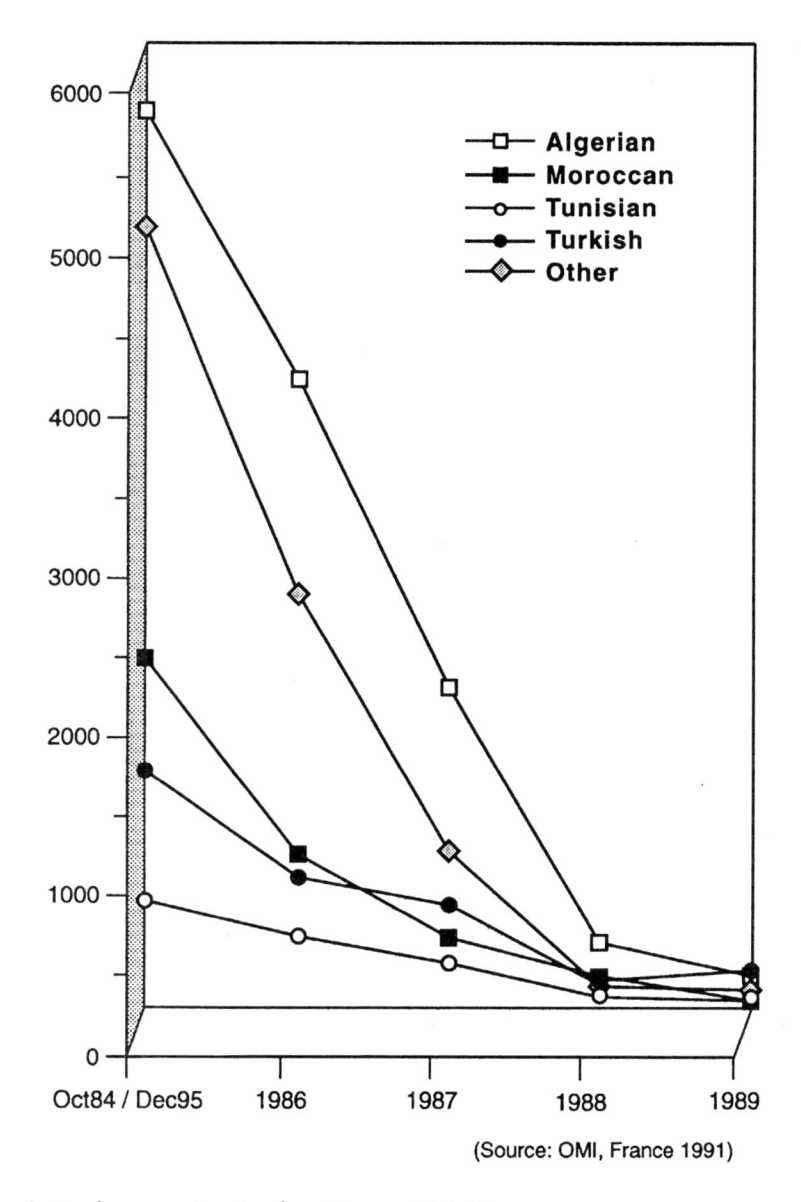

Fig. 3 – Assisted return migration from France, 1984-89

For many women, the traditional way of life has changed little since their arrival in France. With regard to the wider Moroccan community one of the interviewees made reference to the fact that because residence in France is viewed as temporary, traditional gender relations are maintained;

«In France, there are women, young girls who do not leave the home. I know many women like this who never go out. It is their husbands who do the shopping and things like that»
[Zorah (28 years) from Casablanca, lived in Paris for four years]

Return migration need not engender attitudinal change in regions of migrant origin; the prospect of return however has contributed to the preservation of traditional cultural practices in France.

4.3. Circulation

Circulation between migrant and non-migrant communities is another important mechanism whereby contact is maintained. Although considerable attention has focussed, in this regard, upon the significance of intra-national circulation in the less-developed world (see, for example, Mabogunje, 1970), the impact of international vacations and short-term visits spent with migrant and non-migrant kin has received scant attention (see Cavaco, 1993). One reason for such neglect is the sheer absence of data recording such circulation although thousands of Moroccan nationals undoubtedly pass each year between France and Morocco. There is clearly a need for further research in this area if a true understanding of the functioning of migrant networks is to be achieved. Examination of the schedules of Air France and Royal Air Maroc, the two major airlines that service the route between France and Morocco, indicates the potential for circulation. Each week 191 direct flights leave French airports for Morocco and 198 make the return journey. During the month of August, when French factories typically close for the summer vacation, many foreign workers and their families choose to return home or have family members to stay (Sporton, 1990). To cater for this demand, extra flights are laid on and the capacity of existing flights on certain routes increased. From Paris and Marseilles, both with large foreign populations, the number of flights to Oujda (Rif), Agadir (Sousse), Casablanca and Fez (Meknes), increase by 10% and 27% respectively during July and August. There is no indication of a counter-flow, however, with flights in the opposite direction actually cut during the summer months which may reflect, in part, stringent new laws governing travel to France. Visits are restricted to family members who must, to enter France, be in possession of a certificate (showing proof of accommodation) which is supplied by their relative's mairie (town hall) upon application. These applications could provide a fruitful future source of information on circulation *if* made available.

Further evidence to suggest the significance of circulation to community contact is provided by the analysis of Moroccan marriage patterns. Ninety percent of all Moroccan marriages are contracted in Morocco (Lutinier, 1989) and analysis of 1982 census returns reveals that of these, approximately two-thirds involve male workers who return from France to marry.

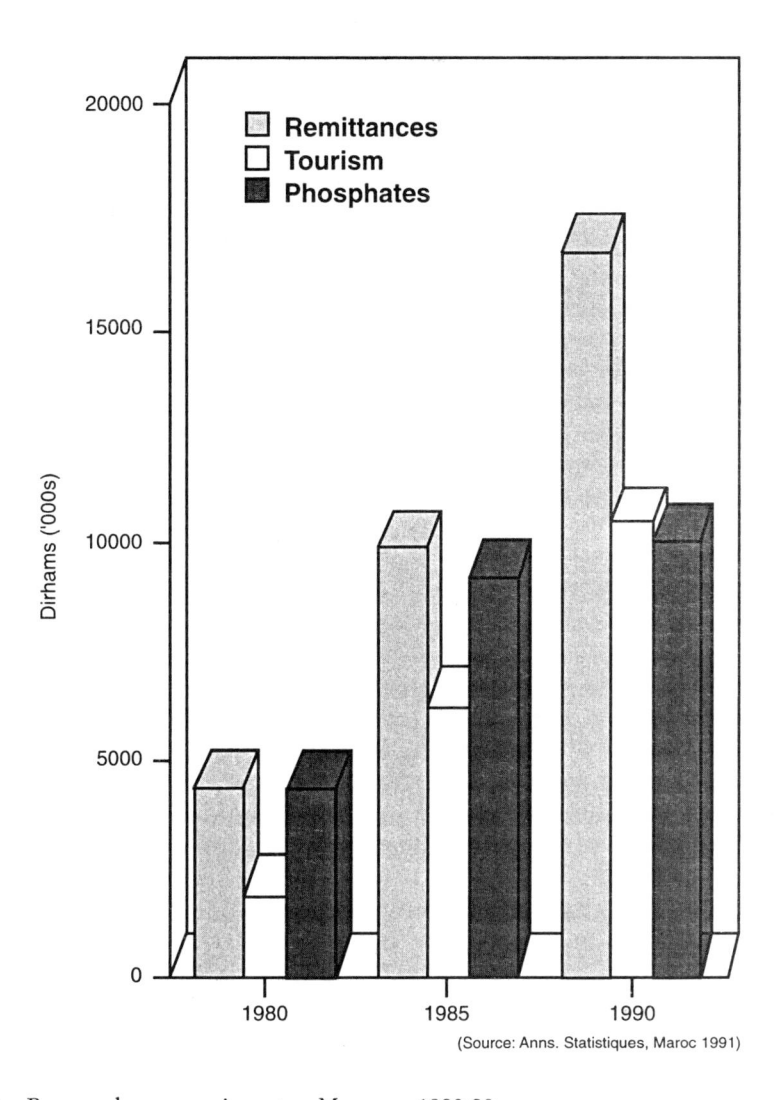

Fig. 4 – Revenue by economic sector, Morocco, 1980-90

Typically these marriages take place during August, the period of factory closure. As long as this tradition of marriage continues, a steady influx of Moroccan women, imbued with more orthodox values, will continue to influence community development in France. Moreover, interviews with Moroccan women refute the assumption that with migration to France the influence of the traditional extended family is diminished (Sporton, 1990). Frequent contact through circulation has resulted, it is suggested, in the creation of the 'long distance' extended family whereby traditional power relations are maintained.

4.4. Remittance payments and expatriate investment

The fourth and most widely documented source of contact between migrant and non-migrant communities is through the transfer of funds. With the loss of their younger, predominantly male workforce many communities are dependent on remittances sent home by migrant kin. Figure 4 reveals that such payments, as a source of foreign earnings, now constitute the single most important growth area for the Moroccan economy. Of these funds, most (52%) are either invested directly into savings accounts to secure a future upon return to Morocco or sent directly to relatives (37%). Although these payments undoubtedly influence the material well-being of non-migrant communities evidenced by investment in agricultural machinery and the construction of homes, the impacts on socio-cultural behaviour remain unknown. Expatriate workers have recently begun to invest in the construction of properties, an industry booming particularly in the urban centres of Casablanca and Rabat. This serves as a stimulus for return to urban areas.

4.5. Media and Moroccan associations in France

The media acts as an important conduit whereby Moroccans abroad are kept abreast of news and developments at home. In addition to Moroccan newspapers which are widely available in France, two magazines, «*Rivages*» and «*Al Mahjar*» are published in Morocco targeted specifically at the Moroccan community abroad. These publications update expatriates on current events at home, potential investments, travel opportunities, and their legal position in France.

Moroccan associations also play an important role in the maintenance of non-migrant/migrant community links. A French government sponsored survey of migrant associations revealed, among the North African communities, Moroccans to be most actively involved in regional or professional associations (Catani and Palidda, 1987). These associations, led by the *Association des Travailleurs Marocains en France*, provide solidarity for Moroccans in France assisting with housing, employment and welfare. The stated aims of these associations include religious instruction and cultural preservation. Although some financial aid is received from the French government, these associations receive most of their funding from Islamic organisations and the Moroccan government. Moroccan associations have played a crucial role in securing the election of a parliamentary deputy in Rabat since 1984 who represents the interests of the expatriate community in France.

5. Conclusions

The aim of this contribution has been to raise awareness of the significance of migrant networks in facilitating contact between regions of migrant origin and destination. It is also necessary to examine the extent to which migrant and non-migrant behaviour has been modified by the considerable contact between the two communities. The arguments presented have a bearing on the study of ethnic minority groups in general, where a more holistic approach is called for encompassing the study of migrant and non-migrant community interaction and the evolving socio-cultural practices in regions of origin and destination.

REFERENCES

BEN JELLOUN T., *La Réclusion Solitaire*, Paris, Éditions Denöel, 1976.
BENSIMON D., and PERGOLA S.D., *La Population Juive de France. Socio-démographie et Identité*, Paris, CNRS, 1984.
BERRIANE B., and HOPFINGER H., «Migration internationale de travail et croissance urbaine dans la province de Nador», in *Revue Européenne des Migrations Internationales*, 8, 1992, pp. 171-190.
BOYD M., «Family and personal networks in international migration: recent developments and new agendas», in *International Migration Review*, 23 (3), 1989, pp. 638-680.
CATANI M., and PALIDDA S., *Le Role du Mouvement Associatif dans l'Evolution des Communautés Immigrées*, Paris, FAS/DMM, Tome 1, 1987.
CAVACO C., «A place in the sun: return migration and rural change in Portugal», pp. 174-194 in King R. (ed.), *Mass Migration In Europe the Legacy and the Future*, London, Belhaven, 1993.
CERED, *Deplacements et Mouvements Migratoires de la Population du Maroc. Enquête Démographique Nationale*, Rabat, CERED, 1991.
EL MOUBERAKI M., *Marocains du Nord*, Paris, CIEMI/l'Harmattan, 1989.
GURAK D.T., and CACES F.E., «Migration networks and the shaping of migration systems», pp. 150-176. in Kritz, M.M., Lim L.L., and Zlotnik H. (eds), *International Migration Systems. A Global Approach*, Oxford, Clarendon Press, 1992.
HAMDOUCH B. et al., *Migration de Dévelopment. Migration de Sous-Dévelopment*, Rabat, INSEA, 1979.
HEINEMEIJER W.F et al., *Partir Pour Rester. Incidences de l'emigration ouvriere à la campagne Marocaine*, Amsterdam, University of Amsterdam Publication, 1977.
LAZAAR M., «Conséquences de l'émigration dans les montagnes du Rif Central», *Revue Européenne des Migrations Internationales*, 3, 1987, pp. 97-114.
LEVEAU R., and KEPEL G. (eds), *Les Musulmans dans la Société Française*, Paris, Presse de la Fondation Nationale des Sciences Politiques, 1988.
LITHMAN Y.G., «Social relations and cultural continuities: Muslim immigrants and their social networks», pp. 239-62 in Gerholm T., and Lithman Y.G. (eds), *The New Islamic Presence in Western Europe*, London, Mansell, 1988.
LUTINIER B., *La Nuptialité des Femmes*, Paris, INSEE, 1989.
MABOGUNJE A.L., «Systems approach to a theory of rural-urban migration», in *Geographical Analysis*, 2, 1970, pp. 1-18.
MASSEY D., and GARCÍA-ESPAÑA F., «The social process of international migration»,

in *Science*, 237 (14th August), pp. 733-738, 1987.
MAZOUZ M., *Les Marocains en Ile-de-France*, Paris, CIEMI/l'Harmattan, 1988.
MOZZO-COUNIL F., *Femmes Maghrébines en France*, Lyon, Chronique Sociale, 1987.
MULLER M., *Couscous Pommes-Frites. Le Couple Franco-Maghrébin d'Hier à Aujourd'hui*, Ramsay, Paris, 1987
PHILPOTT S.B., «Remittance obligations, social networks and choice among Montserratian migrants in Britain», in *Man*, 3, 1968, pp. 465-76.
RUSSELL S.S., «Migrant remittances and development», in *International Migration*, 30, 1992, pp. 268-287.
SPORTON D., *The Differential Fertility of Ethnic Minority Groups within the Ile-de-France region*, University of Sheffield, Unpublished Ph.D. thesis, 1990.
TAYLOR P.J., «The error of developmentalism in geography», pp. 303-319 in Gregory, D. and Walford R. (eds), *Horizons in Human Geography*, London, Macmillan, 1989.
TRIBALAT M., «Chronique de l'immigration», in *Population*, 1991, pp. 113-144.
VUDDAMALAY V., WHITE P.E., and SPORTON D., «The evolution of the Goutte d'Or as an ethnic minority district of Paris», in *New Community*, 17, 1992, pp. 245-258.
WHITOL DE WENDEN C., «L'evolution de la communauté marocaine en France», in *Accueillir*, 148-9, 1986, pp. 12-16.

II – L'IMMIGRAZIONE IN ITALIA: QUADRI DISTRIBUTIVI, MERCATO DEL LAVORO, POLITICHE DI CONTROLLO

Elena dell'Agnese*

PROFUGHI POLITICI E RIFUGIATI 'ECONOMICI' IN ITALIA: IL DOPPIO ESODO ALBANESE DEL 1991

Riassunto. Nel corso del 1991, mentre l'Albania stava procedendo lungo la propria transizione politica verso la democrazia, sono scaturiti da essa due imponenti episodi migratori che hanno interessato l'Italia. Il primo, verificatosi nel mese di marzo, quando l'Albania sembrava essere sull'orlo di una guerra civile, venne interpretato da parte delle autorità italiane come un movimento di significato politico. I profughi vennero perciò accolti senza riserve, distribuiti sul territorio italiano ed avviati in larga maggioranza verso un lavoro retribuito. Completamente diverso fu invece l'atteggiamento nei confronti dell'esodo di agosto, avvenuto quando ormai in Albania vi era un sistema pluripartitico; in quel caso infatti le motivazioni dell'esodo furono considerate essenzialmente economiche e i profughi, dietro richiesta dello stesso governo albanese, vennero rimandati tutti in patria.

Summary. In 1991, while Albania was moving along its difficult political transition toward democracy, two massive flows of migration occurred. Both of these episodes involved Italy. In March, when Albania was apparently on the verge of civil war, the first migrants were perceived by the Italian authorities as political refugees. Therefore, after being distributed all over the Italian territory, they were helped in finding housing and jobs. The approach of the Italian government toward the August exodus was totally different. Since a multiparty system had meanwhile been established in Albania, the driving force for this exodus was regarded as basically economical. With the agreement of the Albanian authorities, the August migrants were, as a consequence, sent home.

I due imponenti flussi migratori che dall'Albania si sono riversati verso le coste pugliesi nel corso del marzo e dell'agosto del 1991 rappresentano, nel pur complesso quadro delle migrazioni dall'estero che da oltre un decennio interessano l'Italia, due episodi decisamente singolari. Innanzitutto perché, mentre la tendenza prevalente è quella delle migrazioni per infiltrazione, che vedono l'ingresso alla spicciolata di individui singoli o di piccoli gruppi, in quel caso gli arrivi degli albanesi sono stati tanto ravvicinati nel tempo e concentrati nello spazio, da rappresentare una vera e propria migrazione di massa[1]. In secondo luogo perché, mentre la storia dell'Italia come meta di immigrazione è stata contrassegnata per lungo tempo da un un atteggiamen-

---

* Istituto di Geografia dell'Università Cattolica del S. Cuore, Milano.

[1] Per la definizione di migrazione di massa, come di un fatto migratorio collettivo, ispirato da un particolare momento sociale, piuttosto che da una scelta individuale, vedi Petersen (1958).

to politico di *laissez-faire* e da una quasi totale assenza di strumenti giuridici[2], la questione albanese è stata affrontata e gestita direttamente da parte dello stato, il quale, tra l'altro, si è mosso, con un apparente voltafaccia, in direzioni completamente opposte nei confronti delle due diverse ondate migratorie.

Sebbene gli episodi migratori più importanti dal punto di vista numerico si siano svolti nel corso del 1991, i primi arrivi di albanesi sul territorio italiano[3] risalgono al luglio del 1990. Il fatto si verificò agli albori della difficile transizione politica dell'Albania[4], quando migliaia di albanesi presero d'assalto 11 ambasciate straniere di Tirana. L'evacuazione di coloro che avevano cercato riparo all'interno delle rappresentanze diplomatiche occidentali (quasi 5.000 persone) venne risolta attraverso una stretta collaborazione internazionale, che portò lo stato italiano ad accogliere circa 800 albanesi. In questa occasione, ai profughi fu immediatamente riconosciuto lo status di rifugiati politici, nel rispetto dei termini della Convenzione di Ginevra.

Dopo che la «crisi delle ambasciate» ebbe costretto il governo di Tirana a liberalizzare parzialmente le uscite[5], il flusso degli arrivi si incrementò, tanto che, fra il luglio del 1990 e i primi di marzo del 1991, i cittadini albanesi presenti sul territorio italiano in attesa dell'ambito status di rifugiato erano già saliti a quasi duemila (Bisegna, 1993).

Nonostante queste prime avvisaglie, i fatti del marzo 1991, sia per il carattere improvviso degli eventi, sia per la rapidità con cui si susseguirono, colsero tutti completamente impreparati. Sebbene fosse facilmente prevedibile che, con il progredire della transizione verso la democrazia, anche dal piccolo stato balcanico scaturisse uno di quei movimenti migratori «circostan-

---

[2] Sino alla legge n. 39 del 1990 (la cosiddetta «legge Martelli»), da questo punto di vista «la legislazione italiana si è sempre caratterizzata per l'estrema laconicità, quanto non si è trattato di veri e propri vuoti normativi... Prima di questa si era proceduto con norme concernenti la pubblica sicurezza, integrate – si fa per dire – da circolari ministeriali e, in particolare, da una legge settoriale concernente il lavoro» (Zanchetta, 1991, p. 38).

[3] La storia della migrazione albanese in Italia, in realtà, è di antica data; esiste infatti nel Mezzogiorno d'Italia una minoranza albanese che conta circa 73.000 individui e trae le proprie origini da spostamenti di profughi verificatisi nel tardo Medio Evo, in seguito all'espansione turca nella penisola balcanica (Bellinello, 1992).

[4] Il regime albanese, che aveva sino ad allora rappresentato l'ultimo baluardo europeo dello stalinismo (Tozzoli, 1989), entrò in crisi relativamente tardi, rispetto a quanto era avvenuto nelle altre repubbliche socialiste europee. Infatti, i primi, sanguinosi, disordini si verificarono solo nel gennaio del 1990. A partire da allora, il presidente Alia, successore di Hoxha, avviò un «timido programma di riforme», che non impedì il ripetersi di altri episodi di violenza. Il bagno di sangue temuto dagli osservatori internazionali tuttavia non si verificò, proprio grazie alla cautela con cui venne attuato il progressivo allentamento della pressione dittatoriale (Bianchini, 1992).

[5] Sino ad allora, il permesso di allontanarsi dal territorio nazionale era concesso solamente a pochi membri di delegazioni diplomatiche e ad alcuni studenti che godevano del privilegio di poter studiare all'estero. Chi cercava di fuggire illegalmente, attraversando il confine di nascosto, rischiava, se sorpreso, di essere accusato di «fuga dallo Stato», reato perseguibile con condanne variabili da un minimo di 10 anni di detenzione, alla pena capitale (Amnesty International, Rapporto 1989, Albania).

ziali» che spesso si accompagnano a tali occasioni[6], gli osservatori internazionali, tratti in inganno dalla presenza di cospicue minoranze albanesi in loco[7] e dalla facilità del transito per via terrestre, prevedevano che, al momento opportuno, la marea dei profughi sarebbe dilagata oltre i confini della Grecia o verso il Kosovo[8].

Niente perciò poteva lasciar sospettare che, in pochi giorni, circa 28.000 albanesi si sarebbero riversati sulle coste pugliesi, dopo aver attraversato il Canale di Otranto stipati su imbarcazioni di ogni tipo. Nelle zone d'arrivo, la situazione assunse immediatamente i caratteri di una emergenza; i profughi, in condizioni igieniche disperate, dormivano all'addiaccio ammassati sui moli, mentre mancavano anche i generi di conforto di prima necessità.

Poiché l'Albania garantiva ormai liberamente il diritto all'espatrio, tutte le forze politiche italiane furono concordi nell'individuare le motivazioni di base di una fuga tanto massiccia in ragioni genericamente economiche, piuttosto che in una situazione di persecuzione politica vera e propria. Le condizioni in cui versava il Paese, che alla vigilia delle sue prime elezioni pluripartitiche sembrava sospeso sull'orlo di una guerra civile[9], erano però tanto drammatiche da non consentire, nel rispetto della Convenzione di Ginevra, il rimpatrio forzato dei profughi (Camera dei Deputati, 1991).

Dopo alcuni giorni di incertezza, i circa 24.000 albanesi rimasti in Italia (oltre 4.000 erano già rientrati volontariamente) vennero così raccolti in una serie di centri di prima accoglienza (tendopoli, *camping*, caserme), situati parte in Puglia e in Basilicata, parte distribuiti su tutto il resto del territorio

---

[6] Queste «ondate di piena» rappresentano una delle caratteristiche tipiche delle fasi iniziali del crollo di un regime totalitario; infatti, non appena si aprono i primi varchi verso la libertà, la frenesia migratoria si scatena e tutti cercano di fuggire, per cogliere un'occasione che sembra irripetibile. Situati a metà strada fra una fuga di carattere ideologico e una migrazione economica, questi «movimenti di reazione» sono destinati a subire una progressiva contrazione, in sintonia con l'avanzare del processo di transizione verso la democrazia (dell'Agnese, 1991).

[7] Secondo il censimento del 1981, la popolazione albanese all'interno dell'allora Repubblica di Iugoslavia contava 1.731.252 individui, di cui 1.277.424 presenti nel Kosovo (Islami, 1983).

[8] Il prestigioso *magazine* britannico *The Economist*, nei giorni immediatamente successivi alla «crisi delle ambasciate» («The Albanian exodus», 14 luglio 1990) commentava in questo modo una possibile apertura delle frontiere albanesi: «Non solo ciò significherebbe per l'Albania la perdita di molti dei suoi uomini più validi. Significherebbe anche migliaia di rifugiati che si riversano in Grecia – la minoranze greca in Albania è stimata intorno alle 300.000 unità – e in Iugoslavia, dove la tensione fra Albanesi locali e Serbi è già vicino al punto di rottura» (n.t.).

[9] Le elezioni erano previste per il 31 marzo del 1991. La tensione nel Paese era però elevatissima perché, come sottolinea Bianchini (1992, p. 126), «come in altri Paesi balcanici, anche in Albania la legittimazione del pluralismo ha preceduto la sua nascita e non ha sanzionato uno stato di fatto pre-esistente». Così, mentre nelle regioni settentrionali e nei centri urbani l'esasperazione anticomunista era particolarmente accentuata, ma non incanalata in un movimento politico organizzato, nelle regioni rurali dell'interno era ancora diffuso un sentimento di fedeltà al regime.

italiano (vedi tab. 1). Nel frattempo, la speciale «Commissione centrale per i rifugiati», prevista dalla recente «legge Martelli», ma non ancora istituita, veniva attivata in tutta fretta, allo scopo di vagliare le richieste di asilo politico presentate in massa da parte dei nuovi arrivati.

Prima ancora di ricevere i risultati della Commissione, tuttavia, il Ministero dell'Interno veniva informato dai rispettivi pretori e questori che in numerose province, soprattutto dell'Italia settentrionale, erano state avanzate spontaneamente numerose offerte di lavoro ai cittadini albanesi[10]. In deroga alla normativa vigente, si decideva così di concedere ai profughi uno speciale permesso di soggiorno temporaneo anche per motivi di lavoro, che consentisse loro l'iscrizione nelle liste di collocamento (Ministero dell'Interno, circolare del 29 marzo 1991).

L'emergenza era tuttavia ben lungi dall'essere conclusa. Non solo perché Puglia e Basilicata, le regioni dello sbarco, continuavano ad ospitare oltre il 50% degli albanesi, ma anche, e soprattutto, perché la concentrazione degli immigrati, richiesta nei primi giorni dell'emergenza dalla necessità di offrire loro al più presto vitto e alloggio, protraendosi nel tempo mostrava di creare disordini e reazioni negative nell'ambiente locale. Nel mese di aprile, venne così deciso, in seno alla Conferenza Stato-Regioni, di effettuare una redistribuzione capillare degli albanesi su tutto il territorio nazionale, secondo quote stabilite per ogni regione e provincia autonoma sulla base del loro rapporto popolazione-territorio (vedi tab. 2).

Per l'attuazione di tale progetto, veniva indicata la necessità di interessare il massimo numero di comuni possibile, per garantire, pur nel rispetto dell'unità del nucleo familiare, la presenza del minor numero di albanesi all'interno di ciascun comune; per effettuare la selezione dei comuni, veniva sottolineato come fosse necessario escludere tutti quelli caratterizzati da concentrazioni extra-comunitarie, i luoghi di villeggiatura o le località turistiche, le «aree sensibili per aspetto geografico e sotto il profilo della sicurezza», mentre avrebbero dovuto essere privilegiati quelli caratterizzati dalla presenza di presidi di polizia, nonché dalla disponibilità di adeguate strutture ricettive (quali alberghi, pensioni, locande o altro).

Sulla base di tali direttive di massima, veniva delegata ai Prefetti e ai Commissari del Governo nelle Province Autonome l'autorità necessaria per approntare il piano di redistribuzione relativo all'ambito territoriale di loro competenza, nonché quella di intimare ai singoli albanesi il raggiungimento dei comuni interessati, pena la revoca del permesso di soggiorno. Ai Prefetti si raccomandava inoltre di effettuare una opportuna campagna di informazione presso le comunità locali, per rendere nota «la modesta entità degli

---

[10] Il che concorda con quanto dichiarato da parte degli stessi profughi albanesi che, nel corso di una indagine effettuata da un gruppo di ricercatori dell'Università di Bari (Distaso e Viola, 1993), hanno affermato, in grande maggioranza, di essere stati accolti «con slancio» dalla popolazione, anche se a questo «primo slancio di solidarietà hanno fatto seguito episodi di intolleranza».

Tab. 1 – La situazione al 29 marzo 1991

Provincia	Numero profughi	Uomini	Donne	Minori
Alessandria	847	707	140	23
Asti	544	451	99	106
Torino	347	311	36	17
Cuneo	26	18	8	5
Novara	21	16	5	5
Como	98	83	15	16
Milano	94	71	23	9
Sondrio	74	74	0	4
Varese	39	35	4	3
Brescia	98	60	38	3
Bolzano*	376			
Trento	370	293	77	54
Pordenone	618	677	41	58
Udine*	741			
Savona	887	796	91	77
Forlì	96	83	13	7
Reggio Emilia	18	13	5	3
Piacenza	13	8	5	3
Ravenna	72	52	20	8
Firenze	120	117	3	2
Siena	3	3	0	0
Grosseto	2	0	2	0
Caserta	971	905	66	153
Brindisi*	5.393			
Bari*	3.127			
Lecce*	1.906			
Foggia	770	680	90	134
Taranto*	1.580			
Matera	2.825	2.574	251	116
Isernia	5	3	2	1
Palermo	1.347	1.212	135	228
Rieti*	2			
Totale	23.430			

* Ripartizione per sesso ed età non disponibile.
Fonte: Ministero dell'Interno.

episodi criminosi che hanno visto protagonisti cittadini albanesi e che sono da ascrivere in linea di massima a difficoltà contingenti e ambientali». Veniva infine chiesto alle autorità provinciali di coinvolgere enti e associazioni competenti, per trovare agli albanesi ogni possibile sistemazione lavorativa, che fosse anche a carattere stagionale.

Le spese di tutta l'operazione dovevano essere a carico di un fondo speciale. Anche in questa occasione, il governo, data la gravità della situazione e l'eccezionalità delle condizioni in cui si trovavano i profughi, decise di agire in deroga alla normativa vigente, fissando, per tutta la durata dell'emergen-

Tab. 2 – Piano di redistribuzione

	Presenze al 29 marzo 1991	Quota assegnata
Piemonte – Valle d'Aosta	1.738	2.095
Lombardia	403	3.535
Trentino-A.Adige	746	525
Friuli-V. Giulia	1.359	570
Veneto		1.845
Liguria	887	730
Emilia-Romagna	199	1.770
Toscana	125	1.645
Umbria		420
Marche		660
Lazio	2	2.045
Abruzzo		620
Molise	5	195
Campania	971	2.165
Puglia	12.776	1.700
Basilicata	2.825	385
Calabria		970
Sicilia	1.347	2.165
Sardegna		960
Totale	23.383	25.000

Fonte: Ministero dell'Interno.

za[11], un tetto di spesa quotidiana di 50.000 lire per ciascuno di essi (la «legge Martelli» ne prevede 25.000).

Per accelerare i rimpatri, che, dopo il primo *exploit* iniziale, procedevano al ritmo di circa 300-400 al mese, venne inoltre varato, in collaborazione con l'Organizzazione Internazionale delle Migrazioni, un piano di rientro incentivato che prevedeva, per ciascun volontario, la copertura delle spese di viaggio, e un premio di circa 300.000/400.000 lire.

Infine, per attenuare la pressione migratoria di un Paese che, pur essendosi ormai liberato dalla morsa della dittatura, continuava a dibattersi in una terribile crisi economica[12], veniva deciso di attuare un piano di aiuti all'Albania che favorisse la creazione di posti di lavoro in loco.

Tuttavia, ancora prima che si fosse chiusa la fase di emergenza legata all'esodo di marzo, si verificarono altri flussi di arrivi. Una nuova crisi, anche

[11] Come termine di chiusura della fase di emergenza, venne inizialmente fissato il 20 luglio, anche se la data venne in seguito posticipata diverse volte nel corso dello stesso anno.
[12] Al ritardo strutturale dell'economia locale, legato all'attuazione di politiche inadatte alla realtà regionale e alla carenza di macchinari e tecnologia dovuta all'isolamento politico, si erano infatti aggiunte in quei mesi anche le conseguenze delle devastazioni operate nei confronti dei beni dello stato nei giorni dell'euforia rivoluzionaria.

se di dimensioni relativamente contenute rispetto a quella precedente, scoppiò nel mese di giugno. Si parlò in quell'occasione di una «crisi delle zattere», perché centinaia di albanesi, su navigli alla deriva, vennero salvati dall'intervento di imbarcazioni italiane.

Ma l'atteggiamento delle autorità italiane nei confronti dei profughi cambiò, a partire da quell'episodio, in misura radicale. Infatti, le mutate condizioni politiche del Paese di partenza, dove nel frattempo c'erano state libere elezioni[13], e la diffusa convinzione che i nuovi arrivati fossero ormai dei semplici immigrati economici, indusse il governo a decretare, da allora in avanti, «il sistematico ricorso al respingimento» di ogni imbarcazione intercettata (Ministero dell'Interno, circolare del 14 giugno 1991).

Nonostante queste precauzioni, una nuova, gravissima emergenza scoppiò nel corso del mese di agosto, cogliendo ancora una volta di sprovvista le autorità italiane.

In questa occasione, in realtà, l'arrivo dei profughi non era del tutto inaspettato. Fra le due diplomazie intercorrevano ormai ottimi rapporti e le autorità albanesi avevano così potuto dare notizia a quelle italiane dello scoppio di disordini nei porti di Durazzo e di Valona e della partenza di alcuni navigli carichi di fuggiaschi (Camera dei Deputati, 1991).

Ciò che colse di sorpresa fu l'entità dell'esodo; la massa dei profughi si mostrò di dimensioni così allarmanti da rendere completamente inefficaci dapprima le barriere destinate ad arginarli, quindi le strutture predisposte per accoglierli.

Le caratteristiche delle imbarcazioni, innanzitutto, erano tali da vanificare completamente l'efficacia del blocco navale in atto da giugno; il «Vlora» in particolare, su cui erano stipati la grande maggioranza dei profughi, era un mercantile dalla stazza così imponente da impedire qualsiasi tipo di intercettazione da parte delle unità militari che non comportasse l'uso delle armi.

Al governo italiano non restò che consentire lo sbarco, mentre, in sintonia con le autorità albanesi che chiedevano di rimandare indietro i profughi, se ne organizzava il rimpatrio forzato tramite ponte-aereo. Stimato inizialmente intorno alle 6.000 unità, il numero dei fuggiaschi si rivelò tuttavia superiore a quella cifra di oltre il doppio. Ancora una volta imprerate ad affrontare la situazione, le autorità locali non seppero fare di meglio che concentrare la maggior parte dei profughi nello stadio di Bari.

In una situazione tanto disagevole, non mancarono ovviamente scoppi di violenza da parte degli immigrati, né episodi di durezza da parte delle forze dell'ordine.

---

[13] Le prime elezioni avevano visto la vittoria del Partito socialista (erede del Partito del Lavoro di Hoxha e di Alia), cui era andato il 66% dei seggi. Nonostante la larga maggioranza conseguita, gli eredi del vecchio regime non erano evidentemente in grado di garantire una stabilità politica al Paese, tanto che, dopo l'alternarsi di tre diversi governi, nel marzo del 1992 vennero indette nuove elezioni (Bianchini, 1992).

All'operato del governo non vennero risparmiate le critiche, né all'interno[14], né all'estero, dove la stampa locale diede ampio risalto all'evento[15]. Ciò che più colpì l'opinione pubblica internazionale fu l'inaspettato rigore mostrato dall'Italia, che tanto si era mostrata generosa nei confronti degli albanesi solo pochi mesi prima.

Un simile, apparente, voltafaccia, trovava in realtà ragione proprio nell'intensità delle relazioni che si erano nel frattempo intessute fra i due Paesi. L'accettare i nuovi arrivati come rifugiati politici, dopo i profondi mutamenti intercorsi nella politica albanese, avrebbe infatti negato credibilità alla nascente democrazia albanese. Non solo, la nuova ondata di profughi mostrava di avere, rispetto alla prima, una natura profondamente differente. Invece di apparire come una fuga spontanea, l'episodio del «Vlora» sembrava piuttosto avere il carattere di un fenomeno, se non organizzato, certamente istigato ad arte. A questo proposito, fra gli esponenti del governo italiano si fece strada l'idea che un esodo tanto compatto e improvviso fosse stato originato dalla propaganda effettuata dagli oppositori del nuovo governo di coalizione, allo scopo di screditare all'estero l'immagine della nascente democrazia albanese[16]. Inoltre, come risultava da fonti albanesi, fra i profughi si contavano diversi individui carichi di armi e, soprattutto, numerosi membri della vecchia polizia di stato.

Oltre che per questioni di carattere politico, e per evidenti ragioni di ordine interno, l'intera operazione di rimpatrio, anche nelle sue manifestazioni più sgradevoli, venne giustificata sulla base della necessità di creare un episodio dalla forte risonanza negativa, che fungesse da deterrente nei confronti di nuovi arrivi di massa (Bisegna, 1993). Per scongiurare altre fughe, si decise inoltre di varare nuovi interventi di aiuto in favore dell'Albania. Contemporaneamente agli impopolari provvedimenti di rimpatrio, veniva perciò varata una nuova missione, tanto imponente nelle sue dimensioni quanto inusuale nella configurazione diplomatica e geopolitica, l'«Operazione Pellicano».

Il programma, secondo i progetti iniziali, avrebbe dovuto svolgersi nell'arco di tre mesi e garantire la distribuzione di beni di prima necessità e la ripresa in loco delle attività industriali. Nella realtà, si protrasse per oltre due anni e, grazie all'entità dell'intervento italiano e di quello, tardivo ma consi-

---

[14] Nello stesso dibattito parlamentare di quei giorni, non mancò chi fece rilevare «il trattamento disumano riservato agli albanesi», all'interno di uno stadio che secondo alcuni era paragonabile ad un «campo di concentramento», secondo altri ad «un girone dantesco» (Camera dei Deputati, 1991).

[15] Anche *The Economist* (17 agosto, 1991, p. 19) definì come «scioccante» quanto era avvenuto nel porto di Bari, pur rilevando come pochi governi europei fossero in sostanza in disaccordo con l'operato del governo italiano.

[16] Nella sua relazione al Parlamento (Camera dei Deputati 1991), il Ministro dell'Interno di allora (Vincenzo Scotti) parlò esplicitamente dell'azione istigatrice svolta da una radio clandestina albanese, «evidentemente espressione di una manovra destabilizzatrice del nuovo governo democratico di quel Paese ad opera di frange del vecchio regime».

stente, della Comunità Europea, certamente aiutò la popolazione albanese a superare i momenti più difficili della sua ricostruzione economica. L'intera «spedizione umanitaria», tuttavia, comportò una palese violazione di sovranità nei confronto dell'autorità politica albanese[17], perché, per evitare che le merci finissero sul mercato della «borsa nera» e per renderne possibile la distribuzione anche nelle zone più impervie del Paese, l'operazione venne gestita dall'esercito italiano.

La grande fuga dell'agosto 1991 è stata l'ultima ondata migratoria di massa verificatasi in Italia da parte dell'Albania. Il rischio che si ripetessero altri episodi del genere, tuttavia, si è ripresentato a più riprese. Nel marzo del 1992, alla vigilia delle nuove elezioni[18], migliaia di persone tentarono di imbarcarsi per raggiungere l'Italia, ma vennero disperse dalla polizia; un analogo episodio si verificò nel mese di luglio del 1992, anche in questo caso in clima pre-elettorale (si preparavano le amministrative).

Se il timore di nuovi esodi è stato dissipato dall'azione concertata delle autorità albanesi, che proteggono i porti con cordoni di polizia, e di quelle italiane, che pattugliano il mare con un blocco navale, il flusso migratorio non è tuttavia stato completamente interrotto. Per eludere la sorveglianza delle coste, infatti, gli albanesi hanno semplicemente scelto altri piani di fuga e si procurano documenti falsi (che spesso vengono intercettati ai posti di frontiera), si nascondono sui traghetti, oppure si imbarcano, in gruppetti meno numerosi, su piccoli pescherecci o navigli di contrabbandieri italiani che li scaricano di notte sulle spiagge pugliesi. Quelli che vengono scoperti nell'atto di varcare irregolarmente le frontiere, vengono espulsi immediatamente; per quelli che riescono passare, non rimane che un destino di clandestini. Tuttavia, la speranza di poter entrare, un giorno o l'altro, in Italia non cala. La disillusione dei rimpatriati non è stata, evidentemente, un deterrente efficace. Soprattutto se la si confronta con la fortuna di quelli che «ce l'hanno fatta».

Degli albanesi rimasti in Italia dopo l'ondata migratoria del marzo 1991 si parla oggi ben poco. Il piano di redistribuzione messo in atto allo scopo di allentare la pressione sulle regioni di prima accoglienza e di evitare la formazione di concentrazioni di immigrati potenzialmente pericolose, li ha disseminati nell'intero territorio nazionale. Gli albanesi, che erano prevalentemente uomini, in maggioranza di giovane età, si sono così trovati sparpagliati in piccoli nuclei, in comuni perlopiù di limitate dimensioni.

Questa grande dispersione territoriale, se da un lato ha comportato un forte isolamento etnico, ha probabilmente costituito un vantaggio dal punto

---

[17] Per questo motivo, superata a prima fase di emergenza, alcuni esponenti politici albanesi iniziarono a vedere di cattivo occhio la presenza dei militari italiani, interpretandola come il segno di una volontà politica «neo-colonizzatrice».

[18] Il 22 marzo del 1992 l'elettorato avrebbe fornito indicazioni opposte a quelle precedenti, decretando la vittoria del partito democratico con il 65% dei seggi (e, finalmente, l'avvio della stabilizzazione politica del Paese).

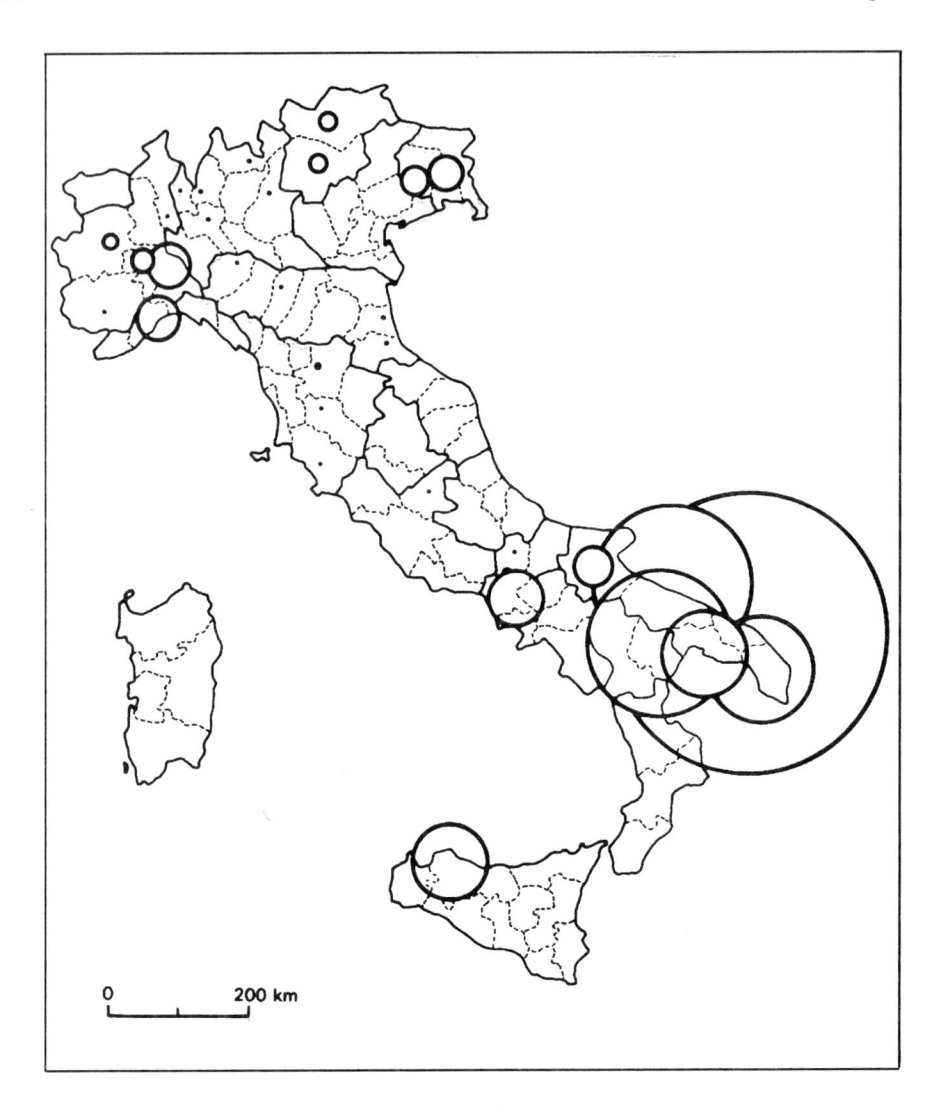

Fig. 1 – La distribuzione provinciale dei profughi albanesi al 29 marzo 1991

Fonte: dati Ministero dell'Interno.

di vista dell'inserimento professionale. Da questo punto di vista, alle spontanee offerte di lavoro giunte agli albanesi nei primi giorni del loro arrivo, ha fatto seguito l'impegno del Ministero del Lavoro, che si è dato da fare per favorire l'inserimento di questi profughi in un ambito lavorativo. I dati relativi al primo anno della loro presenza in Italia sono, da questo punto di vista, decisamente confortanti (anche se con evidenti disparità regionali). Se infatti al 15 luglio del 1991 risultavano occupati poco meno di 5.000 profughi albanesi (di cui 3.012 nell'Italia settentrionale), a fine dicembre il totale degli

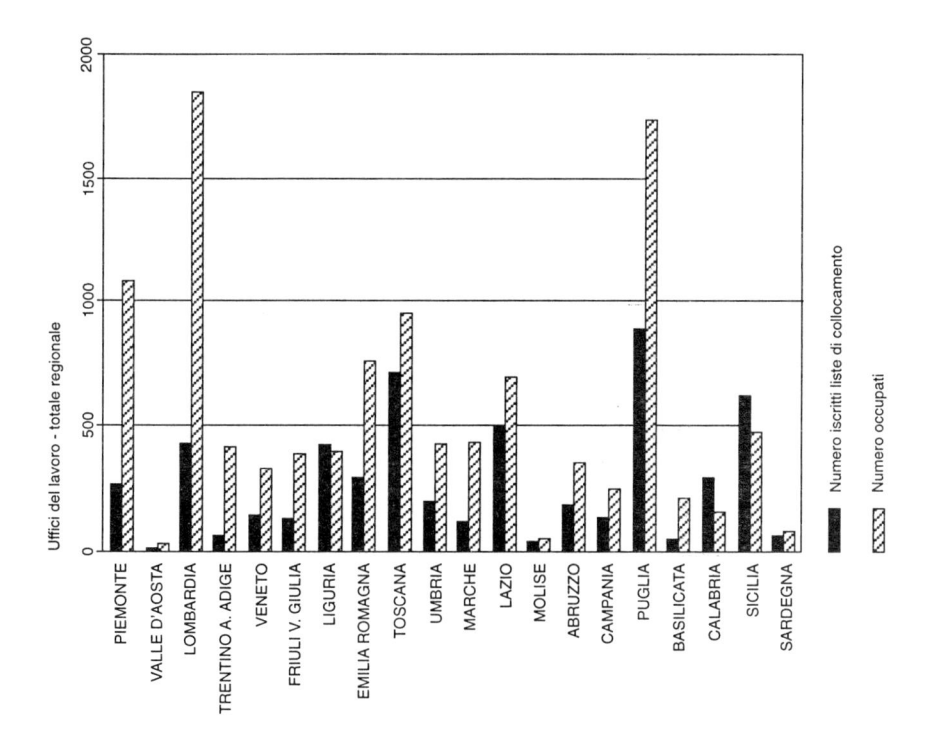

Fig. 2 – Situazione occupazionale dei profughi albanesi al 31 dicembre 1991
Fonte: dati Ministero del Lavoro e della Previdenza Sociale.

occupati saliva a 10.973 individui e copriva perciò il 66,7% di tutti i profughi che si erano iscritti alle liste di collocamento (anche in questo caso, le regioni settentrionali risultavano avvantaggiate con il 75,2% degli occupati, mentre quelle centrali avevano il 62,2%, quelle meridionali il 63,5% e quelle insulari solo il 44,5%)[19].

Nel corso del 1992, il numero degli albanesi presenti in Italia in forma regolare ha potuto subire una lieve oscillazione, perché il Ministero degli Affari Esteri ha rilasciato alcuni visti per motivi di coesione familiare; inoltre, sono state concesse autorizzazioni al lavoro subordinato a circa un migliaio di individui, ancora residenti in Albania, che hanno così potuto entrare regolarmente in Italia (Ministero del Lavoro e della Previdenza Sociale, 1992).

Alla fine dell'anno, i permessi di soggiorno erano 28.541 in totale, di cui 23.650 rilasciati a maschi, e 4.891 a femmine. Secondo le informazioni che si

---

[19] Purtroppo, non è possibile seguire il processo di integrazione di questi profughi seguendo, per gli anni successivi, le elaborazioni del Ministero del Lavoro; conclusa la fase di emergenza, infatti, gli albanesi sono stati codificati, per il loro esiguo numero, insieme agli immigrati provenienti da «altri Paesi».

possono trarre da questa fonte (che, come è noto, presenta alcune difficoltà di lettura)[20], il 66,5% di essi era celibe o nubile, e solo il 32,5% coniugato; l'82,1% aveva un'età inferiore ai 34 anni, e il 38,7% addirittura meno di 24 anni. Se si analizzano i dati relativi a stato civile ed età incrociandoli per il sesso, le donne rappresentano solo l'8,7% degli individui liberi di stato, e il 17,8% dei giovani di età inferiore ai 24 anni, ma salgono a 68,8% dei vedovi e al 53% degli individui di età superiore ai 55 anni (Istat, 1993). Ne risulta una composizione fortemente squilibrata, che configura una popolazione costituita in larga maggioranza da maschi, giovani, soli o comunque privi di legami, mentre le donne, assai poco numerose in generale, sono più avanti con gli anni, spesso anziane, e prevalentemente sposate o vedove.

Nonostante questi squilibri nella *sex-ratio* e nella composizione per età, secondo valutazioni del Ministero dell'Interno (Ufficio Stranieri), gli albanesi presenti in Italia in forma regolare hanno raggiunto, nella maggioranza dei casi, un discreto livello di integrazione; i più giovani proseguono negli studi, alcuni hanno sposato donne italiane, la maggior parte è in attesa di un ricongiungimento familiare. Anche i dati relativi alla criminalità non sono drammatici. Gli albanesi rappresentano infatti il 3,1% di tutti gli stranieri regolarmente presenti sul territorio italiano, ma solo il 2,5% di tutti gli arrestati nel 1992 (Ministero dell'Interno, 1993).

BIBLIOGRAFIA

BELLINELLO P.F., *Le minoranze etnico-linguistiche nel Mezzogiorno d'Italia*, suppl. n. 5, *L'Universo*, Firenze, 1992.

BIANCHINI S., «La transizione post-comunista in Jugoslavia, Albania e Romania», in Spanò R. (a cura di), *Jugoslavia e Balcani: una bomba in Europa*, Milano, F. Angeli, 1992, pp. 115-155.

BISEGNA C., «La politica dell'immigrazione», in *L'Italia nella politica internazionale*, Istituto Affari Internazionali, F. Angeli, Roma, 1993.

CAMERA DEI DEPUTATI, «Resoconti commissioni riunite I-III Senato, I-III Camera», in *Bollettino delle giunte e delle commissioni parlamentari*, martedì 13 agosto, X legislatura, 1991.

CAMERA DEI DEPUTATI, «Missione in Albania di una delegazione congiunta della Commissione affari esteri e della Commissione speciale per le politiche comunitarie della Camera dei deputati», n. 615, X legislatura, Documentazione per le commissioni parlamentari, Roma, 1991.

DELL'AGNESE E., «Cambiamento politico e movimenti migratori: il caso dell'Est

---

[20] In proposito, si veda Istat (1989); in particolare, va sottolineato come i dati sui permessi di soggiorno rappresentino una fonte poco affidabile in generale, perché, mentre sottostimano il totale degli immigrati, ignorando la presenza degli irregolari, rischiano di sovrastimare la popolazione regolarmente registrata; in un caso come quello degli albanesi, infatti, il computo dei regolari può essere alterato dalla registrazione di individui che, pur avendo ancora un permesso di soggiorno valido, hanno già lasciato il Paese.

europeo», in E. Manzi (a cura di), *Regioni e regionalizzazioni d'Europa: oltre il 1993*, Pavia, Infoter, 1991, pp. 131-138.

DISTASO S., VIOLA D., *Taluni aspetti della recente immigrazione albanese in Italia (primi risultati)*, in corso di stampa, 1993.

ISLAMI H., «La population albanaise de Yougoslavie: accroissement numérique et répartition spatiale», in *Population*, 1, 1983, pp. 166-173.

ISTAT, «Analisi delle fonti statistiche per la misura dell'immigrazione straniera in Italia: esame e proposte», in *Note e relazioni*, 1989, 6.

ISTAT, *Notiziario*, serie 4, foglio 41, settembre 1993.

MINISTERO DEL LAVORO E DELLA PREVIDENZA SOCIALE, *Rassegna informativa sulle iniziative relative ai problemi dei lavoratori immigrati extracomunitari e delle loro famiglie*, Servizio per i problemi dei lavoratori immigrati extracomunitari e delle loro famiglie, Roma, 1992.

MINISTERO DELL'INTERNO, *Rilevazione dei dati statistici sugli stranieri in Italia al 31 dicembre 1992*, 1993.

PETERSEN W., «A general typology of migration», in *American Sociological Review*, 23, 1958, pp. 256-266.

TOZZOLI G. P., *Il caso Albania: l'ultima frontiera dello stalinismo*, Milano, F. Angeli, 1989.

ZANCHETTA P.L., *Essere stranieri in Italia*, Milano, F. Angeli, 1991.

Pio Nodari*

L'IMMIGRAZIONE STRANIERA NEL FRIULI-VENEZIA GIULIA: PAESI D'ORIGINE E MOTIVAZIONI DELLA SCELTA MIGRATORIA

RISULTATI DI UN'INDAGINE CAMPIONARIA

Riassunto. L'immigrazione straniera nel Friuli-Venezia Giulia presenta caratteristiche piuttosto diverse da quelle delle altre Regioni italiane, soprattutto per la grande rilevanza del flusso proveniente dalla ex-Iugoslavia. Per conoscere le specificità di questo fenomeno, è stato predisposto un questionario che è stato sottoposto ad un campione aleatorio di immigrati, opportunamente raggruppati in otto aree di provenienza (Africa Araba, Africa Nera e Sudafrica, Medio Oriente e Asia, Europa dell'Est ed ex-URSS, Europa occ. extracom., America Latina, America del Nord e Oceania, ex-Iugoslavia).

Tra le diverse risposte al questionario è interessante risalire ai motivi dell'emigrazione, che sono strettamente correlati alle diverse aree di provenienza. A questo proposito, gli immigrati provenienti dall'America Latina, dall'Africa e dall'ex-Iugoslavia soprattutto hanno affermato in maggioranza di aver lasciato il proprio Paese per problemi economici (fino al 75%), oltre che per motivi culturali. D'altro canto, la maggior parte dei provenienti dall'Europa orientale (47%) hanno dichiarato di essere emigrati per cause politiche. Un'ampia proporzione di immigranti venuti in Italia per motivi di studio erano africani e asiatici (più del 40%), una risposta che peraltro spesso nascondeva motivazioni politiche ed economiche. Ragioni familiari sono state indicate per lo più da persone provenienti da quelle aree (Nordamerica, Oceania ed Europa) dove i matrimoni con italiani sono frequenti. Essendo poi l'immigrazione dai Paesi del Terzo Mondo in Italia un fenomeno abbastanza recente, ci sono poche richieste di ricongiungimento familiare.

In conclusione, secondo la prospettiva comportamentale, si possono individuare tre tipi di aree con caratteri comuni: a) Africa, Asia e America Latina; b) Europa orientale ed ex-Yugoslavia; c) Europa occidentale, Nordamerica e Oceania.

Summary. Foreign immigration in Friuli-Venezia-Giulia presents rather different characteristics compared to other Italian regions, especially because of the large number of immigrants from the former Yugoslavia. In order to investigate this phenomenon, a questionnaire was distributed to a random sample of immigrants, grouped into eight areas of origin (North Africa, Africa South of the Sahara, Middle East and Asia, Eastern Europe and ex-URSS, non EU West European countries, Latin America, North America and the Oceanian countries, ex-Yugoslavia).

The answers provided to the variety of questions enabled an analysis of the reasons underlying emigration that turned out to be closely related to the country of origin. In this regard, immigrants from Latin America, Africa and ex-Yugoslavia in the main stated that they had left their country for economic reasons (up to 75%) combined with cultural reasons. On the other hand, most Eastern Europeans (47%) declared that they had emigrated for political motives. A large percentage of immigrants who had chosen to emigrate to Italy for study purposes were Africans and Asians (more than 40%), though this answer often concealed political or economic problems. Family reasons were cited mostly by peoples coming from those areas (North America, Oceania and Europe) where marriage with Italians is frequent. Since immigration from Third World Countries is a fairly recent phenomenon in Italy, there are few requests for joining the family.

In conclusion, from a behavioural perspective, three groups of areas can be identified that share common features: a) Africa, Asia and Latin America; b) Eastern Europe and ex-Yugoslavia; c) Western Europe, North America and Oceania.

* Dipartimento di Scienze Geografiche e Storiche dell'Università di Trieste.

1. Premessa

L'immigrazione straniera nel Friuli-Venezia Giulia presenta caratteristiche piuttosto diverse rispetto alle altre regioni italiane, soprattutto per la grande rilevanza del flusso proveniente dalla ex-Iugoslavia[1]. D'altra parte, anche tra le quattro Province della Regione la situazione si presenta diversificata. Infatti, senza considerare la storia migratoria del Friuli, per lunghissimi anni terra d'emigrazione, e quella di Trieste, che ha basato la sua fortuna sull'immigrazione, sono state le zone di confine, e quindi soprattutto le Province di Trieste e di Gorizia, che per prime hanno conosciuto il fenomeno dell'immigrazione proveniente dalla Iugoslavia.

All'inizio si trattava essenzialmente di lavoratori irregolari, provenienti soprattutto da una ristretta area confinaria, che giornalmente giungevano a Trieste e a Gorizia e che venivano impiegati nell'edilizia e nei servizi (v. Nodari e Donato, 1978 e Neri, 1984). Con il miglioramento della situazione politica tra Italia e Iugoslavia (non si dimentichi che il confine italo-iugoslavo è stato spesso citato come esempio di «confine aperto») tutta la Regione divenne meta di flussi immigratori provenienti dalle varie Repubbliche della Iugoslavia, negli ultimi periodi specie dalla Serbia, anche se logicamente le parti più toccate da questo fenomeno erano sempre le zone confinarie.

L'immigrazione, inoltre, cominciò a diventare regolare e, durante gli anni Ottanta, comparvero sempre nuovi flussi, diversificando notevolmente le aree di provenienza. Sebbene esista una tendenza che certamente avvicinerà la situazione della Regione Friuli-Venezia Giulia a quella italiana, soprattutto con un peso sempre maggiore dei flussi provenienti dai Paesi in via di sviluppo, la storia migratoria recente è sempre condizionata dalla posizione geopolitica della Regione e dagli eventi internazionali che hanno interessato l'Europa orientale (caduta dei regimi comunisti, smembramento dell'Unione Sovietica, disfacimento della Iugoslavia e conseguente guerra civile, ecc.).

Per meglio evidenziare la situazione attuale, tra le diverse fonti statistiche disponibili è forse opportuno riferirsi a quella dell'ultimo Censimento della popolazione: nella Tabella 1 vengono pertanto riportati i dati sugli stranieri residenti nel Friuli-Venezia Giulia, suddivisi per area di provenienza e per Provincia di residenza. Immediatamente si nota la netta prevalenza degli immigrati provenienti dalla ex-Iugoslavia (inclusi nella voce «Europa – Altri», cioè quasi il 40% del totale complessivo), cosa che conferma quanto detto in precedenza, ma risultano evidenti anche le differenze tra le Province di Trieste e di Gorizia da una parte e quelle di Pordenone e di Udine dall'al-

---

[1] Per chi desideri informazioni più ampie sulla presenza straniera nel Friuli-Venezia Giulia, si rinvia al lavoro di Neri e Orviati (1986). Interessanti, inoltre, sono i risultati di una ricerca commissionata dalla Regione Autonoma Friuli-Venezia Giulia (1984) all'AWR, Sezione italiana. Sulla situazione più recente si vedano i lavori di Novacco e Lena (1991) e di Bisogno, Gatto e Neri (1993).

Tab. 1 – Stranieri residenti nel Friuli-Venezia Giulia al censimento 1991

Area di provenienza	Trieste	%	Gorizia	%	Pordenone	%	Udine	%	TOTALE	%
EUROPA	2.948	79,50	810	83,25	699	47,74	1.682	56,50	6.139	67,30
CEE	585		123		297		542		1.547	
Centrale e Orientale	103		42		80		211		436	
EFTA	191		43		73		262		569	
Altri	2.069		602		249		667		3.587	
AFRICA	132	3,56	34	3,49	296	20,22	568	19,08	1.030	11,29
Nord	44		16		154		282		496	
Altri	88		18		142		286		534	
AMERICA	325	8,76	110	11,31	374	25,55	523	17,57	1.332	14,60
Nord	153		21		199		73		446	
Centrale e Meridionale	172		89		175		450		886	
ASIA	249	6,72	16	1,64	88	6,01	172	5,78	525	5,75
OCEANIA	43	1,16	3	0,31	7	0,48	26	0,87	79	0,87
APOLIDI	11	0,30	0	0,00	0	0,00	6	0,20	17	0,19
TOTALE	3.708	100,00	973	100,00	1.464	100,00	2.977	100,00	9.122	100,00
%	40,65		10,67		16,05		32,63		100,00	

Fonte: ISTAT (nostra elaborazione).

tra. Infatti, con riferimento alle aree di provenienza degli immigrati, si vede subito come quelli residenti a Trieste e Gorizia sono in grande maggioranza europei (circa l'80%, soprattutto originari dai Paesi della ex-Repubblica di Iugoslavia), mentre nelle altre due Province della Regione esistono anche consistenti comunità americane e africane. Sempre secondo i risultati del Censimento, a questi 9.122 stranieri residenti ne andrebbero aggiunti altri 7.246 e cioè gli stranieri temporaneamente presenti nel Friuli-Venezia Giulia, ma residenti all'estero. In totale alla data del Censimento risultavano quindi ben 16.368 stranieri, cioè l'1,35% della popolazione presente in questa Regione[2].

---

[2] I 7.246 stranieri temporaneamente presenti sono così suddivisi nelle quattro Province della Regione: 1.529 a Trieste, 743 a Gorizia, 3.721 a Pordenone (di cui ben 3.071 provenienti dall'America del Nord: si tratta evidentemente dei militari della base NATO di Aviano e di parte dei loro familiari) e 1.253 a Udine. Per le finalità della ricerca queste informazioni hanno valore relativo e ciò perché bisognerebbe conoscere esattamente il motivo della temporanea presenza (ad esempio, in queste statistiche sono compresi i turisti alloggiati negli alberghi alla data del censimento).

2. Modalità della ricerca

La situazione che è stata appena descritta, anche se molto sinteticamente, ha cominciato a suscitare l'interesse dell'Amministrazione regionale[3], come pure degli ambienti scientifici e culturali. La ricerca sull'immigrazione straniera nel Friuli-Venezia Giulia, realizzata dal Dipartimento di Scienze geografiche e storiche dell'Università di Trieste, si inserisce appunto in questa situazione.

L'indagine, in corso da alcuni anni, in un primo momento ha cercato di individuare la consistenza del fenomeno in generale e dei singoli flussi in entrata. In questa fase sono state analizzate le informazioni provenienti da varie fonti, come ad esempio i Comuni, la Regione, le Questure, le Unità Sanitarie Locali, l'Ufficio Regionale del Lavoro e della Massima Occupazione, ecc.

Una volta individuata con sufficiente approssimazione l'entità del fenomeno, onde conoscere le specifiche caratteristiche dello stesso e dei suoi diversi flussi, si è ritenuto di continuare la ricerca utilizzando un questionario piuttosto analitico, somministrato ad un campione di immigrati.

Conclusa anche quest'ultima parte della ricerca, su cui ci soffermeremo più avanti, attualmente l'indagine continua, da una parte approfondendo specifici problemi (la donna, la salute, la casa, ecc.) o la situazione di singole comunità, dall'altra spostando la ricerca sulle aree di partenza dei flussi migratori, anche alla luce degli sviluppi della cooperazione con questi Paesi.

Riprendendo il discorso sull'indagine campionaria, tra le varie fonti statistiche prese in considerazione si è deciso di utilizzare i dati forniti dalle Unità Sanitarie Locali sugli stranieri in possesso della tessera sanitaria poiché questa fonte fa riferimento ad immigrati regolarizzati, sia lavoratori che disoccupati o studenti, e quindi risulta più completa, ad esempio, rispetto alle statistiche degli Uffici del Lavoro. Inoltre, tramite questa fonte, si sono reperiti anche i nominativi e gli indirizzi di residenza dei suddetti stranieri, informazioni queste indispensabili per il tipo d'indagine che si intendeva realizzare.

L'universo utilizzato per il campionamento è pertanto quello riportato nella Tabella 2. Per la costruzione del campione si è proceduto ad individuare alcune variabili per la stratificazione dell'universo. Poiché i Paesi di provenienza degli stranieri erano troppo numerosi (ben 92), si è resa necessaria un'operazione di raggruppamento degli stessi, arrivando infine ad ottenere solo otto aree, considerate sufficientemente omogenee in quanto a caratteristiche geografiche, culturali, economiche, ecc. Evidentemente una tale operazione ha comportato notevoli forzature.

Le otto aree individuate sono le seguenti: Africa Araba, Africa Nera

---

[3] Ad esempio, l'ufficio che si occupava dei problemi degli emigrati e di coloro che rientravano è stato trasformato in Ente regionale per i problemi dei migranti (ERMI).

(compreso il Sudafrica), Asia, Europa dell'Est (compresa l'ex-Unione Sovietica), Europa Occidentale extracomunitaria, America Latina, America del Nord (in quest'area è stata inserita pure l'Oceania), ex-Iugoslavia. Quest'ultima area evidentemente è stata considerata a parte data la prevalente presenza di immigrati da essa provenienti.

La scelta del piano di campionamento ha tenuto conto delle seguenti esigenze:
– ottenere un campione aleatorio che consentisse poi di fare determinate considerazioni sui risultati;
– non superare le 250 interviste (valore considerato buono ai fini della ricerca) per contenere entro limiti accettabili le dimensioni dell'impegno sul campo;
– stratificare adeguatamente la popolazione per poter riferire i risultati ad una tipologia quanto più possibile dettagliata.

Stabilito che le variabili di maggiore interesse erano l'area geografica di provenienza e la Provincia di residenza, l'incrocio di otto aree e quattro Province determinava la presenza di 32 strati. Nonostante gli accorpamenti, i valori variavano moltissimo[4] e pertanto si è scartata l'ipotesi di scegliere una frazione campionaria costante per tutti gli strati e, invece, si è fatto ricorso ad una frazione inversamente proporzionale alla dimensione dello strato, secondo una particolare funzione logaritmica[5]. Per ogni strato sono stati poi estratti due campioni aleatori semplici, uno principale ed uno suppletivo.

Durante l'effettuazione delle interviste sono emerse notevoli difficoltà nel reperimento dei nominativi scelti col suddetto campionamento. Infatti, gli immigrati cambiano sovente residenza sia per la difficoltà di trovare un alloggio, sia per il carattere transitorio dell'immigrazione stessa; inoltre, gli indirizzi sono risultati non di rado fittizi[6]. Gli immigrati provenienti dalla ex-Iugoslavia spesso risiedono ancora nel loro Paese di origine e l'indirizzo fornito alle USL corrisponde a quello del posto di lavoro, dove è risultato molto difficile effettuare le interviste. Oltre a ciò, talvolta l'immigrato ha dimostrato una tale diffidenza da impedire all'intervistatore di portare a termine il suo lavoro.

Tutte queste difficoltà non hanno permesso di completare le interviste necessarie secondo le modalità sopra descritte. Il tentativo, effettuato in alcuni comuni della Regione, di raggiungere tutti gli immigrati risultanti dall'elenco fornito dalle USL ha avuto anch'esso esito negativo. Per il completamento del numero di interviste previsto si è dovuto giocoforza arrivare ad un compromesso: per prima cosa si è dovuto rinunciare alla nominatività del

---

[4] Da nove presenze per l'area 7 (Nordamerica-Oceania) nella Provincia di Gorizia, a 1.090 presenze per l'area 8 (ex-Iugoslavia) nella Provincia di Trieste.
[5] $n(i) = trunc\ [2.3 \log N(i)]$, dove con i si indica lo strato, con n la numerosità del campione e con N quella della popolazione.
[6] Per ottenere la tessera sanitaria l'immigrato dichiara di abitare ad un determinato indirizzo, talvolta senza però risiedervi effettivamente.

Tab. 2 – Immigrati extracomunitari nel Friuli-Venezia Giulia in possesso di tessera sanitaria e questionari somministrati suddivisi per area di provenienza

Area di provenienza	Udine	Gorizia	Trieste	Pordenone	Totale	%	N. questionari Totale	Maschi	Femmine
1. Africa Araba	265	10	37	113	425	7,52	29	26	3
2. Africa Nera	236	17	43	130	426	7,54	38	31	7
3. Asia	157	28	182	73	440	7,79	31	20	11
4. Europa Est-ex-URSS	193	46	197	110	546	9,66	34	16	18
5. Europa Occ. extracom.	132	25	43	40	240	4,25	20	6	14
6. America Latina	299	28	55	73	455	8,05	36	14	22
7. America Nord-Oceania	46	9	65	98	218	3,86	16	6	10
8. ex Iugoslavia	756	968	1.090	86	2.900	51,33	49	30	19
TOTALE	2.084	1.131	1.712	723	5.650	100,00	253	149	104
%	36,88	20,02	30,30	12,80	100,00				

Fonte: INSIEL (dati al 19.08.1991).

campione, data la menzionata difficoltà di reperimento delle persone così individuate; mentre sono state mantenute le variabili ritenute fondamentali (area geografica di provenienza, Provincia di residenza, sesso, età). Per la ricerca delle persone da intervistare ci si è infine avvalsi dell'aiuto degli Enti e delle Associazioni che seguono i problemi degli immigrati. Contemporaneamente si è cercato di ottenere dai singoli intervistati ulteriori nominativi di immigrati. Quindi, per certi aspetti, si è passati da un campionamento del tutto aleatorio ad un altro di tipo *snowball*[7]. In conclusione le interviste effettivamente realizzate sono state 253, come risulta dalla Tabella 2.

3. *Analisi delle aree di provenienza*

A questo punto sembra opportuno effettuare una veloce panoramica su tutte otto le aree di provenienza degli immigrati.

– *Africa Araba*

Si tratta di immigrati, in gran parte di sesso maschile, presenti soprattutto nelle province di Udine e di Pordenone, dediti al commercio ambulante ed ai servizi in genere, che hanno dichiarato di aver lasciato il loro Paese di origine per motivi di carattere economico e che ritengono che in Italia sussistano buone possibilità di lavoro e di guadagno.

---

[7] Per le modalità seguite nel campionamento si rinvia al testo di Cicchitelli, Herzel e Montanari (1992); per quanto concerne specificatamente l'utilizzo del campionamento *snowball* nelle ricerche sull'immigrazione, si veda l'articolo di Samoggia (1990).

– *Africa Nera*

Anche questi immigrati risiedono prevalentemente nelle province di Udine e di Pordenone, ma la loro presenza è molto più capillare[8]. Per quanto riguarda l'attività lavorativa svolta anch'essi si dedicano all'ambulantato, sebbene siano abbastanza numerosi coloro che sono occupati nelle piccole e medie industrie. Le relative comunità sono sufficientemente integrate nel tessuto regionale.

– *Asia*

Tra questi immigrati sono presenti numerosi studenti, provenienti soprattutto dal Medio Oriente; i rimanenti sono prevalentemente impegnati nel settore terziario (camerieri, baristi, parrucchieri, ecc.). La comunità cinese si distingue per l'occupazione nel settore della ristorazione. Per quanto riguarda gli immigrati provenienti dalla Thailandia e dalle Filippine, si nota che sono quasi esclusivamente donne, spesso sposate a cittadini italiani o che lavorano come collaboratrici familiari.

– *Europa dell'Est*

Nonostante le previsioni, i flussi provenienti da quest'area non sono, per il momento, così rilevanti come forse si potrebbe pensare, tenuto conto della questione albanese. Si tratta spesso di individui in possesso di un titolo di studio elevato, costretti poi ad accettare posti di lavoro di basso livello. Comunque, a parte le motivazioni di carattere politico, indicate soprattutto da albanesi e rumeni, la scelta dell'Italia viene spesso fatta risalire alla comunanza culturale.

– *Europa occidentale extracomunitaria*

Si tratta essenzialmente di austriaci, impegnati in attività di carattere vario nel Tarvisiano, oppure presenti nelle località balneari, come camerieri, facchini, impiegati (soprattutto negli alberghi), ecc. L'età media è piuttosto bassa; la componente femminile è prevalente; normalmente non possiedono un titolo di studio elevato.

– *America Latina*

Gli immigrati provenienti da quest'area, in maggioranza donne e in possesso di un titolo di studio medio-basso (sebbene non manchi qualche lau-

---

[8] L'elenco degli immigrati fornito dalle USL è anche suddiviso per Comune di residenza; nelle province di Udine e di Pordenone gli immigrati sono presenti non solo nel Comune capoluogo, ma anche dispersi in molti altri Comuni della Provincia.

reato), sono stati indotti all'emigrazione in gran parte da cause economiche e spesso considerano l'Italia un prima tappa, sperando successivamente di raggiungere qualche altro Paese europeo. Una parte di questi immigrati sono bene integrati nella comunità regionale, mentre altri sono in condizioni piuttosto precarie.

– *America del Nord e Oceania*

Per prima cosa bisogna avvertire che le statistiche relative a quest'area non comprendono i militari di stanza alla base NATO di Aviano, anche se in qualche modo nell'indagine sono rientrati alcuni loro familiari. Logicamente non esistono particolari problemi per le persone appartenenti a questo raggruppamento e spesso si tratta di immigrazione di ritorno, quindi con situazioni molto diverse da quelle esaminate in questa ricerca.

– *ex-Iugoslavia*

Costituiscono la maggior parte degli immigrati della Regione e, come si è già detto, si tratta spesso di lavoratori frontalieri. Gran parte sono impiegati nell'edilizia, nel commercio e nei servizi in genere, ma non mancano gli addetti ai trasporti e all'industria meccanica e del legno.

4. *Motivazioni della scelta migratoria*

Tra le diverse parti del questionario si è ritenuto qui di soffermarsi sulle motivazioni dell'emigrazione. Molto efficacemente Reyneri (1979) ha racchiuso tutta la costellazione dei fattori dell'emigrazione nella seguente affermazione: «*La causa delle emigrazioni si può attribuire alla rottura degli equilibri sociali ed economici dai quali dipendono le aspettative e i modelli di comportamento*». L'emigrazione quindi è una risposta ad una insoddisfazione che può essere personale o diffusa socialmente. Sempre secondo Reyneri, l'avviarsi di processi di emigrazione coincide per lo più con una «apertura» dei sistemi sociali interessati e con una conseguente modificazione dei modelli culturali.

I fattori che stanno alla base della scelta migratoria possono essere schematicamente così indicati:
– ottenimento di un livello minimo di sopravvivenza;
– affrancamento da persecuzioni di tipo politico o religioso;
– soddisfazione di bisogni di ordine materiale;
– ricerca di un'occupazione stabile;
– aspirazione alla mobilità sociale;
– svincolo da legami comunitari;
– interessi culturali.

Passando da queste indicazioni di carattere teorico alla concreta situazione italiana ed esaminando i risultati di una recente indagine del CENSIS (1991), i motivi prevalenti di scelta dell'Italia quale Paese d'immigrazione risultano essere i seguenti: democrazia e libertà (17,9%), benessere e ricchezza (26,5%), facilità d'ingresso (40,3%), vicinanza geografica (13,7%), aspettativa di un lavoro stabile (40,3%), presenza di amici e parenti (45,6%).

Non è però qui possibile soffermarsi sulla situazione italiana in genere o di altre specifiche Regioni, di cui peraltro si è tenuto conto per gli opportuni confronti, e quindi si passa all'esame dei risultati che emergono sotto questo profilo dall'analisi dei questionari.

Prima è forse opportuno aprire una breve parentesi che ci consenta di valutare un altro fatto e cioè l'anno di primo ingresso in Italia degli intervistati. Questa informazione era già contenuta nella rilevazione effettuata dalle USL, da cui risultava che il 25% degli immigrati era arrivato in Italia prima del 1980, il 6,3% tra il 1981 ed il 1985, il 20,7% tra il 1986 ed il 1990 ed, infine, ben il 48% dopo il 1990. Va però osservato che nella citata rilevazione c'erano numerose risposte mancanti (quasi il 20% del totale), fatto questo che parzialmente inficia la rilevanza di questi dati. Invece, tutti gli intervistati hanno risposto a questa domanda e ciò lascia supporre una maggiore attendibilità della situazione che risulta dalla ricerca qui riportata[9].

Le differenze riguardano in particolare gli ultimi due periodi prima citati. Infatti, tra il 1986 ed il 1990 risultano essere entrati in Italia circa il 53% dei nostri intervistati, mentre per gli ultimi anni risulta una percentuale pari al 24%. Dai questionari, quindi, apparirebbe un'immigrazione meno recente e più consolidata. A questo proposito, molto interessante è la Figura 1, che ci permette di valutare la situazione delle singole aree. Ad esempio, l'immigrazione proveniente dalla ex-Iugoslavia appare come un fenomeno in gran parte risalente all'ultimo decennio, mentre all'inizio si è detto che era già molto diffuso negli anni Settanta. In effetti questa situazione dimostra essenzialmente un notevole ricambio tra gli individui coinvolti nel fenomeno migratorio, ma è anche determinata dalle regolarizzazioni derivanti dalla normativa italiana.

Dopo questa premessa che delinea meglio una delle caratteristiche dell'immigrazione nel Friuli-Venezia Giulia, è opportuno soffermarsi sui risultati dell'indagine sul campo sulle motivazioni che hanno portato l'immigrato a lasciare il suo Paese d'origine.

Per quanto concerne queste ultime motivazioni, le principali risposte sono state le seguenti: economiche 53%; familiari 26%; di studio 21%; culturali 17%; politiche 10%[10]. Come si vede, sono stati in gran parte i motivi di carattere economico che hanno determinato l'emigrazione delle persone intervistate. Tenendo conto che alcune delle risposte diverse, come ad esem-

---

[9] Per una migliore valutazione di questi dati si ricorda nuovamente che una parte non indifferente di intervistati non deriva dalle liste nominative delle USL.

[10] Nella valutazione di questi valori percentuali bisogna tenere conto che gli intervistati potevano dare più di una risposta.

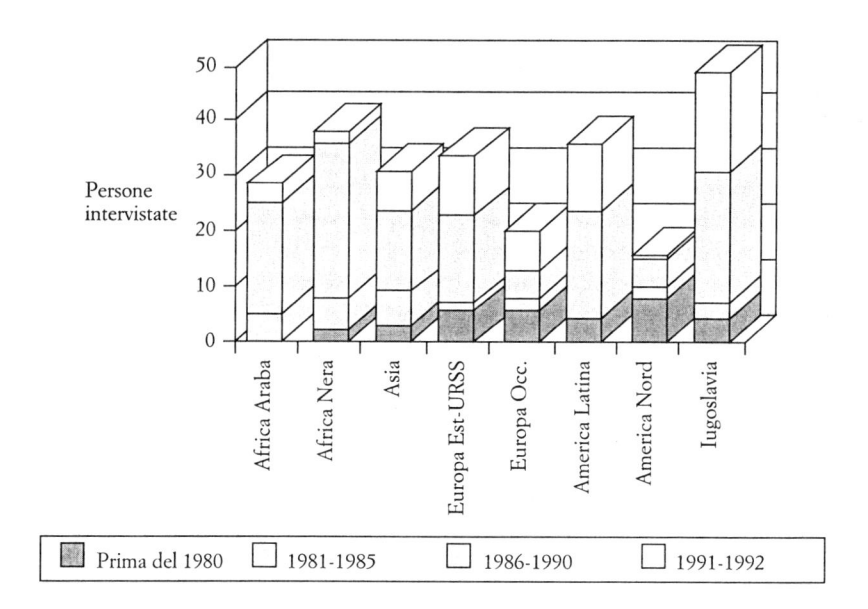

Fig. 1 – Immigrati per epoca d'ingresso in Italia

pio quelle «di studio», nascondono anch'esse spesso motivazioni economiche, la rilevanza di questa voce è probabilmente ben maggiore.

È forse opportuno fare alcune precisazioni sulle motivazioni politiche e culturali. Tra coloro che hanno indicato la prima voce non si trovano solo i rifugiati politici[11], ma hanno dato questa risposta anche alcuni intervistati che hanno dichiarato di trovarsi in disaccordo con i governi del loro Paese, per le scelte politiche o perché ritengono che non esistan condizioni di vera libertà.

In parte simile è la posizione degli intervistati che hanno addotto motivi di carattere culturale; questi si possono suddividere in tre categorie principali: coloro che nascondono motivazioni molto vicine a quelle politiche; quelli che sognano un modello di vita di tipo occidentale; individui che emigrano per semplice «curiosità».

Più interessante risulta però la situazione riferita alle singole aree di partenza. Gli immigrati provenienti dall'America Latina, dall'Africa Araba, dalla ex-Iugoslavia e dall'Africa Nera hanno in maggioranza dichiarato di aver lasciato il loro Paese per problemi economici, con percentuali che variano tra il 75% e il 50%. I motivi di studio sono stati essenzialmente addotti dagli

---

[11] Bisognerebbe chiarire meglio cosa nasconde questa situazione: si pensi in particolare alla vicenda degli albanesi.

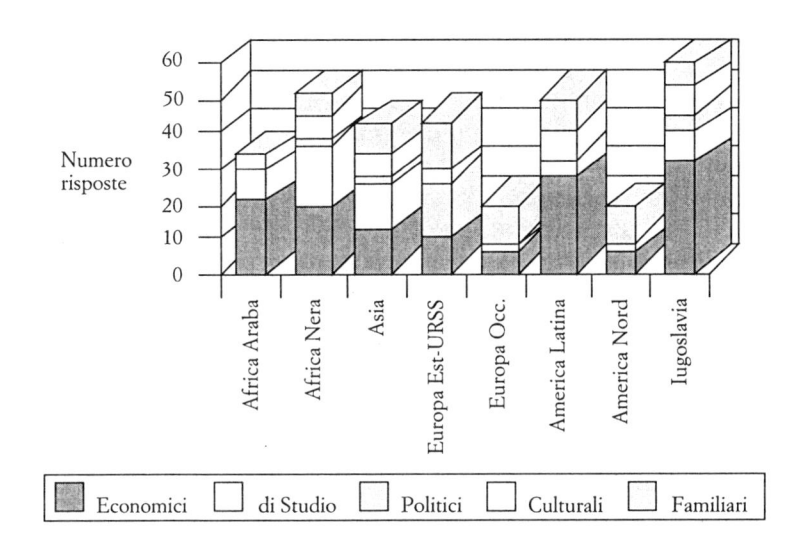

L'immigrazione straniera nel Friuli-Venezia Giulia

Fig. 2 – Motivi per cui l'immigrato lasciò il suo paese d'origine

africani (50% per l'Africa Nera) e dagli asiatici (42%), mentre quasi solo coloro che hanno lasciato l'Europa dell'Est hanno parlato di problemi politici (47%).

Per quanto concerne la voce «cultura», si ripresenta una situazione molto simile a quella sulle motivazioni di carattere economico, voci quindi spesso abbinate. Infatti, questa risposta è stata data soprattutto dagli asiatici (23%), dai latinoamericani (22%) e dagli africani (21%). Infine, ed è piuttosto logico data la tipologia di immigrati, i motivi familiari sono stati indicati soprattutto da coloro che hanno lasciato l'America del Nord (62%), l'Europa occidentale extracomunitaria (55%) e l'Europa dell'Est (44%). Infatti, queste aree presentano una rilevanza, ad esempio, per quanto concerne i matrimoni tra italiani e stranieri. Poco rilevanti sono invece questi motivi tra gli immigrati che provengono da Paesi in via di sviluppo perché si tratta di un'emigrazione troppo recente in questa Regione. Si fa, infine, notare che la Figura 2 riporta il numero delle risposte date dagli intervistati sulle motivazioni dell'emigrazione e non i valori percentuali su esposti.

5. Conclusioni

Quanto è stato scritto in questo breve articolo, in cui si sono analizzate soltanto parte delle risposte al questionario e cioè quelle relative alle motivazioni che hanno spinto le persone intervistate ad emigrare, permette solamente di trarre alcune parziali, ma non per questo meno interessanti, conclusioni sulle vicende migratorie delle stesse.

Infatti, proprio dagli ostacoli incontrati nell'effettuazione delle interviste, emerge immediatamente la difficoltà di fare un'istantanea di un fenomeno che si trasforma con grande rapidità; anche a distanza di pochi mesi, ma in qualche caso si potrebbe dire di pochi giorni o di poche ore, la situazione può modificarsi completamente: qualche nuova normativa, una diversa situazione socio-economica, il verificarsi di improvvisi e, in qualche caso, imprevisti fatti politici possono influire con tale intensità da bloccare i flussi migratori, oppure farne sorgere altri di grandezza notevole e così via. Ma, anche senza ipotizzare fatti traumatici, il fenomeno è comunque in continuo divenire.

A parte quanto è già stato detto nella parte dedicata alle modalità della ricerca, si può anche pensare, con buona probabilità di essere nel giusto, che molte delle persone che risultavano nelle liste delle Unità Sanitarie Locali non fossero più nella Regione alla data delle interviste, oppure che avessero cambiato residenza, spostandosi da un Comune all'altro. Certamente sono stati intervistati immigrati da poco giunti nel Friuli-Venezia Giulia da altre regioni italiane o da altri Stati, diversi dal Paese di origine.

Accanto a questa situazione, che dimostra le trasformazioni in atto in questa Regione e l'avvicinamento del fenomeno qui presente a quello più generale italiano, compare anche un'immigrazione più stabile, già ben sedimentata nella realtà socio-economica e culturale di quest'area (o, per lo meno, in alcune zone della stessa) e formata da individui, provenienti in gran parte o dalla ex-Iugoslavia oppure da Paesi appartenenti al cosiddetto «Mondo sviluppato» (Europa occidentale, Nordamerica, Australia), ottimamente integrati nella stessa. A questo proposito non va dimenticata l'appartenenza di questa Regione alla «Mitteleuropa», come pure non va dimenticata la storia di Trieste, da sempre città d'immigrazione, cosmopolita, coacervo di culture e di religioni, in cui sono presenti numerose comunità, come quelle greca, serba, armena.

Passando ad un esame più specifico delle voci del questionario, va subito detto che si è avuta una conferma piuttosto precisa di alcune situazioni già ben conosciute nella pubblicistica italiana e straniera, come, ad esempio, la netta prevalenza delle motivazioni di carattere socio-economico nei flussi migratori provenienti dai Paesi in via di sviluppo, mentre, al contrario, per quelli dai Paesi più sviluppati appaiono più sovente moventi culturali e di carattere familiare. Logicamente, scomponendo le otto aree nelle comunità di appartenenza, emergerebbero problematiche più precise, ma anche più sfaccettate.

Infine, si può eseguire pure un'operazione inversa e cioè cercare i punti di contatto comportamentale tra le diverse aree, che si possono certamente riunire in tre gruppi in cui compaiono comportamenti simili in merito alla propensione all'emigrazione e alle motivazioni della stessa e cioè:

- Europa orientale (con la ex-Iugoslavia e la ex-Unione Sovietica)[12];
- Europa occidentale extracomunitaria, America del Nord e Oceania;
- Africa, Asia e America Latina.

Quest'ultimo risultato, anche se forse in parte scontato, è comunque utile per una migliore conduzione delle successive fasi della ricerca che, come si è detto all'inizio, riguardano lo studio di singole comunità, di problemi specifici e delle aree di partenza dei flussi d'immigrazione.

BIBLIOGRAFIA

BISOGNO E., GATTO C., NERI F., *L'immigrazione straniera in Veneto e Friuli-Venezia Giulia. Aspetti demografici ed economici*, Padova, Cedam, 1993.

CENSIS, *Migrare ed accogliere. I percorsi differenziati dell'integrazione*, Indagine condotta per conto della Presidenza del Consiglio dei Ministri, Roma, Conferenza Nazionale dell'immigrazione, Editalia, 1990.

CENSIS, *Movimenti migratori in Italia*, Rapporto Sopemi, Roma, 1990.

CENSIS, *Immigrati e società italiana*, Roma, Editalia, 1991.

CICCHITELLI G., HERZEL A., MONTANARI G.E., *Il campionamento statistico*, Bologna, Il Mulino, 1992.

NERI F., «L'offerta di lavoro straniero nel mercato del lavoro del Friuli-Venezia Giulia», in Di Comite L., Papa O., *Il recente assetto dei fenomeni migratori*, Bari, Istituto di Economia dell'Università di Bari, 1984, pp. 61-70.

NERI F., ORVIATI S., «La presenza straniera nel Friuli-Venezia Giulia», in *Studi Emigrazione*, 82-83, giugno-settembre 1986, pp. 387-390.

NODARI P., DONATO C., «L'immigrazione di manodopera iugoslava in Italia», in Valussi G. (a cura di), *Italiani in movimento*, Pordenone, GEAP, 1978, pp. 233-238.

NOVACCO R., LENA D. (a cura di), «Aspetti dell'immigrazione straniera nel Friuli-Venezia Giulia», in *Quaderni del Centro Studi Economico-Politici «Ezio Vanoni»*, n. 23-24, gennaio-dicembre 1991, pp. 7-48.

REGIONE AUTONOMA FRIULI-VENEZIA GIULIA. SERVIZIO AUTONOMO DELL'EMIGRAZIONE, *La presenza di lavoratori extraregionali nel Friuli-Venezia Giulia*, Indagine condotta dalla AWR – Sezione Italiana, Trieste, Ufficio Stampa e pubbliche Relazioni, dicembre 1984.

REYNERI E., *La catena migratoria*, Bologna, Il Mulino, 1979.

SAMOGGIA A., «Aspetti metodologici e applicativi del campionamento "snowball" nelle ricerche sulla presenza straniera», in Cocchi G. (a cura di), *Stranieri in Italia. Caratteri e tendenze dell'immigrazione dai paesi extracomunitari*, Misure/Materiali di Ricerca dell'Istituto Cattaneo, Bologna, 1990, pp. 245-256.

---

[12] Nell'Europa dell'Est è stata logicamente inserita l'Albania, anche se la vicenda migratoria degli albanesi presenta caratteristiche molto particolari.

Carlo Donato*

IMMIGRAZIONE STRANIERA E MERCATO DEL LAVORO NEL FRIULI-VENEZIA GIULIA

Riassunto. La crisi economica ed occupazionale che ha investito l'Italia non ha certamente risparmiato il Friuli-Venezia Giulia. Nonostante ciò la Regione evidenzia un alto tenore di vita accompagnato da un forte invecchiamento della popolazione; a questo si aggiunge un livello culturale superiore a quello medio nazionale. Così sul mercato del lavoro da più tempo ormai si presenta una manodopera altamente qualificata e specializzata che spesso non trova collocazione in ambito regionale. Da qui la necessità, ormai storica, di maestranze non qualificate che provengono quasi esclusivamente dai territori dell'ex-Iugoslavia. Buona parte di questi lavoratori, specialmente Sloveni e Croati, danno vita ad un intenso frontalierato che complica notevolmente il mondo dell'occupazione incrementando il lavoro in «nero». Poco significativo è il numero di immigrati provenienti dal Terzo Mondo; quelli presenti sono per lo più occupati in lavori pesanti e spesso nocivi delle industrie metallurgiche, metalmeccaniche e del legno della Regione. Infine è da sottolineare la presenza, seppur limitata, di immigrati provenienti da vari Paesi, che trovano impiego, grazie alla loro alta professionalità, in centri internazionali di ricerca e studio presenti nelle principali città regionali, in particolare a Trieste.

Summary. The economic crisis and rising unemployment that has affected the whole of Italy has not spared the Friuli-Venezia Giulia region. In spite of this the population in the region enjoys a high standard of living combined with a strong ageing, as well as an above average cultural level compared to the rest of the country. A highly qualified work-force cannot easily find jobs inside the region. For some time now the labour market offers openings for highly qualified and skilled workers come from ex-Yugoslavia. The majority of them, mainly Croatians and Slovenians, commute across the border but this aggravates the local employment situation, increasing the informal sector work. Of little significance are the immigrant workers from Third World countries, most of them engaged in heavy and unhealthy work in the region's metallurgical, mechanical and wood industries. There are also a small number of highly qualified immigrants from different countries who are employed in international research and study organizations in the larger towns, particularly in Trieste.

1. *Premessa: i principali aspetti socio-economici della Regione*

La posizione geografica del Friuli-Venezia Giulia nel nord-est dell'Italia, il confine di Stato che segna buona parte del suo perimetro e la sua storia di regione di frontiera, come luogo di incontro di realtà sociali, economiche e culturali diverse, hanno determinato presenze e movimenti di stranieri i cui caratteri manifestano specifiche connotazioni. Prima di presentare queste peculiarità e di scrivere del rapporto esistente tra l'immigrato e il locale mer-

---

* Dipartimento di Scienze Geografiche e Storiche dell'Università di Trieste.

cato del lavoro, è necessario esaminare, anche se in modo sintetico, i principali aspetti dell'attuale situazione socio-economica della Regione.

L'andamento dei residenti è caratterizzato da una ormai cronica flessione, che nell'ultimo intervallo intercensuario è stata del 3,3%: nel 1991 i censiti sono stati 1.193.520. In particolare, nella seconda metà degli anni Ottanta la diminuzione annua media è stata di circa 4.000 unità; questa tendenza è però territorialmente differenziata in quanto assume valori meno sensibili nelle province di Pordenone e di Udine, dove la perdita media annua si aggira intorno al 2‰, mentre il calo diventa preoccupante in quelle di Gorizia e Trieste con, rispettivamente, il 5‰ ed il 10‰. Tra il 1991 ed il 1992 il calo della popolazione residente è stato più contenuto rispetto a quello degli anni precedenti, infatti esso ha registrato circa 1.100 unità. Questo valore scaturisce da un saldo del movimento naturale marcatamente negativo (c.a 4.500 unità), parzialmente controbilanciato, però, da un saldo migratorio positivo alquanto significativo (c.a 3.400 unità).

Circa il 55% di coloro che risiedono nel Friuli-Venezia Giulia si collocano in una fascia di età compresa tra i 25 ed i 64 anni, ed in particolare il processo di invecchiamento ha denunciato una maggiore accelerazione rispetto a quello medio italiano. Infatti su 100 giovani (–15 a.) gli anziani (65 a. e oltre) sono passati da 97 nel 1981 a 167 nel 1990, mentre a livello nazionale solo da 61 a 91. Inequivocabile è la futura tendenza a causa di una crescente speranza media di vita alla nascita a cui si accompagna un indice di natalità sempre più basso. Le province più «vecchie» sono quelle giuliane. Esse denunciano, a causa della loro storia che le ha private di una significativa società contadina, degli indici particolarmente elevati: Gorizia 195 e Trieste 254. Pordenone e Udine si pongono, invece, su valori più bassi, quali, rispettivamente, 132 e 148. Il crescente aumento dell'invecchiamento della popolazione regionale si accompagna, inoltre, ad una riduzione delle leve scolastiche e dei soggetti in cerca di prima occupazione. Questi ultimi sono diminuiti anche grazie all'alto grado di scolarità presente in Regione: infatti ben il 69% dei giovani tra i 14 ed i 18 anni frequenta la scuola, mentre a livello nazionale il valore scende al 62%.

Se nel 1989 tutte e quattro le province regionali denunciavano condizioni di sviluppo economico tendenzialmente espansive con un tasso di disoccupazione che dall'8,5% del 1988 passava al 7%, dal 1990 si assiste ad una repentina inversione di tendenza pienamente in linea con la recessione nazionale ed internazionale. Così nel 1992 ad una popolazione presente stimata di 1.185.000 che, pur permanendo inferiore a quella residente, non subisce variazioni di rilievo rispetto al precedente anno, fa riscontro, nello stesso intervallo di tempo, un decremento dell'occupazione pari all'1,3% (469.000 occupati nel 1992). I disoccupati effettivi passano da 38.195 del 1991 a 50.385 del 1992: il fenomeno è particolarmente grave nelle province friulane, che in quest'ultimo decennio avevano conosciuto un importante sviluppo industriale ed in quella di Gorizia per l'incidenza, soprattutto, dei cantieri navali di Monfalcone.

Sempre tra il 1991 ed il 1992 il movimento anagrafico delle Ditte regionali conosce un saldo negativo di 1.167 unità (–1,3%). Cessano per lo più le attività commerciali (–675 u.; –1,7%) e le industrie manifatturiere (–409 u.; –2,5%), mentre crescono solamente le imprese di credito, di assicurazione e dei servizi alle imprese (+194 u.; +2,6%) concentrate nei principali centri della Regione, specialmente in quelli friulani, dove questo segmento del terziario riesce, anche se solo in parte, a fronteggiare il massiccio decremento che si verifica nel settore industriale.

L'interscambio commerciale del Friuli-Venezia Giulia con l'estero dopo continui incrementi verificatisi negli anni Ottanta segna, nel 1992, una moderata flessione dell'1,5% e si porta a quota 10.025 miliardi contro i 10.182 del 1991. I settori che più di altri hanno conosciuto una contrazione negli scambi sono quelli dei prodotti energetici (–30,5%), dei mezzi di trasporto (–42,5%) e, in misura minore, dei prodotti dell'agricoltura (–8,4%). In controtendenza significativa è, invece, lo scambio dei prodotti alimentari (+10%), che registra un incremento sia nelle importazioni che nelle esportazioni. Queste ultime, seguendo le tendenze nazionali, sono complessivamente aumentate del 3,2% (6.365 miliardi nel 1992), mentre le importazioni (3.660 miliardi nel 1992) hanno avuto un calo pari all'8,9%.

Siffatta situazione socio-economica ha segnato profondamente il mercato del lavoro regionale. Infatti l'appena concluso 1992 è stato contrassegnato da un peggioramento delle prospettive occupazionali rispetto ai già poco esaltanti risultati del 1991. Nel Friuli-Venezia Giulia l'insieme dei posti lavoro offerti e messi a concorso dai privati e dalla pubblica amministrazione ha subito una significativa contrazione per quanto riguarda sia l'occupazione di non alto livello qualitativo, sia quella qualificata[1]. Quest'ultima, in particolare, dal 1990 registra un calo costante, in piena sincronia con quanto accade a livello nazionale. La situazione più grave si determina nel pubblico impiego. Infatti dopo un quinquennio di costante aumento dei posti di lavoro offerti dalla Pubblica Amministrazione in ambito regionale, il 1992 evidenzia un sensibile decremento delle possibilità d'occupazione rispetto al 1991, occupazione che torna sui valori del 1990. Ciò è alquanto inquietante se si tiene presente che nel resto d'Italia il settore pubblico ha invece proseguito ad incrementare la propria offerta d'impiego, arrivando, proprio nel 1992, al valore più alto toccato negli ultimi otto anni (Tab. 1).

Sempre per quanto concerne le domande di collaborazione qualificata, il calo interessa soprattutto il settore delle costruzioni (–61%) e dei servizi (–46%); nel settore industriale significativa è stata la contrazione delle suddette domande nel reparto tessile (–32%) e delle altre attività manifatturiere

---

[1] Ciò risulta da indagini condotte al livello nazionale dal Centro Statistica Aziendale di Firenze mediante le rilevazioni delle offerte di lavoro che appaiono sui principali quotidiani nazionali e locali, sulle Gazzette Ufficiali e sui Bollettini Regionali. Su questa base d'indagine i lavori a non alta qualifica sono quelli che appaiono sui «piccoli annunci».

Tab. 1 – Domanda di lavoro (indice base 1985 = 100)

Anni	Friuli-Venezia Giulia			Italia		
	Lavoro non qualificato	Lavoro qualificato pubblico	Lavoro qualificato privato	Lavoro non qualificato	Lavoro qualificato pubblico	Lavoro qualificato privato
1985	100,00	100,00	100,00	100,00	100,00	100,00
1986	107,70	57,30	111,90	115,40	117,90	101,10
1987	126,80	39,00	111,90	130,10	111,70	108,60
1988	128,70	90,10	106,40	139,60	116,50	97,60
1989	186,00	103,20	104,90	164,60	70,40	103,90
1990	184,40	135,10	91,20	142,40	114,00	95,40
1991	163,80	157,50	64,20	110,10	124,10	68,80
1992	123,50	132,30	60,00	92,60	136,80	64,70

Fonte: Reg. Aut. FVG – Uff. Piano – Oss. Mercato Reg. del Lavoro (1993).

(–15%); unico importante incremento è quello relativo all'industria alimentare (83%). Infine è da segnalare una riduzione delle domande nel commercio ed un aumento, per contro, di quelle relative al credito ed alle assicurazioni.

A questo quadro demografico ed economico, le cui tinte appaiono quanto mai opache, si contrappone, però, una qualità della vita fra le più alte in Italia, come si può desumere dal confronto di alcuni tradizionali indicatori rappresentativi del benessere. Infatti il reddito medio *pro-capite* mensile oltre a segnare un continuo incremento si è sempre posto su livelli significativamente superiori a quelli nazionali: nel 1990 i valori erano rispettivamente di lire 1.061.000 e 984.000. Questa differenza non è da attribuire, però, ad una maggiore produzione di reddito, ma piuttosto è da ricondurre ad una diversa struttura familiare che denuncia 2,51 componenti a livello regionale contro 2,78 a quello nazionale. Ciò è testimoniato da un reddito medio mensile familiare che sostanzialmente si è mantenuto sullo stesso valore nel Friuli-Venezia Giulia ed in Italia[2]. Anche i consumi, delle famiglie e *pro-capite*, rispecchiano caratteri strutturali sostanzialmente identici a quelli del reddito, ed indicano una migliore qualità della vita nella Regione in quanto qui si registra un maggior peso dei consumi «non alimentari» rispetto a quelli «alimentari», come risulta da un confronto tra i valori medi annuali locali e nazionali[3].

[2] Nel FVG il valore (in migliaia di lire) del reddito medio mensile familiare e *pro-capite* si è così comportato: 1985 = 1.847 e 681; 1986 = 1.898 e 724; 1987 = 2.258 e 889; 1988 = 2.299 e 906; 1989 = 2.521 e 994; 1990 = 2.664 e 1.061; mentre a livello nazionale: 1985 = 1.854 e 614; 1986 = 1.993 e 685, 1987 = 2.110 e 751; 1988 = 2.285 e 813; 1989 = 2.519 e 895; 1990 = 2.734 e 984.
[3] Nel 1990 i consumi delle famiglie e *pro-capite* erano i seguenti (in migliaia di lire):

Questo benessere diffuso goduto dal Friuli-Venezia Giulia può trovare riscontro in altri semplici indicatori, quali il numero degli sportelli bancari, le utenze telefoniche e gli abbonamenti televisivi, che evidenziano valori sempre superiori a quelli medi nazionali[4]. Più recenti e sofisticate indagini sulla qualità della vita pongono il Friuli-Venezia Giulia ai primi posti di una graduatoria comprendente tutte le regioni italiane; in particolare, poi, emergono le province di Gorizia e di Trieste[5].

Contraddittoria appare, quindi, la situazione derivante dal confronto tra gli aspetti demografico e socio-economico ed il quadro produttivo-occupazionale. Questa contraddittorietà ha creato, così, i presupposti determinanti l'indisponibilità di manodopera per certe tipologie lavorative e la presenza di maestranze straniere in un mercato in conclamata crisi.

2. *Consistenza e principali caratteri degli stranieri presenti nel Friuli-Venezia Giulia*

L'immigrazione straniera nel Friuli-Venezia Giulia, ed in particolare nelle province di Gorizia e Trieste, assume una duplice realtà: da una parte, la più numerosa, è rappresentata dagli ex-Iugoslavi e dall'altra da tutti coloro che provengono dal resto dell'Europa e dagli altri continenti (Tab. 2).

Il peso dei primi, fra i quali si evidenziano Sloveni e Croati, è inferiore al reale più che per gli altri gruppi se si considera l'enorme numero di frontalieri che attraversano normalmente il confine senza alcuna necessità di denunciare l'entrata. È questa un'immigrazione che si consuma in uno spazio ridotto ed è favorita da un confine sostanzialmente «aperto», anche oggi che i recenti avvenimenti bellici impongono un più attento controllo del territorio. Questo movimento a breve raggio è ulteriormente facilitato dalla conoscenza, da parte dei soggetti del fenomeno, dell'organizzazione socio-economica di Trieste e della Regione. È insomma da ritenere che il processo di

	alimentari delle famiglie	alimentari *pro-capite*
FVG	6.113	2.435
ITALIA	7.159	2.587
	non alimentari delle famiglie	non alimentari *pro-capite*
FVG	24.360	9.705
ITALIA	23.311	8.391

[4] Nel FVG tra il 1981 ed il 1990 gli sportelli bancari passavano da 2,8 a 4,2 per 10.000 abitanti: i valori medi nazionali sono rispettivamente 2,2 e 3,1. Sempre nel 1990 le utenze telefoniche denunciavano un valore medio di collegamenti principali pari a 42,9 in Regione e 38,7 in Italia per ogni 100 abitanti. Relativamente agli abbonamenti televisivi la media regionale, nel 1990, era dell'80,2% delle famiglie, mentre quella nazionale era del 76,8%.

[5] È del 1993 un'indagine condotta dal «Il Sole-24 ore» (del Lunedì, a. 129°, n. 351) che, sulla base di diversi indicatori sociali ed economici, ha costruito una graduatoria del «benessere», che vede il FVG. al 7° posto fra tutte le regioni e le province di Gorizia e Trieste rispettivamente al 4° e 14° posto tra le province (Pordenone al 48° e Udine al 68°).

Tab. 2 – Cittadini stranieri in possesso del permesso di soggiorno presenti nelle quattro province del FVG e distinti per aree geografiche di provenienza al 31.6.1992

Area geografica	PN		UD		GO		TS		FVG		FVG
	%										n.
Ex-Iugoslavia	11,80	3,50	25,80	14,50	67,70	25,40	64,30	56,60	47,30	100,00	7.166
UE	16,90	26,80	7,60	22,80	8,40	16,90	7,10	33,50	8,90	100,00	1.344
Europa dell'Est	16,20	19,00	19,80	43,70	6,50	9,70	8,00	27,60	12,00	100,00	1.813
Altri paesi europei	4,00	19,30	3,90	35,10	3,50	21,10	1,70	24,50	2,90	100,00	445
America Anglosassone	10,50	45,70	1,80	14,60	2,80	15,40	1,90	24,30	3,30	100,00	493
America Latina	13,20	22,50	13,40	43,30	5,70	12,20	4,40	22,00	8,30	100,00	1.251
Africa	19,60	28,10	20,40	55,00	2,60	4,80	2,90	12,10	9,80	100,00	1.492
Asia	7,30	19,80	6,50	33,30	1,90	6,50	8,30	40,40	6,50	100,00	789
Oceania	0,50	7,30	0,80	20,50	0,90	15,90	1,40	56,30	1,00	100,00	151
Non definita (Apolidi)		7,70		61,50		15,40		15,40		100,00	13
Totale in %	100,00	14,10	100,00	26,60	100,00	17,80	100,00	41,50	100,00	100,00	
Totale in cifre	2.136		4.030		2.695		6.296				15.157

Nota: sono stati esclusi dal conteggio i militari NATO e i loro familiari.
Fonte: Questure delle Province di Gorizia, Pordenone, Trieste e Udine.

socializzazione sia preesistente al vero e proprio spostamento determinato da necessità lavorative: ciò grazie non solo ai continui contatti ed alla ridotta distanza, ma, e soprattutto, alle affinità culturali presenti in quest'area dell'Alto Adriatico. L'integrazione avviene, così, in modo non traumatico.

Diversa è l'immigrazione terzomondista che anche in questa Regione assume i caratteri di movimento di transito, specialmente in quei territori a ridosso del confine con la Slovenia dove sono i cittadini della ex-Iugoslavia che occupano quasi tutti i posti che il mercato del lavoro ha disponibili per la manodopera straniera. Gli immigrati provenienti dal Terzo Mondo si stabiliscono, così, per lo più nelle province di Pordenone e di Udine, dove il settore industriale è maggiormente rappresentato. Il loro numero è sostanzialmente quello dei dati ufficiali[6], inoltre, anche i possibili clandestini dei paesi in via di sviluppo, che qui si stabiliscono dopo aver percorso la *via iugoslava*[7], sono relativamente pochi. Infatti, sulla base di stime e delle testimonianze degli stessi loro rappresentanti in Regione, la loro incidenza sui connazionali regolarmente registrati non supera il 5% ma raggiunge, invece,

---

[6] Questi dati forniti dalle quattro Questure provinciali possono anche essere sovrastimati in quanto rappresentano il numero di permessi di soggiorno emessi per un determinato periodo di tempo e per uno specifico luogo. Potrebbero quindi esserci duplicazioni o permessi relativi a persone non presenti sul territorio.

[7] Oltre che dalla *via iugoslava*, l'Italia, e non solo essa, è interessata, in particolare per quanto riguarda gli arrivi clandestini di africani, dalla *via francese* (Magreb – Parigi/Marsiglia – Italia) e dalla *via siciliana* (attraversamento del Canale di Sicilia con motopescherecci). L'itinerario che toccava la ex-Iugoslavia, già in passato particolarmente rischioso per i continui ed attenti controlli, è oggi, a causa degli eventi bellici, quasi impossibile da percorrere per la pericolosità.

il 30% a livello nazionale, con situazioni particolarmente allarmanti nel Centro e Sud Italia.

Questi valori così bassi di immigrati terzomondisti irregolari sono per lo più determinati dalla concorrenza che essi trovano nella presenza dell'ormai consolidata e sostanzialmente *istituzionalizzata* clandestinità degli ex-Iugoslavi; inoltre in Regione puntuale è l'applicazione della 'legge Martelli' e severo è il controllo alle frontiere, specialmente a causa del prolungarsi della già citata guerra nei Balcani.

Meno consistente, ma inizia ad essere significativo relativamente alle prospettive di un futuro ormai vicino[8], il numero di immigrati provenienti da altri paesi dell'Est europeo (Tab. 2). Il fenomeno è recente ed è caratterizzato da una popolazione, che pur denunciando un livello culturale medio ed alto ed una buona professionalità e qualifica lavorativa, si adatta alla domanda del mercato. Inoltre non è da sottovalutare una loro migliore accettazione da parte della società locale rispetto a quella riservata a coloro che arrivano da altri continenti: le affinità socio-culturali europee sembrano, almeno in parte, favorire il loro inserimento nel nuovo tessuto sociale.

3. Gli immigrati e le diverse tipologie lavorative

Il mercato regionale del lavoro relativo agli immigrati è caratterizzato dalla presenza sia di occupati regolari che di irregolari. Questi ultimi, che sono sostanzialmente i frontalieri ex-Iugoslavi, hanno una rilevanza numerica di gran lunga superiore ai lavoratori regolari. Lo studio relativo alla loro posizione lavorativa ed alla loro quantificazione non può utilizzare l'informa-

---

[8] La libertà di movimento da poco conquistata dai paesi dell'Est è certamente in contrapposizione con le politiche restrittive in materia d'immigrazione dei paesi della UE. In ogni caso l'abolizione dei visti di uscita e la recente liberalizzazione della normativa relativa all'ottenimento del passaporto rendono più raggiungibile l'Europa occidentale da parte dei popoli dell'Oriente europeo: in questi ultimi due anni sono stati quindi significativi i flussi migratori verso Ovest. Se nella direttrice Sud-Nord fra le determinanti del fenomeno migratorio emerge quella relativa alla variabile demografica, quest'ultima, in termini di pressione, è completamente assente nei paesi dell'Est, dove queste prime migrazioni sembrano seguire piuttosto motivazioni etniche ed economiche. Quest'ultime potrebbero assumere valori preoccupanti se il processo di transizione economica non procedesse in modo equilibrato: nella sola CSI fonti occidentali prevedono nel breve termine trenta-quaranta milioni di disoccupati, buona parte dei quali giovani tra i 18 e i 30 anni. Alcune migrazioni a carattere etnico si sono già consumate, infatti, secondo statistiche ufficiali, nel 1991 i cittadini di origine tedesca rientrati in Germania sarebbero stati 222.000 dei quali il 66% dai territori dell'ex-Unione Sovietica, i rimanenti dalla Polonia e dalla Romania. Sono ancora circa 2.000.000 le persone di nazionalità germanica presenti nella CSI ed in Polonia! I rimpatri dei polacchi, sempre nel 1991, sono stati stimati intorno alle 640.000 unità; secondo il censimento sovietico del 1989 ve ne erano 1.200.000, ma fonti polacche ne denunciano più di 2 milioni. Molti greci, sempre provenienti dall'ex-Unione Sovietica, stanno rientrando in Grecia. Questa tipologia migratoria dovrebbe comunque concludersi negli anni Novanta.

Tab. 3 – Movimento medio giornaliero degli stranieri attraverso i valichi di frontiera del FVG nel 1991

Nazionalità	Prov. di Trieste		Prov. di Gorizia		Prov. di Udine		Totale FVG	
	Entrate	Uscite	Entrate	Uscite	Entrate	Uscite	Entrate	Uscite
Ex-Iugoslavia (traffico internazionale)	7.833	8.025	2.520	2.449	1.751	1.638	12.100	12.112
Ex-Iugoslavia (traffico locale)*	5.937	5.849	4.109	4.074	370	373	10.416	10.296
Totale ex-Iugoslavia	13.770	13.874	6.629	6.523	2.121	2.011	22.516	22.408
Altra nazionalità	1.438	1.405	99	85	2.619	5.063	4.156	6.553
Totale stranieri	15.208	15.279	6.728	6.608	4.730	7.074	26.672	28.961

(*) Traffico effettuato con uno specifico «lasciapassare» in possesso di cittadini residenti nelle due zone limitrofe al confine.
Fonte: Polizia di frontiera del FVG.

zione dei canali ufficiali, ma deve esclusivamente basarsi su testimonianze, dirette ed indirette, e su stime. La massa enorme di questi Slavi che giornalmente entrano nelle province di Trieste e Gorizia, ma anche, in quantità minore, in quella di Udine, non permette il controllo del motivo della loro presenza in Regione. Infatti la maggioranza non è legata da alcun rapporto con l'immigrazione sia stabile che di transito, bensì trova motivo nell'esigenza di acquisto di generi personali. In ogni caso le informazioni desunte dalle fonti ufficiali consultate, se utilizzate con le dovute attenzioni, permettono di estendere anche agli irregolari valutazioni qualitative.

Sulla base dei valori forniti dagli Uffici Provinciali del Lavoro e della Massima Occupazione si evidenzia come, al 1° trimestre 1992, più di un terzo degli extracomunitari iscritti alle liste di collocamento siano degli ex-Iugoslavi ai quali seguono gli Africani (29%: 16% Nordafricani e 13% Sudsahariani) ed i Latino-americani (Tab. 4).

Il peso dei maschi e delle femmine, leggermente favorevole ai primi a livello regionale, si differenzia secondo l'area geografica di appartenenza. Infatti mentre tra Sloveni e Croati vi è un'equa distribuzione, l'immigrazione africana è caratterizzata da un'alta presenza maschile, in particolare relativamente a quelli provenienti dal Nordafrica. Per contro le donne prevalgono tra gli immigrati dall'America Latina e dall'Europa orientale (Tab. 4).

Nell'intervallo di tempo intercorso tra l'1 gennaio 1991 ed il 31 marzo 1992 i contratti di lavoro stipulati con gli extracomunitari, cioè gli avviamenti al lavoro, hanno privilegiato gli uomini. Solo nell'ambito dell'emigrazione latino-americana vi è una leggera prevalenza di avviati al lavoro di sesso femminile. Relativamente ai settori di attività economica a cui sono destinati questi lavoratori stranieri, marginale appare quello agricolo, mentre la maggior parte di essi è avviata all'industria, all'artigianato ed ai servizi. Le assunzioni in quest'ultimo settore assumono maggior rilevanza nelle province giuliane, dove il terziario caratterizza l'economia (Fig. 1 e Tab. 5).

Il lavoro relativo ai servizi domestici, anche se il valore loro attribuito dai

Immigrazione straniera e mercato del lavoro del Friuli-Venezia Giulia

Tab. 4 – Extracomunitari iscritti nelle liste di collocamento (I trimestre 1992) distinti per sesso ed area geografica di provenienza (dati di stock)

Area geografica	FVG n.			FVG in %			FVG in %		
	M	F	M+F	M	F	M+F	M	F	M+F
	235	219	454	34,60	40,50	37,20	51,80	48,20	100,00
Europa dell'Est	52	84	136	7,70	15,60	11,20	38,20	61,80	100,00
America Latina	21	98	119	3,10	18,10	9,80	17,60	82,40	100,00
Africa Bianca	178	15	193	26,20	2,80	15,80	92,20	7,80	100,00
Africa Nera	101	58	159	14,90	10,70	13,00	63,50	36,50	100,00
Vicino e Medio Oriente	65	8	73	9,60	1,50	6,00	89,00	11,00	100,00
Estremo Oriente	21	25	46	3,10	4,60	3,80	45,70	54,30	100,00
Resto del mondo	6	33	39	0,80	6,20	3,20	15,40	84,60	100,00
Totale	679	540	1.219	100,00	100,00	100,00	55,70	44,30	100,00

Nota: il «Resto del mondo» comprende: Oceania, America Anglosassone, Paesi europei non della UE e non dell'ex blocco sovietico.
Fonte: Uffici Provinciali del Lavoro e MO.

dati ufficiali è molto basso in quanto l'attività ricade quasi completamente nel lavoro sommerso, è particolarmente vivace e trova manodopera tra gli Sloveni ed i Croati e più recentemente tra i Somali, la cui preparazione cul-

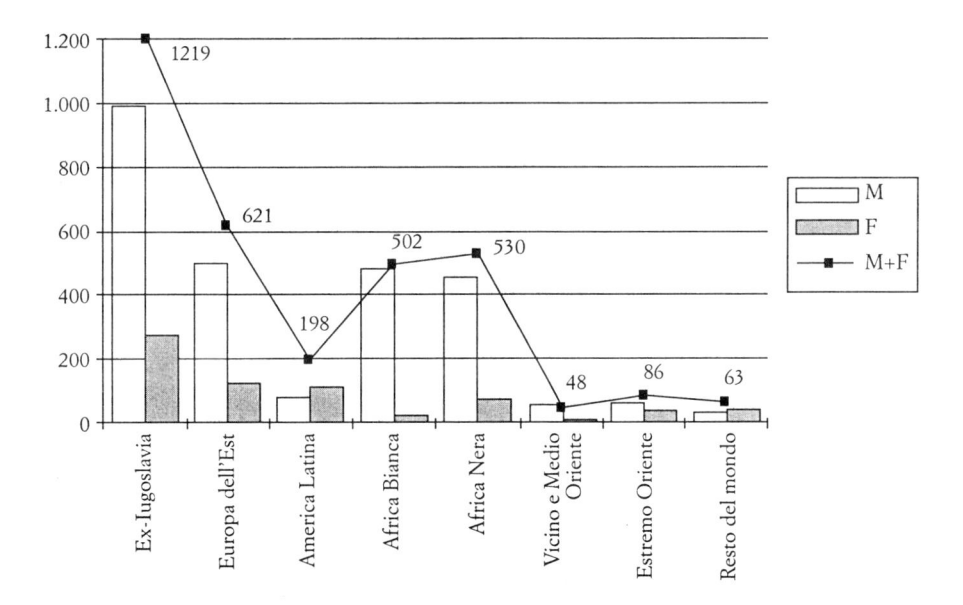

Fig. 1 – Avviamenti al lavoro a favore di cittadini extracomunitari per sesso ed aree geografiche di provenienza (1.1.1991 – 31.3.1992)

Nota: il «Resto del mondo» comprende l'Oceania, l'America Anglosassone ed i Paesi Europei non appartenenti alla UE.
Fonte: Uffici Provinciali del Lavoro e MO.

Tab. 5 – Avviamenti al lavoro a favore di cittadini extracomunitari distinti per sesso e settore di attività (1.1.1991 – 31.3.1992)

Attività economiche	F V G n.			F V G in %			F V G in %		
	M	F	M+F	M	F	M+F	M	F	M+F
Agricoltura	121	23	144	4,70	3,40	4,40	84,00	16,00	100,00
Industria ed artigianato	1.772	97	1.869	68,50	14,20	57,20	94,80	5,20	100,00
Servizi	692	562	1.254	26,80	82,40	38,40	55,20	44,80	100,00
-di cui lavoro domestico	24	140	164	3,50	24,90	13,10	14,60	85,40	100,00
Totale	2.585	682	3.267	100,00	100,00	100,00	79,10	20,90	100,00

Fonte: Uffici Provinciali del Lavoro e MO.

turale è spesso di buon livello. Personale delle stesse aree geografiche di provenienza è ricercato dalle imprese di pulizia e da ditte che offrono servizi di assistenza ed ausiliari specialmente ad anziani.

Sempre nelle province giuliane il commercio al dettaglio e le imprese di *import-export* si servono di maestranze slovene, croate e serbe, che spesso attuano anche l'ambulantato. Quello senza licenza, sia esso porta a porta o lungo le strade e le spiagge, a cui si dedicano gli Africani, è poco diffuso in Regione e, comunque, interessa per lo più la provincia di Udine.

Pure i camionisti vengono reperiti tra Sloveni e Croati e più recentemente anche fra coloro che provengono dall'Europa orientale. Sempre ex-iugoslava è la manodopera delle imprese edili di Trieste e di Gorizia.

Gli immigrati del Terzo Mondo vengono occupati in lavori pesanti e

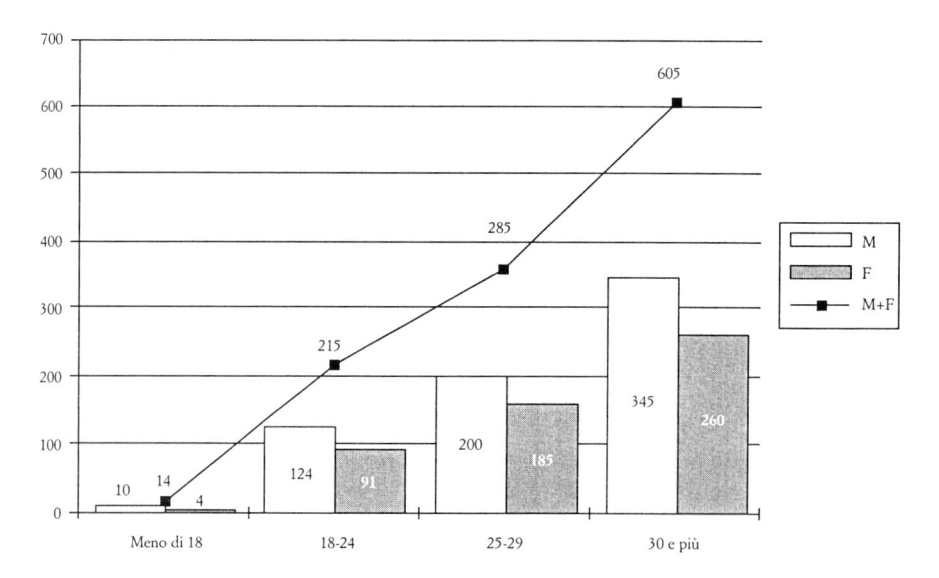

Fig. 2 – Cittadini extracomunitari iscritti alle liste di collocamento per classi di età e sesso (I trimestre 1992)

Fonte: Uffici Provinciali del Lavoro e MO.

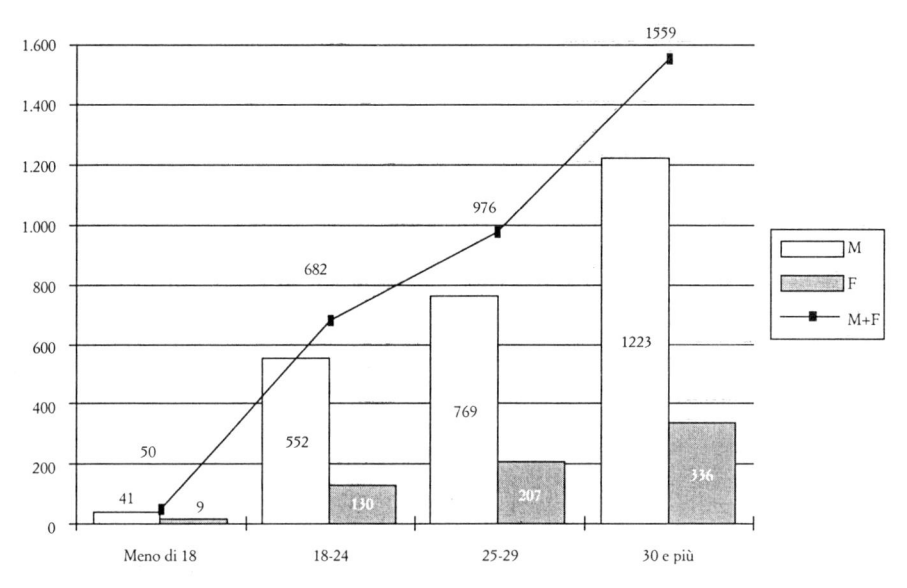

Fig. 3 – Avviamenti al lavoro a favore di cittadini extracomunitari distinti per sesso e classi di età (1.1.1991 – 31.3.1992)

Fonte: Uffici Provinciali del Lavoro e MO.

spesso nocivi nelle fonderie, nelle industrie metalmeccaniche ed in quelle del legno delle province di Pordenone e di Udine. Proprio queste due province recentemente hanno conosciuto un'inversione di tendenza dell'immigrazione africana che da stagionale, saltuaria e di transito sta diventando stabile al pari di quella asiatica e latino-americana.

Gli immigrati extracomunitari, anche se in possesso di un titolo di studio, devono normalmente adattarsi ad occupare i posti lasciati liberi o rifiutati dalla forza-lavoro locale: così sono pochi a poter svolgere attività altamente qualificate. Fanno eccezione coloro che operano per imprese che lavorano a livello transnazionale o per centri internazionali di studio che trovano la loro collocazione nelle principali città regionali, e particolarmente a Trieste[9].

In questi ultimi anni l'immigrazione extracomunitaria si è ringiovanita: infatti se oggi circa la metà di questi stranieri supera i trent'anni, in un pas-

---

[9] Nella città, capoluogo regionale, operano diversi centri di studio e di ricerca nazionali ed internazionali quali l'Osservatorio Astronomico, l'Osservatorio Geofisico Sperimentale, il Laboratorio di Biologia Marina, il Centro UNIDO di Biotecnologia ed Ingegneria Genetica, il Centro Internazionale di Fisica Teorica, la Scuola Internazionale ed il Collegio del Mondo Unito dell'Adriatico. Inoltre, sempre nell'ambito della ricerca scientifica teorica ed applicata si inquadra l'Area di Ricerca Scientifica e Tecnologica dove si trova anche un grande acceleratore di particelle, la macchina di luce al sincrotone, idoneo per esperimenti finalizzati.

Tab. 6 – Autorizzazioni al lavoro subordinato concesse a cittadini extracomunitari ancora all'estero ai sensi dell'art. 8 legge n. 943/86 per settore produttivo e sesso (I trimestre 1992)

Attività economiche	FVG n.			FVG in %			FVG in %		
	M	F	M+F	M	F	M+F	M	F	M+F
AGRICOLTURA	28	1	29	12,60	0,90	8,70	96,60	3,40	100,00
INDUSTRIA E ARTIGIANATO	128	4	132	57,60	3,60	39,70	96,97	3,03	100,00
Edilizia	57	0	57	25,60	0,00	17,20	100,00	0,00	100,00
Meccanica	37	2	39	16,70	1,80	11,70	94,90	5,10	100,00
Altri	34	2	36	15,30	1,80	10,80	94,40	5,60	100,00
TERZIARIO	66	105	171	29,80	95,50	51,60	38,60	61,40	100,00
Lavoro domestico	1	47	48	0,50	42,70	14,50	2,10	97,90	100,00
Pubblici esercizi	34	30	64	15,30	27,30	19,30	53,10	46,90	100,00
Altri	31	28	59	14,00	25,50	17,80	52,50	47,50	100,00
TOTALE	222	110	332	100,00	100,00	100,00	66,90	33,10	100,00

Fonte: Uffici Provinciali del Lavoro e MO.

Tab. 7 – Autorizzazioni al lavoro subordinato concesse a cittadini extracomunitari ancora all'estero ai sensi dell'art. 8 legge n. 943/86 per nazionalità, settore produttivo e sesso (I° trimestre 1992)

Paese di appartenenza	AGRICOLTURA			INDUSTRIA ED ARTIGIANATO									TERZIARIO									TOTALE		
				Edile			Meccanico			Altri			Lav. Domest.			Pubblici Es.			Altri					
	M	F	MF	M	F	MF	M	F	MF	M	F	MF	M	F	MF	M	F	MF	M	F	MF	M	F	MF
Slovenia	3	0	3	21	0	21	9	0	9	19	1	20	0	10	10	5	5	10	7	23	30	64	39	103
Croazia	1	0	1	1	0	1	6	0	6	5	0	5	0	5	5	10	5	15	6	4	10	29	14	43
Resto ex-jugoslavia	24	0	24	30	0	30	21	1	22	8	0	8	1	10	11	3	0	3	16	0	16	103	11	114
Europa dell'Est	0	1	1	5	0	5	1	0	1	0	1	1	0	7	7	10	18	28	2	1	3	18	28	46
Altri paesi in via di sviluppo	0	0	0	0	0	0	0	0	0	1	0	1	0	14	14	5	0	5	0	0	0	6	14	20
Altri paesi industriali e post-industriali	0	0	0	0	0	0	1	1	1	1	0	1	0	1	1	1	2	3	0	0	0	2	4	6
Totale	28	1	29	57	0	57	37	2	39	34	2	36	1	47	48	34	30	64	31	28	59	222	110	332

Fonte: Uffici Provinciali del Lavoro e MO.

sato non molto lontano questo valore era significativamente più elevato. Dal confronto tra gli iscritti alle liste di collocamento e gli avviati al lavoro non sembra esserci una classe di età privilegiata, mentre ad una comune volontà nella ricerca del lavoro da parte di uomini e di donne pare far riscontro un'occupazione di fatto sostanzialmente maschile, come si evince anche dall'autorizzazione al lavoro subordinato concesso a coloro che sono ancora all'estero (Figg. 2 e 3; Tabb. 6 e 7)[10].

---

[10] Le autorizzazioni al lavoro subordinato concesse agli extracomunitari che risiedono ancora all'estero sono previste dall'art.8 della Legge 943/86. Questo primo fondamentale provvedimento legislativo e la Legge 39/90 vanno a comporre il quadro normativo dell'immigrazione, i cui caratteri sono sostanzialmente di «chiusura» secondo le tendenze UE e di tutti i paesi del Nord del Mondo.

4. Il lavoro degli «irregolari»

Fare la stima degli «irregolari» che esplicano la loro attività lavorativa in «nero» è difficile. I sistemi, comunque, sono diversi e vanno dal sondaggio fra gli stessi immigrati alla ricerca di notizie presso gli esperti e coloro che operano nel mondo del lavoro e dell'immigrazione. Certamente le cose si complicano maggiormente in questa parte d'Italia dove il movimento dei frontalieri è particolarmente vivace e l'uso del lasciapassare per chi vive a ridosso dei confini favorisce ulteriormente questo fenomeno. Infatti il rilascio di questo documento permette una permanenza sul territorio del paese confinante fino a cinque giorni senza l'obbligo di darne comunicazione alle Questure. Così circa l'80% degli Sloveni e Croati presenti sul territorio regionale possono essere considerati frontalieri: questi in maggioranza svolgono lavori senza un regolare contratto, ma non sono certamente da considerare come clandestini. Pochi frontalieri, pur in possesso di un contratto di lavoro e quindi di un permesso di soggiorno, risiedono in Italia solo formalmente in quanto la sera o dopo cinque giorni lavorativi rientrano in famiglia. Il frontalierato nel suo complesso invece che favorire o semplificare i rapporti di lavoro, li rende più complessi, incrementando il lavoro in «nero».

Fra gli esempi più significativi troviamo le *colf* ed i giardinieri che lavorano nelle province di Trieste e di Gorizia, ma anche in quella di Udine, e sono costituiti da frontalieri provvisti di lasciapassare, che prestano servizio sia ad ora che a giornata o mese. Solo pochi di questi lavoratori appaiono nelle liste di collocamento o sono assunti regolarmente. Le donne di servizio prestano la loro opera anche in più famiglie e nella migliore delle ipotesi solo una di queste versa i contributi. Ma è proprio la circolare 156 del 29/11/91 del Ministero del Lavoro che, prevedendo per le collaboratrici domestiche assunte con regolare contratto quanto segue: «... devono essere loro pagati i contributi previdenziali per quaranta ore settimanali, il lavoro deve essere svolto presso un solo datore di lavoro e deve essere mantenuto dal lavoratore per almeno ventiquattro mesi prima di poter cambiare settore produttivo», favorisce, per la sua scarsa elasticità, il sommerso nell'ambito di questa realtà lavorativa. Infatti buona parte di queste lavoratrici presta la sua opera per alcune ore alla settimana e non ha interesse ad essere regolarizzata. Ciò è ulteriormente favorito dal fatto che i rapporti tra datore di lavoro e lavoratore passano attraverso contatti personali oppure sono mediati da parenti o conoscenti.

Anche il settore degli autotrasporti vede l'impiego di manodopera irregolare. Infatti, secondo le fonti di categoria, questa presenza viene quantificata in circa un terzo dei camionisti effettivi. Il loro numero in questi ultimi anni si è ridimensionato per il desiderio da parte di questi immigrati di un lavoro continuativo: infatti ottenere un permesso di soggiorno per chi vuole svolgere questa attività in modo saltuario è impossibile. Comunque ci sono ancora molti disponibili a lavorare in «nero», anche perché vengono assunti come secondi autisti nei viaggi internazionali. In ogni caso il camionista straniero è particolarmente richiesto sia per la preferenza dei camionisti italiani a viaggiare solo in Italia, non essendo economicamente conveniente andare all'estero, sia per la loro disponibilità, anche se assunti regolarmente, a svolgere il doppio delle ore contrattate e ad accettare il compenso fuori busta. Sono disponibili, quindi, ad un lavoro particolarmente pesante, per cui, almeno per ora, non c'è attrito con i camionisti italiani. Hanno una cultura media, parlano sloveno, serbo-croato, italiano, e spesso sanno esprimersi anche in qualche altra lingua europea. Dopo alcuni anni di questa stressante attività lavorativa, che però permette loro degli elevati guadagni in quanto lo stipendio è quello italiano, normalmente tendono a svolgere lavori meno pesanti non sempre nel paese di origine, ma anche in Italia.

Consolidata, a Trieste, è la presenza di ex-Iugoslavi nell'edilizia, specialmente Serbi, a causa della loro specifica capacità professionale. I «regolari» normalmente vengono assunti dalle grandi imprese, mentre quelle minori ed artigiane si avvalgono solitamente di manodopera disponibile a lavorare in «nero». Questa, numerosa, per la stragrande maggioranza proviene dalle zone a ridosso del confine e si muove con il lasciapassare. La costante presenza di un gran numero di irregolari nel settore è facilitata dai pochi controlli esistenti, dai continui spostamenti dei cantieri e dalle innumerevoli imprese artigiane presenti sul mercato che si avvalgono del loro lavoro per ristrutturazioni interne ed esterne di abitazioni, dove normalmente il lavoratore straniero viene poco notato.

Per quanto riguarda il numero dei regolari esso da alcuni anni è stazionario ed il *turn-over* avviene sulla base delle conoscenze personali della stessa manovalanza impiegata. Spesso in questo settore ci troviamo di fronte a vere e proprie forme di *caporalato*, dove alcune contrattazioni di lavoro avvengono in determinate piazze e *bar* della città di Trieste.

Infine anche gli stranieri addetti ai negozi, *bar* e servizi stagionali sono quasi sempre frontalieri non in regola con la normativa relativa al lavoro subordinato. Queste attività economiche, ed in particolare per le città di Trieste e Gorizia quella relativa al commercio al dettaglio, sono molto sensibili non solo all'andamento del mercato, ma risentono esplicitamente delle situazioni socio-politiche dei paesi confinanti. Un settore, quindi, che per il suo carattere di grande «elasticità» trova situazioni ottimali nel lavoro in «nero» dei frontalieri.

5. *Conclusioni*

I dati ufficiali, le conoscenze personali e, ancora di più, le testimonianze dei soggetti privilegiati permettono una serie di osservazioni atte ad ipotizzare anche alcuni comportamenti futuri del fenomeno stesso.

Pur essendo sottostimati i valori relativi agli stranieri presenti in Regione – è sufficiente pensare a tutti coloro che utilizzano il lasciapassare – il fenomeno sembra mantenersi sostanzialmente costante nell'arco degli anni

Ottanta. Infatti l'incremento medio annuo degli stranieri ivi residenti è stato valutato intorno al 4%[11], ma questo aumento deve in parte essere attribuito ai diversi provvedimenti legislativi che, nella lotta alla clandestinità, spingevano alla regolarizzazione.

L'attenta applicazione della Legge 39/90 potrà certamente controllare i futuri flussi d'immigrazione e la presenza degli stranieri regolari, inoltre la congiuntura economica, attualmente negativa e senza prospettive di rapido miglioramento, costituirà, almeno parzialmente, un deterrente a questi movimenti in entrata.

La composizione etnica degli stranieri presenti in Regione sarà ancora caratterizzata dalla predominanza degli ex-Iugoslavi, che continueranno ad avere una netta preponderanza sugli altri gruppi. Probabilmente, nel breve e medio termine, l'unico incremento possibile, escludendo gli eventuali arrivi di profughi o rifugiati, sarà quello determinato sostanzialmente da cittadini Croati della minoranza italiana che, grazie alla Legge 423/91, potranno con più facilità raggiungere il territorio italiano[12]: fino ad oggi i casi verificatisi denunciano, però, valori numerici insignificanti e si evidenziano per la giovane età degli interessati che ad un buon livello d'istruzione contrappongono una scarsa, se non nulla, capacità ed esperienza lavorativa.

In Regione la presenza di rifugiati politici supera di poco il migliaio di persone e concerne Albanesi, qui giunti prima del marzo 1990[13], Rumeni arrivati nel 1991 e alcuni Serbi, Bosniaci e Croati provenienti dai territori dove maggiori erano le ostilità. Proprio a riguardo degli Albanesi e dei Rumeni difficile si è dimostrato ed ancora si dimostra il loro inserimento nel mondo del lavoro: trattasi per lo più di persone di buon livello culturale che nel loro paese detenevano posizioni di prestigio e comunque dirigenziali e che male si adattano a quelle attività, più umili, che il locale mercato del lavoro lascia disponibili. Un eventuale inasprimento del conflitto balcanico potrà essere la causa di numerose richieste di asilo politico, che saranno

---

[11] Nel 1981 gli stranieri residenti nel Friuli-Venezia Giulia risultavano essere 5.000, negli anni successivi dal 1986 fino al 1989, rispettivamente 5.500, 6.200, 7.100 e 7.600. Sulla base dei dati provvisori del Censimento del 1991 i residenti venivano valutati in 7.134 mentre i temporaneamente presenti erano 6.645, per un totale, quindi, di 13.779 stranieri. Relativamente ai soli residenti l'incidenza di questi sulla popolazione regionale è del 6‰, valore sensibilmente superiore a quello medio nazionale (4,1‰). Buona parte di questi immigrati risiedono nei capoluoghi di provincia, specialmente a Trieste (67%).

[12] Questa legge prevede per gli ex-Iugoslavi che dimostrino di essere di nazionalità italiana il rilascio automatico di un foglio di soggiorno da parte delle Questure. Questo documento permette loro di iscriversi nelle liste di collocamento. A tutt'oggi molti di questi permessi già concessi non vengono utilizzati dagli interessati, che li trattengono nell'attesa di qualche opportunità di lavoro ma per lo più per disattendere al servizio di leva o ad un'eventuale chiamata alle armi che per i nostri connazionali della Croazia potrebbe voler dire una partecipazione agli eventi bellici in atto.

[13] Questi Albanesi sono per lo più arrivati in Italia con un visto turistico rilasciato, a pagamento, dal loro Paese.

ancora maggiori se l'Istria croata e la Slovenia non potranno o non vorranno più occuparsi dei profughi che arrivano dalle zone di guerra.

L'immigrazione dal Terzo Mondo, che dovrebbe rallentare per la mancanza dei principali fattori d'attrazione di tipo economico, potrà attingere livelli maggiori se le spinte espulsive determinate da sottosviluppo e sovrappopolamento non diminuiranno d'intensità. In ogni caso la principale direttrice di questi arrivi continuerà ad essere quella verso le province di Udine e di Pordenone, dove più significativo è il settore produttivo relativo alle attività industriali ed artigianali e dove meno numerosa è l'immigrazione proveniente dai limitrofi paesi balcanici.

Prevedere il comportamento, nel medio e lungo termine, della mobilità internazionale delle popolazioni che abitano i paesi dell'Europa dell'Est non è facile. Lo sviluppo quantitativo dell'emigrazione dipenderà sostanzialmente dal grado di democratizzazione raggiunto, dalla qualità e dal livello di trasformazione economica attuata e, infine, dalla riuscita delle numerose cooperazioni produttive iniziate con il Mondo Occidentale. Un fallimento di questi presupposti darebbe vita ad un abnorme movimento verso l'Europa Occidentale, coinvolgendo così anche l'Italia ed in particolare il Friuli-Venezia Giulia a causa della sua peculiarità di regione di frontiera, già luogo storico di arrivo di popolazioni slave.

Si definiscono sempre più i caratteri comunitari del fenomeno immigratorio ed è proprio in quest'ambito territoriale che si dovranno ricercare le soluzioni economiche e legislative. L'emergenza e l'eccezionalità sono ormai momenti del passato e le risposte dei sistemi politico-sociali dovranno coordinarsi tra loro pur considerando le diversità proprie e quelle relative ai soggetti, ai processi ed alle modalità del fenomeno stesso. Quindi è realistico pensare, anche in questo momento di congiuntura economica particolarmente negativa, ad un mercato del lavoro ordinato allo scopo di poter assorbire anche manodopera straniera non solo per far fronte a lavori e mansioni sgraditi ai lavoratori locali, ma anche per fini socio-umanitari.

In questo scenario i paesi economicamente avanzati, fra i quali l'Italia, dovranno calibrare ed organizzare gli afflussi auspicati o accettati, mentre quelli indiscriminati e massicci delle migrazioni clandestine dovranno essere fortemente scoraggiati. Inoltre non potrà essere trascurata una significativa azione idonea a favorire lo sviluppo economico dei paesi repulsivi, affinché si verifichi qui una crescita occupazionale almeno parziale.

Nel caso specifico del Friuli-Venezia Giulia, dove l'immigrazione è sostanzialmente caratterizzata da popolazioni slave, fra le quali emergono Sloveni e Croati, è auspicabile che proprio le neocostituite repubbliche di Slovenia e Croazia concretizzino nel più breve tempo possibile un sistema economico di tipo occidentale, sempre più aperto verso l'esterno e sempre più integrato in ambito comunitario. Ciò porterebbe certamente ad una vivacizzazione del loro mercato del lavoro e quindi ad una probabile riduzione della pressione migratoria presente in Regione, almeno per quanto riguarda il fenomeno degli immigrati residenti.

Nel frattempo l'ERMI, cioè l'Ente Regionale per i Problemi dei Migranti[14], dovrà meglio svolgere il suo compito istituzionale inerente ad attivare, promuovere e coordinare tutte quelle iniziative atte a elevare il livello culturale e professionale degli stessi immigrati. Proprio la nascita di questo Ente ed i dispositivi messi in essere dalla Legge 39/90, hanno permesso la costituzione di alcuni centri di accoglienza ed assistenza il cui operato però rimane sostanzialmente marginale. Infatti sono ancora le organizzazioni religiose, quali la Caritas, a cui in questi ultimi anni si sono aggiunte associazioni laiche di volontari, che si assumono gran parte di quel lavoro di prima assistenza e d'informazione particolarmente utile ad ogni singolo immigrato.

Poco è stato fatto a livello locale anche se la situazione non è drammatica come in altre regioni italiane. Infatti non ci troviamo di fronte a speciali attriti e forti tensioni fra le popolazioni ivi residenti e gli immigrati, vuoi per le origini sostanzialmente europee di quest'ultimi, vuoi perché un buon numero di essi non soggiornano in Regione, dando così vita ad un intenso pendolarismo, giornaliero o di fine settimana, con le vicine repubbliche di Croazia e Slovenia. Inoltre, proprio per la posizione geografica di frontiera e per la storia di queste terre, gli autoctoni, conoscendo le realtà derivanti dalla multietnicità, godono di una particolare e quasi atavica sensibilità sulle problematiche che scaturiscono dalla presenza in uno stesso ambito territoriale di più culture. Perciò, quindi, possiedono, probabilmente, una più matura visione del fenomeno, che si manifesta in tutta la sua concretezza e nelle sue numerose contraddizioni proprio nei momenti di ristagno economico e crisi sociale.

L'attuale recessione economica non ha certamente risparmiato il Friuli-Venezia Giulia ed in particolare le province di Gorizia e di Trieste, dove l'industria è da tempo assistita. Inoltre forte è stata in questi territori a ridosso dei confini la contrazione del commercio a causa, anche, delle ultime vicende belliche. Nonostante la riduzione dell'occupazione e l'aumento della disoccupazione la regione si evidenzia ancora per un tenore di vita più che buono. Questa è certamente una causa che determina l'arrivo di stranieri, ma anche altri sono i motivi quali la struttura demografica e l'assetto socio-culturale. La Regione, come già scritto nella premessa, vive, infatti, un preoccupante calo demografico, specialmente nella provincia di Trieste dove l'indice di vecchiaia supera quello medio nazionale e regionale ed è doppio rispetto a quelli delle province friulane; il tasso di fecondità, poi, è uno dei più bassi in Italia. Ne consegue una riduzione sia di soggetti in età scolare sia dei giovani in cerca di prima occupazione, questi ultimi appartenenti alla fascia di età 14-18 anni il cui numero scende a motivo dell'alto tasso di scolarità della

---

[14] L'ERMI è stato costituito con Legge Regionale 46/90 e si propone di rendere effettivi il diritto al lavoro e l'elevazione culturale-professionale di tutti i migranti. Inoltre, l'istituzione si attiva per far aprire, da parte degli enti locali, centri di accoglienza e assistenza possibilmente distribuiti sul territorio in base alle reali necessità.

regione, tasso superiore a quello nazionale. Viene così a trovarsi sul mercato del lavoro una manodopera altamente qualificata e specializzata che non trova completa collocazione in ambito regionale. Vi è però bisogno anche di maestranze non qualificate, disponibili per lavori pesanti e spesso poco agevoli. Ed è proprio questo segmento del mercato del lavoro, che nasce dall'indisponibilità e dall'assenza della manodopera locale, a mettere in atto il processo immigratorio.

Questo processo, infine, continuerà senza creare particolari tensioni sociali fino a quando, nell'ambito della «ricerca del lavoro», potrà perpetuarsi il *wait unemployment* dove il disoccupato rifiuta il posto di lavoro in attesa di un altro migliore o meglio retribuito. Un'analisi costo-opportunità che gli viene permessa dalla possibilità economica di attendere, grazie, cioè, alle famiglie che sono in grado di mantenere i figli ben oltre gli antichi limiti dell'adolescenza.

BIBLIOGRAFIA

AA.VV., *Aspetti economici dell'immigrazione in Italia*, Milano, F. Angeli, 1990.
ID., *Italia, Europa e nuove immigrazioni*, Torino, Ed. Fondaz. G. Agnelli, 1990.
ID., *Atti della Conferenza Internazionale sulle migrazioni*, Roma, Editalia, 1991.
ID., *Atti del Convegno «Politica regionale e accoglienza»*, Udine, Ente Reg. per i Problemi dei Migranti (ERMI), 1992.
ARENA G., «Lavoratori stranieri in Italia e a Roma», in *Boll. SGI*, 1, 1982.
BATTISTI G., *Una regione per Trieste. Studio di geografia politica ed economica*, Univ. di Trieste, Ist. di Geogr., Fac. di Econ. e Comm. Udine, Del Bianco Ind. Graf., 1979.
BIRINDELLI A., «Immigrati legali ed illegali», in *Dossier Europa Immigrazione*, settembre, 1985.
BUZZETTI L., «Movimenti migratori a carattere regionale», in Valussi G. (a cura di), *Italiani in movimento*, Pordenone, GEAP, 1978.
CARITAS DIOCESANA DI CONCORDIA E PORDENONE, *Immigrazione e dinamica demografica nel Veneto e nel Friuli-Venezia Giulia*, Pordenone, 1992.
CASSA DI RISPARMIO DI TRIESTE – BANCA SpA, *Panorama del Friuli-Venezia Giulia*, Trieste, Tip. Moderna, 1993.
CENSIS, *Migrare ed accogliere. I percorsi differenziati dell'integrazione*, Roma, Editalia, 1990.
ID., *Immigrati e società italiana. Conferenza nazionale dell'immigrazione*, Roma, Editalia, 1991.
COCCHI G. (a cura di), *Stranieri in Italia. caratteri e tendenze dell'immigrazione dai paesi extracomunitari*, Bologna, Misure & Materiali di Ric. Ist. Cattaneo, 1990.
CODISTAT, *Previsioni demografiche analitiche 1990-2025*, Trieste, Reg. Aut. Friuli-Venezia Giulia, 1992.
CORNA PELLEGRINI G., «Squilibri economico-politici europei e movimento dei lavoratori frontalieri nella regione alpina», in Corna Pellegrini G., *Geografia e politica del territorio*, Milano, Vita e Pensiero, 1974.
DE SANTIS G., «Migrazioni e mobilità in Italia», in *Riv. Geogr. It.*, 93, 1986.

DE SANTIS G., SARACENO E., *I movimenti migratori nel quadro della politica territoriale*, Udine, CRES, 1990.
DONATO C., NODARI P., «L'immigrazione di manodopera jugoslava in Italia», in Valussi G. (a cura di), *Italiani in movimento*, cit.
ENTE REGIONALE PER I PROBLEMI DEI MIGRANTI (ERMI), *Indagine conoscitiva sull'immigrazione extracomunitaria nel Friuli-Venezia Giulia*, Udine, Reg. Aut. Friuli-Venezia Giulia, 1992.
ID., *Legislazione regionale e nazionale in materia di immigrazione*, Udine, cit., 1992.
ID., *Programma annuale 1993 degli interventi regionali per gli immigrati*, cit., 1992.
FERRAUTO M., ORVIATI S., «La presenza straniera nel Friuli-Venezia Giulia», in *Studi Emigrazione*, 91-92, 1988.
GENTILESCHI M.L., *Geografia della popolazione*, Roma, NIS, 1991.
IRTEF, *I pregiudizi verso gli immigrati*, Udine, ERMI, 1992.
ISTAT, «Gli immigrati presenti in Italia: una stima per l'anno 1989», in *Note e Relazioni*, Roma, 1991.
ID., «La presenza straniera in Italia: analisi statistica dei dati sui permessi di soggiorno, anni 1989-90», in *Notiziario ISTAT*, Roma, 1991.
ID., «I consumi delle famiglie. Anno 1990», in *Collana d'informazione*, Roma, 1992.
ID., «La distribuzione quantitativa del reddito in Italia nell'indagine sui bilanci di famiglia», in *Collana d'informazione*, Roma, 1992.
MONTANARI A., «Migrazioni Sud-Nord: la situazione italiana nel contesto della regione mediterranea», in *Boll. SGI*, 1, 1993.
MORELLI U. (a cura di), *Movimenti migratori e mercati del lavoro*, Milano, F. Angeli, 1981.
NATALE M., «Immigrazione straniera in Italia: consistenza, caratteristiche, prospettive», in *Polis*, 1, 1990.
NERI F., ORVIATI S., «La presenza straniera nel Friuli-Venezia Giulia», in *Studi Emigrazione*, 82-83, 1986.
NOVACCO R., LENA D. (a cura di), *Aspetti dell'immigrazione straniera nel Friuli-Venezia Giulia*, Trieste, Centro Studi Economico-Politici «Ezio Vanoni», 1992.
ORVIATI S., «Presenza straniera nel Friuli-Venezia Giulia», in *Studi Emigrazione*, 71, 1983.
PINDER D. (a cura di), *Western Europe: Challenge and Change*, Londra/N.Y., Belhaven, 1990.
PUGLIESE E., «Gli immigrati nel mercato del lavoro», in *Polis*, 1, 1990.
VALUSSI G. (a cura di), *Italiani in movimento*, Pordenone, GEAP, 1978.
XXI SECOLO (Studi e Ric. della Fondaz. G. Agnelli), *Le migrazioni dall'Est*, 2, 1992.

Graziano Rotondi*

GLI EXTRACOMUNITARI NEL VENETO: UN'IMMIGRAZIONE 'DIFFUSA' PER UN MODELLO PRODUTTIVO 'DIFFUSO'

Riassunto. Il Veneto non si propone come una regione omogenea da un punto di vista economico: all'area forte centrale si oppongono aree marginali piuttosto deboli sotto l'aspetto strutturale. È verso la prima che si dirigono i nuovi flussi immigratori ma, diversamente dal resto di gran parte d'Italia, non sono le aree urbane i protagonisti di questo flusso, bensì i comuni rurali minori del Veneto centrale dove sono localizzate le tipiche industrie diffuse del classico modello NEC. Se ne evince come qui sia il settore secondario il fattore di maggior richiamo. Alcuni lavoratori sono clandestini, ma paradossalmente la loro condizione rende loro più facile trovare lavoro in confronto ai regolari, a motivo della presenza di un'economia «in nero».

Summary. From an economic point of view in the Venetian region we can distinguish between a strong central area and structurally weak marginal areas. Nowadays immigrants tend to prefer the central part of the region but unlike the majority of other Italian regions they are not attracted to the urban areas but by small industries in the rural communes, in accordance with the «Third Italy» economic model. The secondary sector is the most attractive. Some of these workers are clandestine and paradoxically it is easier for them to find a job than regular workers because of the presence of a black economy, i.e. factories operating beyond the limits of legality.

1. *Premessa: Una geografia al condizionale*

Nonostante la relativa novità con cui si è espresso, esiste ormai una cospicua letteratura sulle forme attuali del fenomeno immigratorio in Italia[1] e una peculiarità sembra accomunare questi lavori spesso così lontani tra loro per tipo di approccio: la consapevolezza di trattare un fenomeno che si articola su due piani, uno palese e ufficiale a fronte di un altro, meno noto e commensurabile, le cui dimensioni e caratteri sono tutt'altro che definiti e definibili[2]. Ciò è ancor più vero quando si voglia seguire un percorso che,

---

* Dipartimento di Geografia dell'Università di Padova.

[1] L'ISTAT in «Gli immigrati presenti in Italia – una stima per l'anno 1989», in *Note e Relazioni*, 1, Roma, 1991, p. 76 e ss., «... *senza alcuna pretesa di esaustività*» segnalava 499 titoli.

[2] Cfr. ISTAT, «Analisi delle fonti statistiche per la misura dell'immigrazione straniera in Italia: esame e proposte», in *Note e Relazioni*, 6, Roma, 1989. Si fa inoltre rimando al puntua-

dilatando la scala, intenda indagare su una realtà territoriale, nello specifico quella veneta, dai contorni spaziali e strutturali ben delineati, che richiedono informazioni puntuali e il più possibile attendibili. Ma il fenomeno migratorio per sua natura non assicura alcuna di queste garanzie, organizzato com'è su una fitta trama di variabili di difficile interpretazione poiché sono riferite a segmenti di popolazione piuttosto variegata per provenienza e cultura, caratterizzata da una forte mobilità e da un'altrettanto elevata precarietà nel rapporto con il mondo del lavoro e con la residenza. Fatti questi che si amplificano in modo abnorme se riferiti a quella porzione di marginalità rappresentata dai «clandestini» e la cui quantificazione non può che dare esiti contrastanti, inaffidabili e datati, complicando un quadro già di per sé di difficile soluzione. Se poi si aggiunge che un'economia periferica, qual è considerata quella veneta, ha attinto e tuttora attinge al «sommerso», non sarà così semplice evincere realistici nessi tra immigrazione e occupazione[3]. Ma l'argomento è di notevole interesse e di innegabile peso: pertanto lo si affronterà magari ricorrendo a un più assiduo uso del condizionale, che non fa richiamo a questioni lessicali ma alla prudenza che la tematica impone, leggendo il tutto come indicativo e non esaustivo di un fenomeno dalle dimensioni ancora contenute, che però rivela segni inequivocabili di espansione e irreversibilità.

2. *Immigrazione e territorialità*

Generalmente si guarda al Veneto come ad una regione dai forti caratteri di omogeneità sia strutturale che culturale, sicuramente ereditati dalla storia[4] e le cui tracce sono tuttora leggibili nell'organizzazione degli spazi, non solo rurali: momenti da cui sono poi scaturite non poche premesse all'instaurarsi di quel modello di sviluppo 'diffuso' riferito agli aspetti insediativi e produttivi.

Ad una disamina più attenta si noterà come tale peculiarità sia più pertinente al Veneto centrale, dotato di un'armatura urbana policentrica e poco gerarchizzata, dove città di rango e dimensioni via via minori si distribuisco-

---

le intervento di Colasanto, *Aree critiche della ricerca sociologica sull'immigrazione extracomunitaria in Italia*, in Bergnach e Sussi (a cura di), 1993, pp. 91-104.

[3] Appare molto significativo il passo: «*... in questa luce è necessario controllare i segmenti di domanda "non regolare" o "sommersa" di immigrati. Tale controllo è apparso tutt'altro che facile. Per realizzarlo efficacemente occorre trovare la via per controllare l'economia sommersa*»; sta in Frey, 1992, p. 10.

[4] Altamente aggreganti sono state due dominazioni molto simili, quella romana prima e quella veneziana poi. Sviluppatesi per periodi lunghi e relativamente pacifici, si sono potute esprimere, tra l'altro, in una maggiore propensione per la cura del territorio, tradotta in intense opere di bonifica integrale, nella diffusione della casa sparsa e in un'armonica armatura urbana in perfetta osmosi col territorio circostante (Mancuso e Mioni, 1979).

no armonicamente su un tessuto di dimore sparse, impostato su una maglia poderale di micro aziende a conduzione diretta, dalla trama piuttosto fitta.

Non altrettanto si può dire per il Veneto della montagna da un lato, o delle basse terre polesane della bonifica recente, della grande proprietà capitalistica e del bracciantato dall'altro, ambedue aree di intensa emigrazione giusto in quegli anni Cinquanta-Sessanta che vedevano la regione protagonista, dopo Lombardia e Piemonte, nel processo d'industrializzazione del Paese (IRSEV, 1985). Si tratta di differenziazioni sottese a squilibri territoriali che, sebbene in toni più smorzati, sussistono ancora, pure all'interno di una medesima provincia, e pertanto impongono un ridisegno della variegata realtà regionale per aree omogenee[5]; è a questa più pertinente base cartografica che si preferisce dunque fare riferimento, nella consapevolezza delle strette correlazioni tra immigrazione e territorialità.

In termini demografici gli anni Settanta sono stati per l'Italia il momento di importanti inversioni di tendenza (Dagradi, 1986), sia per il movimento naturale della popolazione, dal momento che prende definitivo avvio il declino della fecondità (Brunetta e Rotondi, 1989), sia per il movimento migratorio, espresso tanto dal fenomeno dei rientri (Gentileschi e Simoncelli, 1983) che da nuove forme di arrivi. Per quanto attiene a quest'ultimo aspetto, nel Veneto, sebbene solo alla fine degli anni Ottanta «... *la società regionale nel suo insieme prenda coscienza della presenza extracomunitaria entro i suoi confini...*» si leggano i primi studi sul fenomeno e si vari pure una specifica legge regionale, quella sugli *Interventi nel settore dell'immigrazione* (Castegnaro, 1990, pp. 22-31), pur tuttavia già dagli anni Settanta «... *si ebbero i primi arrivi grazie all'opera di alcuni baroni dell'Ateneo patavino che, dopo aver tenuto corsi all'Università di Mogadiscio, tornavano a casa con la domestica negra...*» (Bacchet, 1981, p. 20). Aldilà dell'ironia l'A. stesso intuiva più profonde motivazioni nel richiamo delle straniere in una regione da sempre bacino di manodopera nel settore domestico: l'offerta non era in grado di soddisfare la domanda allorché l'industria si consolidava e si diffondeva nei comuni rurali minori dell'area centrale, attirando in fabbrica quelle potenziali *colf* non più disposte a vivere senza orario né potere contrattuale in famiglie estranee; semmai i nuovi rapporti di lavoro si sarebbero gestiti in termini di *part-time*. Se la presenza di venditori di tappeti dal Marocco appariva, evidente più per il folclore che per l'intensità con cui si esplicava, del tutto inosservata – mancando di particolari specificità cromatiche – ma numericamente più significativa, era la componente di slavi occupati nel ramo delle costruzioni, nelle fonderie o in aziende metalmeccaniche alcune di esse operanti ai limiti del legale. È forse questo il vero motivo del loro passare inosservati: basti considerare che ai padroni simile forza-lavoro costava meno della metà di quella autoctona essendo gente disposta a tutto, anche a subire

---

[5] Cfr. Regione del Veneto – IRSEV, «Il sistema insediativo veneto», in *Veneto Documenti*, Quad. 1, PTRCV, Venezia, 1978. Le 12 aree individuate sono elencate nella tab. 1.

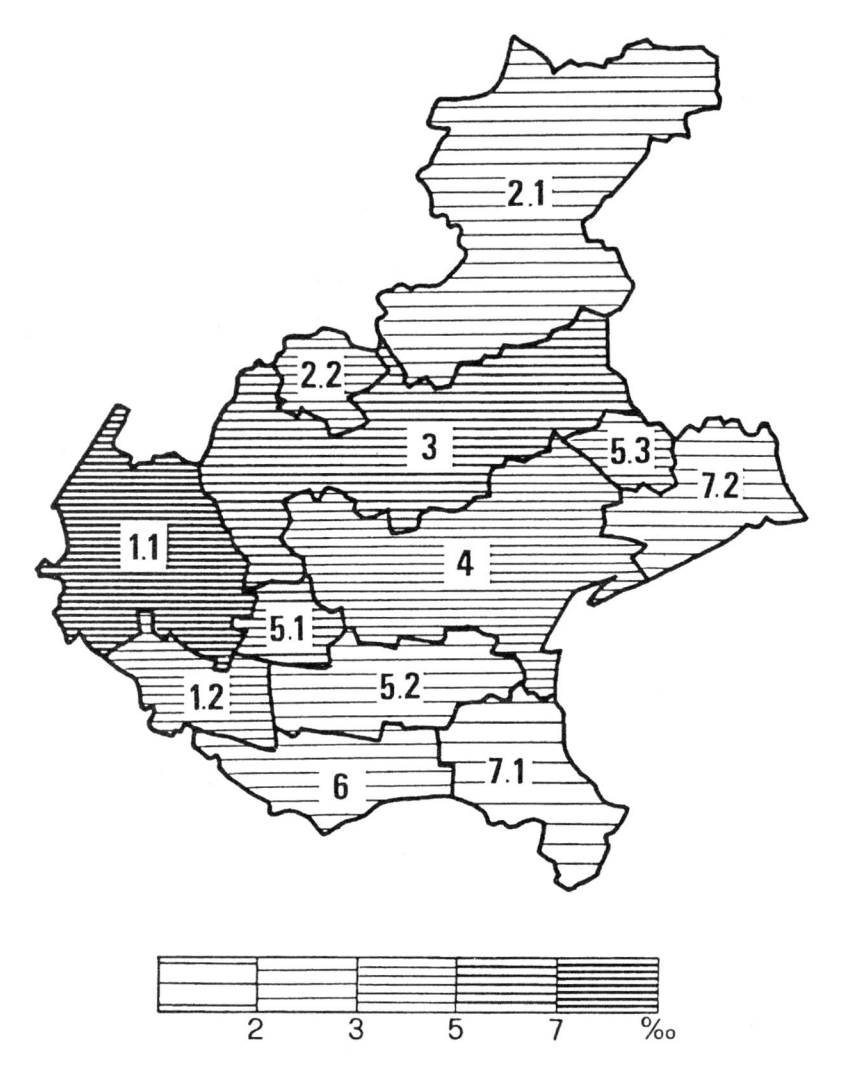

Fig. 1 – La presenza extracomunitaria nel Veneto per aree omogenee al 1991 (val. per 1000 abitanti)

Fonte: elaboraz. dati Regione del Veneto, 1992.

pesanti ricatti, pur di guadagnare il più possibile e nel più breve tempo, per tornarsene poi a casa, nelle aree interne dell'ex-Iugoslavia; il *turnover* era necessariamente notevole come pure l'isolamento rispetto al contesto sociale (*idem*, p. 31). Tutto ciò a riprova del fatto che, al suo primo apparire, erano i caratteri di marginalità e precarietà a connotare l'immigrazione nel Veneto.

3. *Immigrazione e strutture produttive: la particolarità di un modello di sviluppo diffuso*

Pur consolidandosi nel tempo, il fenomeno nella regione non ha mai perduto quei caratteri di estemporaneità e subitaneità che le indagini disponibili, segnatamente quelle condotte dalla Fondazione Corazzin (1989, 1990), hanno sottolineato unanimemente. A fine anni Ottanta la presenza extracomunitaria sembrava aver acquisito vesti specifiche e, in linea con il resto del Paese, era ormai il segmento extraeuropeo a prevalere sul contingente di origine slava, pur sempre peculiare e rappresentativo della nostra regione non foss'altro che per la relativa vicinanza fisica. Ma se dapprima si trattava soprattutto di soggetti provenienti dall'Africa guineiana, tipico esempio i Ghanesi, che costituivano pure una forza-lavoro abbastanza qualificata e con titoli di studio non di rado medio-alti[6], l'elemento di rottura sta nel fatto che, nel giro di un paio d'anni, a prevalere è il flusso della componente maghrebina costituita da giovani con livelli di scolarizzazione e un profilo professionale piuttosto basso. Altra novità di rilievo è che sono mutati i *percorsi migratori*: da ora il Veneto diviene terra di prima immigrazione e tale fatto, sommato alla repentinità e inattesa intensità dei flussi, acuisce una situazione già di per sé grave, data l'impreparazione a fronteggiare il problema dell'inserimento nel mondo del lavoro e quello, non meno pressante, dell'alloggio.

All'esigenza di una pur approssimativa quantificazione (Tab. 1) si è trovata risposta nell'indagine del '91 condotta, comune per comune, dal CRIACPV-IRSEV, sulla base delle registrazioni anagrafiche (Regione del Veneto, 1992). Oltre che per la notevole affidabilità, essa torna utile in quanto, nell'universo extracomunitario, considera solo il segmento giunto in Italia al preciso scopo di reperire un lavoro; aree di provenienza sono Paesi euro-orientali e/o extracomunitari che, in base agli usuali indicatori socio-economici vengono annoverati tra i Paesi in via di sviluppo, così come suggerito in ISTAT (1991) e nella Conferenza Internazionale sulle Migrazioni (Presidenza del Consiglio dei Ministri e OCSE, 1991).

Il quadro regionale che ne emerge assume interessanti toni di specificità; se alla data del rilevamento in Italia la presenza extracomunitaria si aggirava su valori intorno a 1,4 ogni 100 abitanti qui, con 21.344 regolari, non si superava il mezzo punto percentuale: probabilmente l'indice più basso di tutto il Centro-Nord (Regione del Veneto, 1992, p. 13). Ma più del dato è peculiare il *pattern* distributivo del fenomeno che, come rappresentato in fig.1, non sembra seguire i criteri che si riscontrano in altri contesti regionali. Destinazione dei flussi immigratori non sono le aree metropolitane come

---

[6] Spesso sapevano già esprimersi in italiano e avevano idee chiare e chiari progetti da realizzare; per loro «... *il Veneto era terra di seconda immigrazione a cui arrivavano dopo un periodo di permanenza in Italia di tre o quattr'anni. La grande maggioranza aveva già lavorato nel nostro paese, soprattutto nel Sud, in mansioni di manovalanza...*» (cfr. Castegnaro, 1990, pp. 27-29).

Tab. 1 – Presenza extracomunitaria nel Veneto per aree omogenee (1991)

		val. ass.	× 1000 ab.
1.1	Alta Veronese	5576	8.7
1.2	Bassa Veronese	510	3.9
2.1	Montagna Bellunese	480	2.2
2.2	Montagna Vicentina	72	3.4
3.	Fascia Pedemontana	6164	6.7
4.	Nucleo Centrale	6164	3.9
5.1	Bassa Vicentina	513	7.0
5.2	Bassa Padovana	562	2.2
5.3	Opitergino	307	4.5
6.	Alto-Medio Polesine	361	2.1
7.1	Basso Polesine	232	1.5
7.2	Fascia Litor. Orient.	403	2.1
	TOTALE REGIONALE	21344	4.8

Fonte: elaboraz. dati Regione del Veneto, 1992.

avviene nella Capitale (ISFOL, 1986), ovvero in Milano, dove la presenza extracomunitaria in rapporto ai residenti è doppia rispetto alla restante parte della provincia (Carvelli, 1991), o come nell'area di Torino che da sola richiama la metà degli stranieri di tutta la regione (Reginato, 1990). Non lo sono neppure i comuni turistici costieri o montani, né le aree a forte specializzazione orticola come più spesso accade nel Mezzogiorno. Qui, contrariamente al resto del Paese, sono le aziende medie e piccole dell'economia diffusa, proprie del modello NEC, a dirottare la manodopera straniera nei comuni minori del Veneto centrale e del Pedemonte, dall'alto Veronese al Trevigiano, vale a dire le aree più dinamiche e con tassi d'industrializzazione tra i più elevati d'Italia; se ne evince che è il settore secondario, dunque, il fattore di maggiore richiamo.

Ciò è desumibile pure tenendo conto dell'immancabile margine di casualità: la presenza o meno di centri di accoglienza, la maggiore o minore disponibilità da parte di organismi religiosi o di privati, l'esistenza di strutture dismesse date in abitazione temporanea dai Comuni sono motivi apparentemente banali, ma spesso determinanti, di una presenza che ha poco da spartire col rapporto residenza-lavoro. Nel ricercare le «regolarità» areali hanno scarso peso le peculiarità dei singoli comuni.

Resta pur sempre da spiegare il fatto immigratorio in un Veneto che ancor oggi manda all'estero forza lavoro. Si tratta però di scenari ben diversi rispetto agli anni Cinquanta: allora, la progressiva industrializzazione dell'area centrale reperiva direttamente in loco, quando anche non «inseguiva», una manodopera a basso costo proveniente dalle campagne che mai ha abbandonato la dimora rurale né la proprietà e curava – e tuttora cura – la terra a *part-time*. Va da sé che il bracciantato della grande azienda capitalistica dell'altro Veneto, quello marginale, nella crisi delle campagne di quegli stessi anni Cinquanta non aveva altra prospettiva che migrare in forma definitiva verso il Triangolo; e non toccava sorte migliore alla forza-lavoro che stava uscendo dall'isolamento delle valli montane, costretta a cercare fortuna nel Nord Europa. Oggi emigra manodopera qualificata che lavora per conto di imprese cantieristiche ed estrattive con contratti a termine, essenzialmente nei paesi petroliferi: un lavoro duro, ben pagato, che indirizza all'estero quell'operaio bellunese che potrebbe forse trovare occupazione non molto lontano da casa. Non è, come un tempo, una questione di «chiusura» fra due mondi contigui; sono altre e più complesse le variabili in gioco, non ultime certe istanze richiamate dal Woods (1986) che, a fronte di un determinato contesto strutturale, pone in rilievo il peso derivante dagli aspetti percettivi del fatto migratorio nel determinare scelte soggettive.

Più situazioni convivono dunque, facce di una stessa realtà, ma con indirizzi ben distinti nel mercato del lavoro che sono causa di paradossi solo apparenti: la domanda più qualificata e gratificante viene totalmente soddisfatta dall'offerta locale; quella marginale, meno appetita, può divenire un *pull factor* nei confronti del lavoratore straniero. Se poi entrano in gioco parametri quali la pericolosità e pesantezza dei «lavori sporchi», allora non è un caso la forte componente extracomunitaria (fino a 51 presenze per mille ab.) in aree ad alta specializzazione produttiva come quelle dell'attività cavatoria del marmo nel Veronese, o dell'industria siderurgica e conciaria nel Vicentino (Regione del Veneto, 1992).

Ciò smentisce la tendenza a enfatizzare, quali fattori di richiamo, i più recenti scenari demografici: crollo delle nascite, invecchiamento della popolazione e un saldo naturale che dal 1983 assume un *trend* negativo: come sempre l'equivoco insorge quando si voglia leggere il Veneto come una realtà compatta. È vistoso, seguendo la suddivisione territoriale già adottata, il divario demografico tra le forti perdite delle aree marginali e le opposte tendenze, con saldi naturali positivi, ravvisabili proprio in quei comuni minori del pedemonte e dell'area centrale veneta più interessati dall'immigrazione. Il crollo della natalità, come causa dei «vuoti» nell'offerta di forza-lavoro non potrà comunque essere chiamato in causa prima della fine degli anni Novanta.

Urge piuttosto porre l'accento su alcuni caratteri strutturali dell'economia veneta: un'economia periferica ormai matura, che da un lato attinge a modelli di sviluppo in cui dimensioni aziendali contenute ed evoluzione tecnologica stanno consentendo capacità innovative e flessibilità inconcepibili in altre situazioni (si ponga mente alla costante crisi della grande industria); dall'originario modello *labour intensive* si è passati dunque a tipologie del genere «misto moderno», più *capital intensive*. Dal lato opposto sussistono unità produttive ascritte al «misto tradizionale» che per sopravvivere e contenere i costi della produzione devono abbattere drasticamente il costo del lavoro (IRSEV, 1986a, 1986b). Ciò può anche significare il ricorso a manodopera marginale o a rapporti di lavoro discontinuo che consentano l'elusione della

Tab. 2 – Graduatoria della presenza extracomunitaria nelle province venete per paese di origine (1991)

	VENETO	VR	VI	BL	TV	VE	PD	RO
1. MAROCCO	5374	1728	1132	125	1187	332	709	161
2. JUGOSLAVIA	2768	409	1519	80	337	110	293	20
3. GHANA	2426	1163	1142	–	73	5	43	–
4. ALBANIA	1782	176	352	128	272	345	314	195
5. SENEGAL	1464	195	474	–	535	105	147	8
6. TUNISIA	645	273	124	25	52	40	129	2
7. NIGERIA	545	207	102	2	57	29	122	26
8. ISRAELE	479	100	9	–	4	21	344	1
9. VIET NAM	476	227	97	17	80	1	46	8
10. ARGENTINA	451	112	91	24	113	35	59	17
11. IRAN	438	57	25	3	45	51	257	–
12. FILIPPINE	392	41	91	6	77	14	163	–

Fonte: elaboraz. dati Regione del Veneto, 1992.

pressione fiscale. L'immigrazione, s'è detto, segue percorsi tutti propri, la cui destinazione sono quegli spazi interstiziali della domanda che la manodopera locale tende a rifiutare. In momenti di recessione, però, lo straniero potrebbe divenire una «risorsa» a cui le imprese più esposte farebbero ricorso, aggravando un processo di informalizzazione tramite il proliferare di rapporti di lavoro di tipo sommerso. Si instaurerebbe allora un meccanismo di attrito tra manodopera locale e straniera in un ambito di concorrenza e conflittualità; né sarebbe positivo per l'immigrato regolare in quanto il sommerso, per sua natura, privilegierebbe i clandestini (Castegnaro, 1990; Frey, 1992). E i recenti fatti di cronaca, pur circoscritti, come la «guerra del pomodoro» accaduti in contesti sociali ed economici di estrema precarietà, pericolosamente già preludono a questi scenari.

Dalla Tab. 2 si evincono interessanti nessi sulle presenze così differenziate nelle nostre province quando si tenga conto dei Paesi di provenienza (ne sono stati considerati solo i 12 più rappresentativi): prevalgono iraniani e israeliani in città universitarie come Padova, ghanesi e nigeriani in province quali Verona e Vicenza dove è forte la presenza di case missionarie attive in terra d'Africa. Gli slavi per tradizione si sono insediati nello Scledense e nell'alto Vicentino. Alla elevata e pressoché ubiquitaria presenza dei marocchini si oppone la scarsità della componente filippina, che è invece molto forte in altre regioni italiane, a riprova della specificità del mercato del lavoro verso cui è dirottata la manodopera straniera nel Veneto[7]. Gran parte dei Paesi di

---

[7] Non sono disponibili per il Veneto dati disaggregati a scala comunale su caratteri strutturali degli immigrati, quali età o settore professionale. Avendo lo scrivente coordinato una ricerca sulla provincia di Treviso se ne anticipano qui alcuni aspetti, che con buon margine di affidabilità possono considerarsi indicativi dell'intero contesto regionale. Secondo il settore economico, al 1991 la popolazione attiva immigrata nella provincia risultava così ripartita: 4%

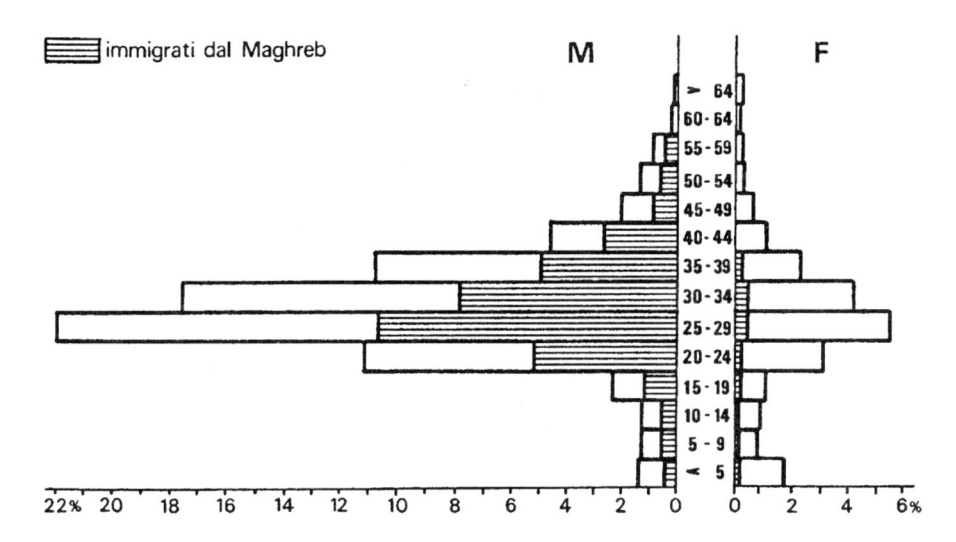

Fig. 2 – Struttura per età degli immigrati nella provincia di Treviso al 1991
Fonte: Uffici Anagrafe dei Comuni della provincia di Treviso.

origine accusano alti tassi di natalità, ora in lenta flessione se si vuole, ma con un serbatoio enorme di popolazione giovane, pronta ad essere immessa nel mercato del lavoro: pressione demografica che diviene pressione migratoria e motivo di tensioni da non sottovalutare.

La piramide della componente straniera nella provincia di Treviso, che a ragione può essere presa a modello per l'intero quadro veneto, nella sua articolazione per sesso e classi d'età (Fig. 2) appare piuttosto eloquente e invita a qualche riflessione: regolari o meno, gli immigrati partecipano a pieno titolo ai cicli produttivi regionali, ufficiali o marginali che siano. Per contro, stante la natura con cui si esprime la loro presenza (si noti la *sex ratio* squilibrata, la mancanza dei vecchi e lo scarso numero di bambini), la domanda di servizi è alquanto contenuta; l'apparato economico della società ospitante non ne trae che benefici a fronte di costi sociali bassissimi. Raramente l'immigrato ricompone qui il proprio nucleo familiare; rientra in patria molto prima di acquisire il diritto all'indennità pensionistica; preferisce non far studiare i figli in Italia e non ricorre alle strutture sanitarie se clandestino; spende per l'alloggio cifre inadeguate allo standard offerto, e così via.

Sembrano dunque riproporsi, anche da noi, situazioni non molto dissimili da quelle che vedevano l'emigrante italiano protagonista in certa parte d'Europa negli anni Sessanta e Settanta, in quel particolare contesto politico,

---

di occupati nel primario, 68% nell'industria, 28% nei servizi, per lo più consistenti nell'ambulantato e in quelle forme di terziario inferiore, spesso ipertrofico e parassitario, che più diffusamente si ritrova nel Terzo Mondo.

economico e sociale così ben delineato da Castles e Kosack (1976). V'è di che riflettere, soprattutto in considerazione del fatto che l'immigrazione nel Veneto, ancorché numericamente contenuta, non è più assimilabile a un episodio di ordine contingente, ma pare aver acquisito caratteri di fenomeno ormai irreversibile e strutturale in seno alla nostra economia. Le sue peculiarità, non da ultima proprio la particolare diffusione sul territorio, ovviando a problemi di congestione più pertinenti alle grandi aree metropolitane, presuppongono un minore impatto sul tessuto sociale e produttivo e sembrano dunque facilitare la messa in atto di più mirate strategie d'intervento.

BIBLIOGRAFIA

BACCHET D. (a cura di), «Lavoratori stranieri nel Veneto», in *Quaderni Veneti*, 1, 1981.
BERGNACH L., SUSSI E. (a cura di), *Minoranze etniche ed immigrazione*, ISIG, Milano, F. Angeli, 1993.
BRUNETTA G., ROTONDI G., «Différenciation régionale de la fécondité italienne depuis 1950», in *Espace, Populations, Sociétés*, 2, 1989, pp. 189-200.
CAMPESATO A., «L'immigrazione extracomunitaria nella Marca Trevigiana», in *Oltre il Ponte*, 31, 1990, pp. 136-146.
CARVELLI A. (a cura di), *L'immigrazione straniera extracomunitaria nella realtà metropolitana milanese*, Milano, OETAMM, 1991.
CASTEGNARO A., «Migrazioni extracomunitarie nel Veneto», in *Scenari della Società e del territorio*, 4, Venezia, 1990, pp. 22-31.
CASTLES S., KOSACK G., *Immigrazione e struttura di classe in Europa*, Milano, F. Angeli, 1976.
DAGRADI P., «Inversioni di tendenza negli anni '70», in Testuzza M.C. (a cura di), *La popolazione in Italia, stato e prospettive socioeconomiche*, Catania, CUECM, 1986, pp. 9-27.
FONDAZIONE CORAZZIN, «Rapporto esplorativo sull'immigrazione extracomunitaria nel Veneto», (a cura di Castegnaro A., Marini D.), in *Analisi*, Coll. Ricerche, 1, 1989.
FONDAZIONE CORAZZIN, «Secondo rapporto sull'immigrazione extracomunitaria nel Veneto», (a cura di Brunetti G., Castegnaro A., Marini D.), in *Analisi*, Coll. Ricerche, 9, 1990.
FREY L., «Aspetti economici dell'immigrazione in Italia», in *Quad. di Economia del Lavoro*, 43, Milano, F. Angeli, 1992.
GENTILESCHI M.L., SIMONCELLI R. (a cura di), *Rientro degli emigrati e territorio. Risultati di inchieste regionali*, Cércola (Napoli), Ist. Graf. Ital., 1983.
IRSEV, *Lo sviluppo territoriale del Veneto negli anni '70*, Milano, F. Angeli, 1985.
IRSEV (a), *Il Veneto a metà degli anni '80*, Milano, F. Angeli, 1986.
IRSEV (b), *L'industrializzazione diffusa nel Veneto*, Milano, F. Angeli, 1986.
ISFOL, *Immigrazione straniera nell'area romana: mercato del lavoro, aspetti linguistici e formativi*, Milano, F. Angeli, 1986.
ISTAT, «Analisi delle fonti statistiche per la misura dell'immigrazione straniera in Italia: esame e proposte», in *Note e Relazioni*, 6, Roma, 1989.

ISTAT, «Gli immigrati presenti in Italia – Una stima per l'anno 1989», in *Note e Relazioni*, 1, Roma, 1991.
MANCUSO F., MIONI A, *I centri storici del Veneto*, Venezia, Silvana Edit., 1979.
PRESIDENZA DEL CONSIGLIO DEI MINISTRI – OCSE, *Atti della Conferenza Internazionale sulle Migrazioni*, marzo 1991, Roma, Editalia, 1991.
REGINATO M. (a cura di), *La presenza straniera in Italia: il caso del Piemonte*, Milano, F. Angeli, 1990.
REGIONE DEL VENETO – IRSEV, «Il sistema insediativo veneto», in *Veneto Documenti*, Quad. 1, PTRCV, Venezia, 1978.
REGIONE DEL VENETO, *La domanda abitativa espressa dagli immigrati extracomunitari: una prima ricognizione*, a cura di CRIACPV-IRSEV, Venezia, 1992.
WOODS R., REES P. (a cura di), *Population structures and models: development in spatial demography*, London, Allen & Unwin, 1986.

Melanie Knights*

BANGLADESHIS IN ROME: THE POLITICAL, ECONOMIC AND SOCIAL STRUCTURE OF A RECENT MIGRANT GROUP

Riassunto. Nel quadro europeo delle migrazioni internazionali del periodo successivo al 1950 l'Italia è diventata un importante paese di arrivo. Gli immigrati appartengono a numerose, piccole minoranze etniche. I Bangladeshi, i quali sono venuti a stare a Roma in gran numero dopo il 1990, vi formano la maggiore comunità di questo Paese di provenienza in Europa dopo la Gran Bretagna. Sebbene per lo più siano entrati illegalmente, circa la metà di loro hanno acquisito il permesso legale di restare in Italia e non pochi hanno aperto attività in proprio in città. Pertanto la comunità continua a crescere. Questo contributo presenta un profilo del gruppo e ricostruisce i rapporti tra il rapido insediamento nella capitale e l'organizzazione politica, economica e sociale della comunità.

Summary. Italy has become an important receiving country in Europe's new pattern of post-1950 international migration. Its immigrant population is made up of numerous, small ethnic minority groups. Bangladeshis, who have settled in Rome en masse since 1990, constitute the largest community from this country in Europe outside Britain. Although most arrived illegally, about half have achieved legal status, several have set up their own businesses in the city and the community continues to grow. This paper provides a profile of the group and links its political, economic and social organisation to its rapid establishment in the city.

1. Introduction

Italy has been a major protagonist in European migration, although it has changed from being a major supplier of manpower to a host nation. During the 1950s, Italy supplied over half of Europe's migrant manpower needs (Salt and Clout, 1976). In the 1960s Italians made up over 40% of the foreign labour force in Germany (Böhning, 1972). However, since the beginning of the new patterns of European international migration, which roughly coincided with the oil crisis of 1973, Italy became the most popular destination for foreign immigration in the Mediterranean Basin. By the early 1990s it had the fourth highest levels of immigration in the EC, and had gained notoriety for the highest levels of clandestine immigration too (Caritas, 1993). It is ironic to note that although Italy has always been an avid supporter of European integration and especially the free movement of workers

---

* School of African and Asian Studies, University of Sussex.

within Europe – initially as a supply country – its present inability to curb illegal immigration is hindering plans for further integration.

It was clear by the early 1970s that, although still exporting labour, Italy was becoming a country of immigration, even if it was not clear at that stage whether immigrants were replacing Italian labour moving out, or whether they were white collar workers (Böhning, 1972). At the same time, many returning Italian migrant workers were absorbed into the labour markets of northern industrial cities, such as Milan and Turin, which had enjoyed unprecedented economic growth in the 1960s.

However the major influx of foreign workers into Italy was in the 1980s, prompting Italy's first piece of immigration legislation in 1986 (law 943/86) and further more comprehensive legislation (the Martelli Law) in 1990. These laws officialy registered and recognised many hitherto undocumented immigrants, thus enabling a fuller panorama of the origins and dimensions of the immigrant groups to emerge. In contrast with the European migrations of the 1950s and 1960s which, with the exception of the colonial territories, drew migrants from a limited number of European and neighbouring countries such as Turkey, immigrants recently arriving in Italy and Spain are made up of numerous small groups many from countries with no previous migratory link with Europe (King and Rybaczuk, 1993). By the end of 1993 immigrants from 179 different countries were registered in Italy: Moroccans form the largest group, accounting for just over 10% of all immigrants, but most groups account for less than 1% of the total (Caritas, 1993).

Although much general and statistical literature has been generated about immigration into Italy, there is a growing awareness of the need for small-scale projects, highlighting the rich spatial, economic and social complexities of the phenomenon, and providing a solid basis for broader syntheses (Mottura and Pugliese, 1992).

This paper limits its attention to a group of Bangladeshi migrants in Rome. Almost without exception, they entered Italy illegally, as a direct result of the 1990 Martelli Law. They have demonstrated a singular preference for Rome, even though the prospects for regular employment are fairly poor[1]. The findings of the 1991 census showed that 92% of Bangladeshis in Italy were present in Rome (ISTAT, 1993). The group has continued to grow clandestinely despite immigration restrictions, and constitutes the largest group of Bangladeshis in Europe, outside the United Kingdom.

In this chapter I present the results of some of my preliminary fieldwork. I spent 18 months in Rome during 1992-1993, identifying some of the characteristics of the group and its organisational structure. Although basic

---

[1] In 1992, the increase in people seeking their first job registered by the the Employment Office (Ufficio di Collocamento) in the Lazio region was 4.9% compared to a national average of 0.4%. Industrial production in the region fell in 1992 by 10.1%, affecting the construction and defence industries (Caritas, 1993)

information may be gleaned from official statistics relating to those Bangladeshis who were successful in obtaining residence permits in 1990, information about the undocumented Bangladeshi presence (almost certainly over half of the total) has been collected by the author at source by means of a questionnaire, in-depth interviews with Bangladeshis and a good deal of participant observation of the group.

2. The Bangladeshis in Rome – A Brief History

Although a handful of Bangladeshis arrived in Italy as early as the 1970s, their presence was negligible before 1986, when 101 obtained residence permits. Arrivals increased slightly after 1986, even though the law linked residence permits to proof of employment, but the real impetus was provided by the Martelli Law, which offered residence permits, and the right to seek employment to all those immigrants able to prove their presence in the country before 31st December 1989. A total of 4,296 Bangladeshis had obtained residence permits by the end of 1990.

The Bangladeshis were by no means the only group to take advantage of the law, and the massive influx of immigrants from all over the world met in front of the main Termini railway station on the Piazza Cinquecento. This became divided into distinct territories where different ethnic groups congregated. The influx provoked an acute housing shortage and many new arrivals slept on the streets. In mid-1991 the Pantanella, a disused pasta factory, was occupied, initially by a few immigrants, but eventually by over 3,000 men from Asia and Africa. By December 1990, the Bangladeshi group was the largest group in the factory, making up over one third of the inhabitants (Curcio, 1991). In January 1991 the Pantanella was evacuated. Immigrants were housed in hotels 80 km outside the city centre. A survey carried out by the Caritas organisation in 1992 showed that the Bangladeshis tended to move back into the city into overcrowded apartments scattered along and between the easterly consular roads heading out of the city.

By late 1991 and 1992 the first Bangladeshi businesses opened between the large Piazza Vittorio market and the railway sidings behind Stazione Termini, together with other immigrant-run businesses. Bangladeshis were also maintaining a high profile on the streets throughout the city operating as itinerant sellers and cleaning car windscreens at traffic lights.

A questionnaire answered by 504 Bangladeshis in August 1992, an estimated 10% of the community at that time, will provide the basis for a brief introductory profile. A more detailed analysis may be found in King and Knights (1994).

The group is relatively typical of the new migration flows into Italy and Southern Europe, being mainly composed of young males: the male/female ratio was 497:7. Although 38.1% were married, only 5.2% had brought their spouses to Italy.

Just over 80% of the sample questioned entered the country illegally. The remainder entered with tourist visas, and some with business visas. Land routes into the country predominated: 57.5% claimed to have entered the country by foot, 14.7% by air, 15.1% by train, 7.7% by car and 4.2% by boat. The main border crossings were via Trieste (213) Venice (12) and Udine (28) channelling the flow from Eastern Europe and Ventimiglia (120) and Como (20) from Western Europe. Even though so much of the movement into Italy was clandestine, 56.5% of those questioned were successful in obtaining a residence permit, compared to 43.1% who were without. Since the time of questioning it is assumed these proportions will have been substantially modified by the continual clandestine growth of the community.

The origins of the group questioned were diverse, representing both rural and urban communities from 41 of Bangladesh's 64 administrative districts. The only areas not represented in Rome are upland tribal areas on the borders with Burma to the east and India to the north. The group also displayed a variety of migratory experiences taking them collectively to a total of 44 different countries, especially in the Middle East and western Europe, prior to settlement in Italy. This variety was also reflected in the spread of languages spoken. The future plans of the group were unclear.

In general the Bangladeshis questioned were highly educated; just over a quarter had a university degree or higher qualification, and 96% had passed the Bangladeshi secondary school certificate. However work experience was low: 59.9% were students before leaving Bangladesh. Apart from a few exceptions, the results showed that they held down low grade jobs in Italy: 44.2% were in manual employment compared to 8.7% in Bangladesh. Only 3.4% of the sample ran their own businesses in Italy compared with 15.7% in Bangladesh. Just over a quarter of the group were itinerant sellers, and 16.9% were looking for work, suggesting a potential unemployment rate of 40%.

The following sections will look at the political, economic and social organisation of the group and the ways in which these have contributed to its rapid establishment in Rome.

3. *Political Organisation*

Bangladesh is a highly politicised nation. Its creation in 1971 was the result of a long political struggle with West Pakistan and a war of independence in which over five million Bangladeshi Freedom Fighters lost their lives (Muhith, 1992). Since independence political activity has remained intense and bloody[2]; there have been two military coups and both the Prime

---

[2] In July 1993 Reuters reported that over a million people carry illegal firearms, and that there had been 444 recorded acts of terrorism in the first six months of the year.

Minister and the leader of the opposition are daughters of key politicians who were murdered. Much of the mass political activity centres around the universities where violent demonstrations are a regular occurrence. The two main political parties are the Bangladeshi National Party (BNP), currently in government, and AWAMI League in fierce opposition.

The political organisation of the Rome Bangladeshi community contains structures mirroring those in the homeland, but it has also developed structures to articulate its struggle for establishment in Italy. This explains how the community, although politically divided on matters relating to Bangladesh, has exhibited conspicuous levels of solidarity in the Italian political arena. Some of these structures are exclusively Bangladeshi, for example the Bangladeshi Association in Italy, but others are joint ventures with other ethnic minority political activists, for example the United Asian Workers Association (UAWA). On a third level there are important structural links between the Bangladeshi community and their joint ventures with organs of the Italian political system: trade unions, parliamentary parties and pressure groups.

The first coherent political organisation to develop within the Bangladeshi community was the Bangladeshi Association in Italy, an organisation which was central to the firm establishment of over 4,000 Bangladeshis in the city. An attempt to found the association in 1989 fielded only 200 members, but during the occupation of the Pantanella the Bangladeshi group grew the fastest (from 413 in August 1990 to 1370 in December of the same year) and they took advantage of their concentration to relaunch the association, recruit new members and elect leaders. During the occupation of the Pantanella from June 1990 to January 1991, Rome's new immigrant communities reached the peak of their collective political power. The Pantanella provided a focus for political activity as its 3,500 inhabitants and numerous daily visitors could hold mass demonstrations with minimal effort and attract media attention to their cause with the greatest of ease by staging hunger strikes or demonstrations.

The sudden evacuation of the Pantanella and dispersal of its inhabitants to far-flung centres in the Lazio region ended a very successsful era of immigrant militancy and solidarity in Rome. The Bangladeshi community found itself at an advantage over other communities because even though group members had been dispersed the Bangladeshi Association structure remained. The Association functioned as an instrument of negotiation with the local authorities, a focus for community activities, a point of reference for members, and as a means of articulating the community's point of view to the media, local authorities or other official bodies.

With respect to the establishment of the community in Rome, the Bangladeshi Association played two fundamental roles. The first was to endorse the nationality of its members. It must be remembered that the majority of Bangladeshis entered Italy illegally, and did not arrive in possession of a passport. As this document was fundamental to their incorporation into the Italian bureaucratic system, they needed proof of nationality in order to apply for a new one. The second vital role played by the Bangladeshi Association was as negotiator. Bangladeshis arriving in Italy in 1990 spoke no Italian, and had difficulty in understanding the procedures necessary to obtain a residence permit. On their own they were not likely to have obtained one, but the Bangladeshi Association was able to negotiate and process applications on behalf of its members, and ultimately achieve a much higher success rate than individuals would have on their own.

It must be stressed that the Bangladeshi Association was not the only immigrant association in action at this time; there were many. Bangladeshis were also very active in the more ideologically based United Asian Workers Association (UAWA). Significantly the two organisations competed for membership, based on their success in obtaining residence permits. The fundamental difference between the two organisations was that the Bangladeshi Association was introspective, tending exclusively to the needs of its own community, whereas UAWA was composed of Indians, Pakistanis, Bangladeshis, Filipinos, Chinese, Sri Lankans and some Italians, and attempted to forge solidarity between different ethnic minorities in the city and certain radical Italian political organisations. It is interesting to note that UAWA's success waned after the evacuation of the Pantanella because of the dispersal of its members and practical difficulties involved in communicating with members who had no common point of reference outside the Pantanella. The Bangladeshi Association, on the other hand, has continued to function effectively. In a drive of political campaigning during the summer of 1993 to persuade the government to adopt new measures introducing seasonal work permits for immigrant workers, the Bangladeshis were the most successful at mobilising their members, and formed a conspicuous majority at all the demonstrations. However, it must also be noted that the Bangladeshi Association alone would not have been so effective had it not been for Italian voluntary organisations and the trade unions, who provided practical advice and support to immigrant groups and individuals. And even though the formal structure of UAWA has disintegrated, the cooperation between its ethnically diverse former leaders continues under the auspices of other organisations such as Senza Confine and Casa dei Diritti Sociali.

The successful establishment of the Bangladeshi community has also relied on links between the community and the Italian political system. The most practical link was formed when a Bangladeshi woman was employed by the UIL trade union (Unione Italiana Lavoratori) to staff its immigration office together with two other immigrant women. The office was involved during the first six months of 1992 with assisting immigrants with the procedures for renewal of their residence permits. As so many immigrants worked in the parallel economy, they were unable to prove to the police authorities that they had been earning the minimum required for renewal, so it was decided, as a result of pressure from the trade unions, that immigrant workers should be allowed to testify to their own employment and a form was issued accordingly. Of a total of 5,000 immigrants assisted by the office to obtain renewal of their permits, 2,658 were Bangladeshis.

Bangladeshi activists have also campaigned with Italian volunteer associations like Senza Confine and Casa dei Diritti Sociali, and the parliamentary association Italia-Razzismo for the achievement of a non-racist Parliament. They have successfully lobbied Italian members of parliament to sign a declaration stating their non-racist intentions. The success of this strategy, but also its limitations, became clear in the early summer of 1993 during the debate over seasonal work permits for immigrants when the Parliament voted in favour of introducing seasonal permits, but the Senate voted against.

Political links with Bangladesh are very strong, although this is by no means exceptional. Much of the political thinking and strategy behind the struggle for the independence of Bangladesh was staged in London during the 1960s (Adams, 1987). The branches of the AWAMI League, BNP and other political parties based outside Bangladesh consider themselves to be an integral part of the political system there. Many Bangladeshis consider themselves party workers in Rome. They write for political journals and in some cases contribute to party funds. However the benefits of these close links between political parties in Bangladesh and abroad are mutual. In Rome, Bangladeshi party workers organise high level meetings between visiting Bangladeshi politicians and their Italian counterparts. They then take ample advantage of these meetings to make representations on behalf of the Rome community. Even though the community has only been in Rome for a short time, already Prime Minister Khaleda Zia has visited, and so has the leader of the opposition Sheikh Hasina. The visit of Colonel Shawkat Ali marked the inauguration of the Rome branch of the Freedom Fighters Solidarity Movement. Some visits however have caused tensions. When the fundamentalist party, Jamaat Islam, announced the visit of a prominent member of its party the Bangladeshi political activists turned out in force to prevent the meeting taking place[3].

4. Economic Organisation

Although some Bangladeshis in Rome left Bangladesh in the early 1980s, during the martial law regime of General Ershaad, and some still apply for political asylum in France, Germany and Switzerland, Bangladeshis are primarily considered economic migrants. However their clandestine presence and high level of unemployment make it impossible to measure their economic activities in terms of earnings and remittances. There are no direct banking facilities between Rome and Dhaka and the majority of the group

[3] The political activists involved claimed that Jamaat Islam members fought with Pakistan against the Bangladeshi Freedom Fighters during the Liberation War.

are not in declared employment, so there is no easy way to establish how much they earn. There is, however, a significant amount of movement between Italy and Bangladesh suggesting a certain amount of economic activity. Some Bangladeshis have purchased factories, land or property with their foreign earnings, other simply take money back to their families, and others use the unofficial money transfer system known as 'hundi'[4]. The questionnaire revealed that 156 out of 504 people had returned to Bangladesh since arriving in Italy. According to the Ufficio Italiano Cambi, Bangladeshi immigrants sent home an average of 3,628 lire (US$ 2) in 1990/1, a figure reflecting the genuine banking difficulties and informal mechanisms referred to above, rather than the amount of wealth generated by the community.

Although it is impossible at this stage to quantify the migrants' economic activity in Italy or in Bangladesh, it is nevertheless possible to observe a clear economic structure within the community. This is defined by the legal status of its members which allows us to distinguish between two main groups of individuals: those with residence permits who may operate overtly in the economy, and those without who are forced to operate within the parallel economy. These two main categories may be sub-divided. Among those with residence permits there are: the entrepreneurs, who have founded limited companies or cooperatives; those with regular employment, officially declared and paying taxes and social security contributions; those who have a job but who are not declared to the state, and therefore work within the parallel economy; and the unemployed. Those without residence papers may be: employed within the informal sector, although there are stiff penalties for employers of illegal immigrants; and itinerant salesmen, who are otherwise unemployed. From these subdivisions we may derive three main categories of individual: the entrepreneur, the employee and the itinerant salesman. A profile of each of these follows.

The entrepreneurs

The entrepreneurs are clearly in the minority, as are the political leaders, but just as their political counterparts, they are supported by a growing rank and file. Table 2 shows that 17 claimed to run their own businesses, while 19 were members of cooperatives. On the whole the businesses launched by the entrepreneurs are shops aiming primarily to meet the demands of the community itself. Some individuals run import/export businesses too. A brief summary of the business activities operating in August 1993 revealed a total

---

[4] Hundi is a system whereby brokers in the host country arrange for remittances to be paid to families directly in local currency, therefore depriving the nation of hard currency. It is therefore unpopular with the Bangladeshi government, but is essential for illegal immigrants who are unable to travel.

of 21 businesses of which there were 6 grocery stores, 3 jewellery shops, 3 bars, 3 video stores, 1 restaurant (sold to Indian partnership in 1993), 2 service cooperatives, 1 dry cleaner and 2 market stalls (liable to closure in the forthcoming refurbishment of Piazza Vittorio).

The entrepreneurs have tended to locate their businesses close together near Piazza Vittorio behind the main Termini railway station, although a few are located near two of the main consular roads running into the city, the Prenestina and the Casilina, where many of the Bangladeshi households are situated. Piazza Vittorio used to be a flourishing commercial area, but is now run-down and many formerly Italian-run shops are gradually being taken over by immigrant businesses. The close proximity of the shops has created not only an economic but also a social focal point for the community. In 1990, when the community was assembling, the most common meeting point was in a specific area in the Piazza Cinquecento in front of Termini station. (The Pantanella was also an important focal point for a time). However the opening of shops near Piazza Vittorio has caused the main meeting place to shift from Piazza Cinquecento to Piazza Vittorio. The large, apparently homogenous crowd of Bangladeshis in front of the station has now been replaced by distinct groups congregating regularly outside certain shops. This suggests that the emergent economic structure is highlighting the heterogeneous nature of the community which may be explained in political terms, or perhaps by the different regional origins or even migratory experiences of community members, or by a combination of the three.

Many of the businesses perform purely economic functions: video hire, jewellery and grocery retail. However some of the shops exceed their purely commercial function. This may be partially explained by the fact that the political associations have no headquarters, and the community as a whole has no communal space, and therefore the shops become a substitute for the lack of common territory. There may equally be sound commercial thinking behind it too: the more services offered by the shop, the more customers will

Tab. 1 – Economic Activity of Bangladeshis in Bangladesh before departure and in Rome

	Italy	Bangladesh
Manual employee	223	44
Non-manual employee	27	39
Student	5	302
Itinerant seller	127	3
Looking for work	85	2
Own business	17	79
Member of cooperative	19	2
Housewife	6	5
Peasant/agricultural worker	22	8
Total	531	484

be attracted. Two of the shops are run by the President and Secretary of the Bangladeshi Association respectively, and they are naturally the focus for association activities. The result is that the entrepreneurs have created an important focal point for the community, facilitating the spread of news, advice on bureaucratic matters, and publicity for community cultural and political events.

The employees

The employees with residence permits constitute the bedrock of the community. They are the community's legitimate representation in Italy. Impending legislative changes on clandestinity will not affect them as it will the section of the community without residence permits and without work. Furthermore, the very fact that by 1992 there were over 4,000 Bangladeshis registered with the Interior Ministry and 2,286 registered with the employment office means the community is officially recognised in Italy, and this constitutes the basis for the legalisation of the others.

The function of the employees is very important as they act as a protective umbrella for those without residence permits. Illegal immigrants find it almost impossible to rent property, as a residence permit is required to take out a contract, so an employee with legal status and proof of income may rent property in his name and then share the rent or sublet to clandestine co-nationals. Furthermore, employees with regular contracts enjoy a regular income which on frequent occasions is used to subsidise those in irregular employment or the unemployed.

The certainty of a regular income makes the employees the most likely category to bring their wives over to Italy and start families, laying the basis for future generations of Italian-born Bangladeshis. Women do not enter Italy illegally and their almost negligible presence (142 at the end of 1992) is a testament not only to the real difficulty the community has in establishing itself, but also to the potential for growth of the community.

The search for employment leads many immigrants to other areas of Italy, especially the North where economic prospects are better. This eventually leads to the spatial fragmentation of the community. Employees with regular contracts have achieved a certain degree of integration with the Italian system, and enjoy a certain amount of protection under Italy's labour and social security laws; they are also more likely to obtain residence and are generally less dependent on the welfare system organised by the community in Rome. It is therefore the employees who are most likely to lead the dispersal and form smaller communities in other towns such as Milan, Varese and Mestre. This would seem to be confirmed by the 1991 Census which shows proportionally more non-residents (i.e individuals with less fixed status) present in Rome, than residents (Table 3).

Tab. 2 – Bangladeshis registered in North, Central and South Italy 1991

	North	Centre	South	Total
Residents	221	972	256	1,449
Non-residents	109	2,633	40	2,782

Source: ISTAT, 1991 Census.

The itinerant sellers

The itinerant sellers represent the unemployed section of the community, but not necessarily the section without residence permits. In many cases selling illegally on the streets is more lucrative than employment. Street selling is in some cases a deliberate economic strategy, albeit short-term. Some informants have talked of seasonal migrants from Bangladesh who earn enough in the summer selling jewellery on the beaches to live for the rest of the year in Bangladesh. Nevertheless the increasing numbers of clandestine immigrants arriving in Rome find it very difficult to find work and have little alternative than to work on the street.

This is undoubtedly the most vulnerable section of the community but it does play the role of rank and file, which bolsters the internal Bangladeshi economy in Rome. However, the unemployed immigrants are trapped in Italy: they have paid to enter the country, but without legal status or employment their mobility is severely limited and many remain dependent on the Rome community for support. Simultaneously, they enjoy no civil protection and are vulnerable to exploitation. Nevertheless this section of the community exhibits a remarkable resilience to economic adversity, and a determination to fulfill its economic objectives despite rising levels of unemployment and increasing precariousness.

In legal terms their position is very weak. If new legislation, currently under discussion, is introduced giving the police immediate powers to expel clandestine immigrants, street sellers would be the most vulnerable to police checks and would almost certainly be among the first category of immigrants to be targeted for police controls. Their increasingly visible presence on the streets of Rome reflects the continuing clandestine growth of the community, as stricter asylum procedures adopted in Germany, Switzerland and France funnel unsuccessful applicants into Italy, and as more people arrive directly from Bangladesh. However, it has inevitably drawn police attention to the problem of illegal street trading which led to a special police patrol on 26th and 27th October 1993, resulting in fines and the sequestration of stock for hundreds of street sellers.

In contrast to the employees, the street sellers tend to represent a cohesive force within the community. Their dependence on the community welfare structures and above all their need to share housing with co-nationals enjoying legal status tend to maintain the community base in Rome, and increase the interdependent links between the legal and non-legal components of the group which in turn enhances networks within the community.

5. *Social Organisation*

One of the most interesting features of the social organisation is the cohesiveness of the community. According to IRSES (1993), over 75% of Bangladeshis living in Italy live in Rome although the census findings suggest an even higher proportion. These percentages are the highest of any immigrant group in Italy including Pakistanis (47%) and Indians (50.7%) who although of similar geographical origins, clearly exemplify different settlement strategies. The second point of interest concerns the social unit of the group. Given the demographic imbalance of this predominantly male and youthful community, its social organisation clearly does not revolve around the family unit. In Rome the base social unit of the Bangladeshi community is the household. The questionnaire showed 499 Bangladeshis living exclusively with co-nationals and most living in flats, as opposed to hotels or hostels. The housing shortage in Rome, combined with high rents and the need for residence permits to take out rental contracts, have led to high concentrations of Bangladeshis living in houses. Questionnaire results showed that 70% of Bangladeshis were sleeping four or more to a room. Many houses had as many as 10-15 individuals living there. The most cramped period was in 1990 and 1991 when the community was assembling and when over 1,000 Bangladeshis were evacuated from the Pantanella. As time passed however, more and more houses came under Bangladeshi tenancy and the density of living conditions subsequently decreased.

The tendency for Bangladeshis to organise themselves within flats was highlighted after the evacuation of the Pantanella, when many of the inhabitants, mostly from Asia or North Africa, were assigned hotels in surrounding communes in the Lazio region at about 80 km from Rome. A survey conducted by the Caritas 18 months later showed how few Bangladeshis remained in the hotels compared to either Pakistanis or North African groups, even though the hotel lodgings were paid for by the local authorities.

A closer examination of how Bangladeshis organise themselves into flats provides an interesting insight into their social organisation. The Bangladeshi Association archives which contain both the Rome and Bangladeshi addresses of over 3,000 members are currently being analysed, and therefore any in-depth discussion of them must necessarily await completion of the analysis. However, a preliminary look shows clearly that some flats are composed of individuals (in some cases relatives) originating in the same districts and in some cases the same villages. This suggests the establishment, not of one Bangladeshi migration chain, but of a series of migration chains originating in different parts of Bangladesh or possibly (but more difficult to prove) from different locations along the migratory path. The archive also shows that some addresses have been given contemporaneously by very large numbers of individuals, indicating that many Bangladeshis had no fixed accommodation at the time of joining the association, but more significantly that they had associations with certain flats. Further analysis of the data is necessary for a better understanding of the nature of these associations.

The individual flats appear to be linked to the economic structure insofar as certain flats patronise certain shops. Groceries are often bought by the household rather than by the individual. Each grocery shop therefore commands the business of specific flats. The relationship between the flat or social structure, and the economic structure is the subject of further research.

The housing or social structure is related to the economic structure in other ways too. Unlike the shops, the flats are spread throughout the eastern suburbs of Rome and also along the main communications routes into the city, especially between Fiumicino and Rome, an area of recent expansion. The individuals living in the flats change quite frequently and the number of people sleeping in any one flat on a particular night is not constant. Furthermore, once a flat is rented by a member of the Bangladeshi community, it will almost certainly remain in Bangladeshi tenancy even though all the original occupants have left the flat. This spread of flats and flexibility of occupancy allows the Bangladeshis increased mobility within the city labour market. For example, if a Bangladeshi finds a job in Fiumicino for six months, he is likely to find a Bangladeshi flat in Fiumicino where he can pay rent for the duration. Similarly if an individual decides to return to Bangladesh for a period, he can leave the flat, without paying rent, and probably come back to the same flat on his return.

6. Conclusions

On the basis of this research it is possible to identify the main characteristics of the Bangladeshi group. Many of them are young, single and fairly well educated, but others are slightly older, have worked in several countries before Italy and have families to support in Bangladesh.

The establishment of the community in Rome, where the street sellers had an almost immediate impact on the city landscape, has been rapid. Within six months of their mass arrival in 1990, they had formed a political association, held elections, and obtained residence permits for over 4,000 Bangladeshis. They had, together with other immigrant groups, occupied the Pantanella and waged a fierce battle with Rome's local authorities over housing. Several business cooperatives had been launched by the end of 1991, and at the beginning of 1994 a school for Bangladeshi children in Rome opened. This would not have been possible without a sound organisational base.

The organisational structure of the group allows for the expression of both solidarity and division. Initially the Bangladeshis were noted for their solidarity which was expressed particulary well through the Bangladeshi Association. However the emergent economic structure highlighted internal divisions which, although always there, became visible to the external observer. For example whereas Bangladeshis used to congregate en masse outside Termini, as the different commercial enterprises opened so distinct groups would habitually congregate outside and patronise particular shops. The clandestine nature of the group tends to act as a cohesive force, keeping individuals in Rome, while individuals obtaining residence status and in regular employment tend to leave the city.

An overlap between the organisational structures discussed above may also be observed insofar as political leaders tend to be entrepreneurs and heads of households too. This indicates an overall hierachical structure encompassing political, social and economic spheres.

Finally, the various roles of the economic, social and political structures have been demonstrated. Not only have they acted as catalysts to the establishment of the groups's legal presence, but they also act as protective umbrellas for both continuing clandestine entry and sojourn, and also for the economically inactive individuals.

REFERENCES

ADAMS C., *Across Seven Seas and Thirteen Rivers: Life Stories of Pioneer Sylhetti Settlers in Britain*, London, THAP Books, 1987.

BÖHNING W.R., *The Migration of Workers in the United Kingdom and the European Community*, London, Oxford University Press, 1972.

CARITAS, *Immigrazione: Dossier Statistico 1993*, Roma, Sinnos Editrice, 1993.

CURCIO R., *Shish Mahal*, Roma, Edizione Sensibili alle Foglie, 1991.

KING R., and RYBACZUK K., «Southern Europe and the International Division of Labour: from emigration to immigration», pp. 175-206 in R. King (ed.), *The New Geography of European Migrations*, London Belhaven Press, 1993.

KING R., and KNIGHTS M., «Bangladeshis in Rome: a case of migratory opportunism», in Gould W.T.S., and Findlay A.M. (eds), *Population Change and the Changing World Order*, London, Belhaven Press, 1994, pp. 127-143.

IRSES, *Roma Internazionale; dati, strutture e fonti*, Milano, F. Angeli, 1993.

ISTAT, *La Presenza Straniera in Italia; una prima analisi dei dati censuari*, Roma, Istat, 1993.

MOTTURA G., and PUGLIESE E., «La complessità dell'immigrazione», pp. 31-42, in Mottura G. (ed.), *L'Arcipelago Immigrazione*, Roma, Ediesse, 1992.

MUHITH A.M.A., *Bangladesh, Emergence of a Nation*, Dhaka, The University Press. Ltd, (1992).

SALT J., and CLOUT H. (eds), *Migration in Post-war Europe: Geographical Essays*, London, Oxford University Press, 1976.

Corradina Polto*

IMMIGRAZIONE NEL MESSINESE: PRIME CONSIDERAZIONI SULLA DISTRIBUZIONE DEGLI STRANIERI

Riassunto. La Sicilia, da tradizionale terra di esodo, si è trasformata nell'ultimo ventennio in terra di immigrazione. A partire dagli anni Settanta, infatti, sono giunti nell'Isola numerosi Nordafricani ed Asiatici. Nel Messinese, in particolare, agli inizi degli anni Ottanta gli stranieri erano circa 2.000, di cui un migliaio Filippini ed il resto studenti universitari greci e turisti dei Paesi della UE. Oggi gli immigrati muniti di regolare permesso di soggiorno sono circa 5.000, in prevalenza extracomunitari e profughi dell'Est europeo. La presenza di numerosissimi clandestini induce, però, a raddoppiarne la stima. Alcuni gruppi sono più numerosi in provincia, come i Tedeschi e gli Scandinavi che prediligono i centri a vocazione turistica come Taormina, Giardini Naxos e le Isole Eolie; o come i Tunisini, concentrati nei comuni della costa tirrenica ad agricoltura specializzata.

Per il 60%, però, gli stranieri vivono a Messina: si tratta in prevalenza di Asiatici, Africani, Iugoslavi e Greci, distribuiti variamente nei quartieri della città.

Summary. During the last twenty years, Sicily, having been for years an island from which people migrated, has become a land of immigration. Since the 1970s groups of migrants from Northern Africa or Asia have arrived in the island. In Messina and its province, in particular, at the beginning of the Eighties, there were about 2,000 foreigners, about a thousand from which Philippines and the remainder university students from Greece and tourists from EU countries. Today, there are about 5,000 immigrants with regular resident's permits, mainly people from outside Europe and refugees from Eastern Europe; however, the presence of numerous clandestine immigrants makes twice this estimate plausible. Some ethnic groups are more numerous in the province: for example Germans and Scandinavians, who prefer more touristic resorts such as Taormina, Giardini Naxos and the Eolian Islands; or Tunisians who are concentrated in the towns along the Tyrrenian coast where specialized cultivations are carried out.

However, 60% of the foreigners live in the town of Messina: mainly Asians, North Africans, Yugoslavians and Greeks, living in the various quarters of the city.

L'immigrazione di stranieri in Italia costituisce un fenomeno abbastanza recente, che ha assunto dimensioni apprezzabili solo nell'ultimo ventennio. Alla fine degli anni Sessanta, infatti, furono rilevati dal Ministero dell'Interno e da quello degli Affari Esteri 130.000 stranieri, muniti di regolare permesso di soggiorno. Nel 1980 questo contingente si era quasi raddoppiato, passando a 240.000 unità (Arena, 1982).

Secondo i dati del Ministero dell'Interno, nel 1991 il fenomeno ha registrato una crescita vertiginosa: gli stranieri presenti in Italia regolarmente ammontavano a 850.000, distribuiti per il 42% al Nord (circa 360.000), per

---

* Dipartimento di Studi sulla Civiltà Moderna dell'Università di Messina.

il 38% nell'Italia centrale (323.000) e per il 20% al Sud (168.000). Di questi ultimi poco meno dell'8% si trovava in Sicilia.

Il fenomeno in realtà ha dimensioni ben più vaste per la massiccia presenza dei clandestini, controllabile solo indirettamente, specie fra gli extracomunitari, la cui entità effettiva, secondo stime approssimative, sarebbe il doppio o addirittura il triplo rispetto alle cifre ufficiali. Bisogna considerare, inoltre, che i loro frequenti spostamenti da una città all'altra, determinati da motivi spesso contingenti, e i periodici rimpatri ne rendono più difficile la rilevazione e fluttuante la consistenza.

Questo studio si basa sui dati ufficiali del Ministero dell'Interno relativi agli stranieri muniti di regolare permesso di soggiorno, nella consapevolezza che le cifre analizzate sono certamente inferiori rispetto alla reale entità degli immigrati; restano comunque sufficientemente indicative della portata del fenomeno e della sua distribuzione spaziale.

1. *L'immigrazione in Sicilia*

La Sicilia è stata prevalentemente terra d'esodo; basti pensare al flusso emigratorio che nel cinquantennio 1876-1925 la depauperò di oltre 1.600.000 abitanti; tuttavia essa è stata, nelle varie epoche, anche terra d'immigrazione.

Guardando all'immigrazione di popolamento e di conquista, a partire dai Fenici, dai Greci e dai Romani che vi si insediarono nell'antichità lasciando tracce indelebili, altri popoli si sono succeduti nell'Isola, come gli Arabi e i Normanni. Altri ancora vi giunsero poi sulla loro scia, o sospinti dalle invasioni turche nei Balcani, come nel caso degli Albanesi nel XV secolo.

Quanto alle migrazioni individuali e di piccoli gruppi, va ricordato che tra il Cinquecento ed il Seicento numerosi furono i mercanti aragonesi, inglesi, fiamminghi ed olandesi che si insediarono in Sicilia, specie a Palermo e a Messina, per i loro commerci (Trasselli, 1978).

Ci fu poi un altro tipo di immigrazione, sia pure sporadica, prodotta dalla moda del *grand tour*, allorché, dal Settecento in avanti, i rampolli dell'aristocrazia e della borghesia mitteleuropea sciamarono verso le città d'arte italiane e verso la Magna Grecia per completare la loro formazione culturale (Tuzet, 1988). Alcuni di essi finirono per fermarsi definitivamente in Sicilia e soprattutto a Palermo, a Taormina e a Siracusa. Poi, nel primo Ottocento, la presenza delle truppe inglesi innescò un processo d'immigrazione nell'Isola da parte di mercanti (D'Angelo, 1988) e industriali (Battaglia, 1983) che avviarono floride attività, come l'industria enologica nel Marsalese (Bertolino, 1940), quella tessile (Ioli Gigante, 1980) e dei derivati agrumari nel Messinese (Lupo, 1990), e gestirono l'esportazione dello zolfo dal Nisseno e dall'Agrigentino (Trevelyan, 1977).

Anche con il vicino Nordafrica la Sicilia aveva intrattenuto rapporti frequenti; già nel Seicento trafficanti tunisini ed algerini operavano in Sicilia nel commercio degli schiavi e di merci varie (Avolio, 1889); nel Settecento erano stati stretti particolari accordi commerciali tra la Sicilia e l'Impero Ottomano (Braudel, 1986, vol. I).

Tra la fine dell'Ottocento ed il primo Novecento molti Trapanesi si trasferirono in Tunisia, dove, grazie all'*Enzel*, una particolare forma di enfiteusi, divennero proprietari di piccoli appezzamenti di terreno che coltivavano a vigneto (Raffiotta, 1959); per non parlare poi dell'emigrazione siciliana nelle colonie durante il periodo fascista (Pittau, 1985; Zecca, 1963). Costanti quindi i rapporti tra la Sicilia e gli altri Paesi, sia pure limitati nelle dimensioni e nel tempo.

Ben diversa l'entità della più recente immigrazione straniera nell'Isola, il cui inizio si può fare risalire alla fine degli anni Sessanta. Si tratta di un flusso multirazziale, costituito prevalentemente da gruppi provenienti dall'Africa, dall'Estremo Oriente e dall'Est europeo.

I Nordafricani, in particolare i Tunisini, furono tra i primi stranieri a trasferirsi in Sicilia (Caldo, 1975), reclutati, dopo il sisma del Belice del 1968, dai proprietari terrieri del Trapanese e dagli armatori di pescherecci di Mazara del Vallo (Cacciabue, 1979), per sostituire la manodopera venuta a mancare con il terremoto.

La crisi economica e la pressione demografica del Maghreb, come pure la siccità che ha compromesso le piantagioni di arachidi del Senegal, hanno spinto le popolazioni delle ex-colonie francesi ad emigrare prima in Francia e poi verso gli altri Stati europei.

In Sicilia generalmente gli immigrati nordafricani sono giunti attraverso lo scalo marittimo di Trapani e, negli ultimi tempi, specie i clandestini sono entrati attraverso Lampedusa e gli approdi del Ragusano, dove spesso lavorano nelle colture protette di Vittoria e di S. Croce Camerina.

Per quanto riguarda gli Orientali si tratta principalmente di Filippini, Singalesi e Mauriziani. In una prima fase, a metà degli anni Settanta, sono arrivate le donne, giunte in Italia attraverso lo scalo di Fiumicino e reclutate quasi sempre da organizzazioni romane che, dietro un compenso a volte cospicuo, provvedevano a distribuirle sul territorio nazionale come collaboratrici domestiche. Le donne hanno in seguito richiamato gli uomini, anch'essi via via inseritisi nei lavori domestici.

Secondo i dati dell'agosto 1991 (INCA-CGIL, 1991) gli stranieri regolarmente presenti in Sicilia erano 66.853, distribuiti per il 40% nel Palermitano, per il 20% nel Catanese, per l'11% nel Ragusano, per il 10% nel Trapanese, per l'8,4% nel Messinese, per il 5.6% nell'Agrigentino, per il 2,7% nel Siracusano, per lo 1,5% nel Nisseno; trascurabile la presenza di stranieri nell'Ennese, pari allo 0.8%. Essi tendono a raccogliersi nelle maggiori aree urbane dell'Isola.

Nel Messinese, in particolare, gli stranieri regolarmente presenti nel 1991 erano 5.654 unità, pari allo 0.8% della popolazione residente. Nel dicembre 1992 erano scesi a 5.301[1]. Dall'Africa proveniva il gruppo più cospicuo

---

[1] Ancora nel 1983 Guarrasi rilevava la limitata presenza di immigrati stranieri nel Messinese rispetto alle altre aree siciliane (Guarrasi, 1983, p. 404).

(30%), in maggioranza Maghrebini, mentre gli Asiatici (prevalentemente Filippini e Singalesi) costituivano il 24% degli immigrati. Dall'Est europeo (Iugoslavia, Albania, Romania, Polonia e CSI) proveniva complessivamente poco più del 17% del totale degli stranieri e dall'Europa Occidentale circa il 15%. Il contributo delle Americhe e dell'Australia era del 13% (Tab. 1.). A sei mesi di distanza, nell'aprile 1993, il contingente degli stranieri presenti regolarmente nel Messinese è risalito a 5.493 unità, con un incremento del 14%, mentre la proporzione tra i diversi gruppi si è mantenuta pressoché immutata[2].

Appare interessante rilevare a questo punto la diversa distribuzione degli stranieri tra la città e il resto della provincia. L'esame dei dati forniti dall'Ufficio Stranieri della Questura di Messina[3] rivela che in provincia risiede poco meno del 40% degli immigrati, distribuiti in maniera diversa nelle varie zone sia per numerosità che per Paesi di provenienza, con un chiaro riferimento alle connotazioni geografico-storiche ed economiche che esse hanno acquisito nel tempo.

Il territorio della provincia di Messina, esteso 3.247 kmq, occupa la cuspide nord-orientale della Sicilia e comprende 108 comuni; prevalentemente collinare e montuoso, è attraversato da oriente a occidente dalle dorsali dei Peloritani e dei Nebrodi. Le aree pianeggianti sono limitate alle strette cimose costiere che si slargano nelle pianure alluvionali create dall'accumulo del materiale detritico dei numerosi torrenti che scendono dai due sistemi orografici.

L'economia del territorio è sempre più orientata verso una marcata terziarizzazione, a causa del mancato sviluppo del processo d'industrializzazione che, avviato un ventennio fa, è rimasto episodico. L'agricoltura, sia pure ridimensionata rispetto al passato, occupa un ruolo ancora importante, specie nelle cimose costiere pianeggianti, interessate da colture specializzate di tipo agrumicolo ed orticolo. Queste aree, caratterizzate da una economia diversificata per la presenza di un'agricoltura florida e di strutture industriali e turistiche, nonché ben dotate quanto ad infrastrutture viarie, negli ultimi decenni si sono rivelate polarizzanti per l'insediamento, provocando un notevole scivolamento della popolazione dalle aree interne peloritane e nebrodensi

---

[2] Tra il 1990 ed il 1992 hanno lasciato il Messinese per trasferirsi in altre province 600 stranieri, per il 75% maschi. Il gruppo più consistente è stato quello dei Marocchini (169, pari al 28%), le cui mete privilegiate sono state il Veneto (Treviso, Padova e Verona), l'Emilia-Romagna (Modena), e la Lombardia (Milano e Varese). Anche i Tunisini (98, pari al 16%) si sono diretti nelle stesse regioni, preferendo Milano, Verona e Modena). Gli Albanesi (52, pari all'8%) si sono trasferiti a Milano ed a Forlì. Tra gli Asiatici, i Filippini (33) ed i Singalesi (38) si sono stabiliti a Roma, a Milano, ad Aosta, a Firenze, a Palermo ed a Siracusa. Gli Iugoslavi sono andati soprattutto in Puglia, in Calabria e nel Molise.
[3] Dati relativi all'aprile 1993. Ringrazio il Questore di Messina, il personale dell'Ufficio Stranieri ed in particolare la Dott.ssa Perrone, Vice Questore, per la disponibilità dimostrata nel consentirmi di prendere visione dei dati relativi agli immigrati stranieri in provincia di Messina.

Tab. 1 – Immigrati nel Messinese con permesso di soggiorno per Paese di provenienza. Dicembre 1992

Paese di provenienza	N.	%
AFRICA	1634	30,8
Marocco	765	14,4
Tunisia	488	9,2
Senegal	180	3,4
Isole Mauritius	101	1,9
altri	100	1,9
ASIA	1275	24,0
Filippine	644	12,1
Sri Lanka	441	8,3
Medio Oriente	152	2,9
altri	38	0,7
EUROPA ORIENTALE	907	17,1
Ex-Iugoslavia	252	4,8
Albania	231	4,4
Polonia	169	3,1
Romania	164	3,1
CSI	60	1,1
altri	31	0,6
EUROPA OCCIDENT.	779	14,7
Germania	210	4,0
Grecia	152	2,9
Scandinavia	86	1,6
Francia	80	1,5
UK ed Eire	73	1,4
altri	178	3,3
NORDAMERICA	184	3,4
USA	149	2,8
Canada	30	0,5
Messico	5	0,1
SUDAMERICA	386	7,3
Argentina	150	2,8
Brasile	78	1,5
Venezuela	63	1,2
altri	95	1,8
AUSTRALIA	136	2,6
TOTALE	5.301	100,00

Fonte: Questura di Messina.

verso il mare; i centri di Milazzo, Barcellona Pozzo di Gotto, Patti, Capo d'Orlando e S. Agata Militello nel versante tirrenico, e quelli di S. Teresa di Riva, Taormina e Giardini Naxos nel versante jonico, assorbono il 20% dell'intera popolazione provinciale (Istat, 1992).

Sono proprio queste aree, caratterizzate da un maggiore carico demografico e da una economia più variegata, ad essere interessate in misura più sensibile dalla presenza di immigrati stranieri. Escludendo il comune capoluogo, nel resto della provincia gli stranieri regolarmente presenti sono poco più di 2.000, distribuiti per 1/3 nel versante jonico e per 2/3 in quello tirrenico (Fig. 1).

Analizzando la compagine degli stranieri nelle varie aree della provincia si osserva che sostanzialmente i gruppi più numerosi sono costituiti da Maghrebini, da Tedeschi, da profughi dell'Est europeo e da Americani. Per quanto riguarda i Marocchini ed i Tunisini si osserva che è diversa nei due versanti della provincia sia la loro consistenza che l'attività svolta: nella fascia jonica prevalgono i Marocchini, per lo più venditori ambulanti; in quella tirrenica sono più numerosi i Tunisini, che lavorano spesso come braccianti agricoli nelle colture specializzate.

I Tedeschi e gli Scandinavi invece sono concentrati nelle aree a marcata vocazione turistica, come Taormina, Giardini Naxos e le Isole Eolie; molti di loro infatti sono impiegati nel settore turistico-alberghiero. I profughi dell'Est sono per lo più distribuiti in alcuni centri tirrenici, dove lavorano spesso come operai. Gli stranieri provenienti dall'Australia e dalle Americhe sono molto numerosi sia nell'arcipelago eoliano che nei centri collinari peloritani e nebrodensi, tributari in passato di un notevole flusso migratorio orientato oltreoceano. Si tratta in realtà di un'immigrazione di ritorno (Gentileschi e Simoncelli, 1983), di persone cioè emigrate da molti anni oltreoceano, come rivelano i loro cognomi chiaramente locali e la loro età media piuttosto elevata (50-60 anni), che sono rientrate nei paesi di origine e conservano la cittadinanza straniera.

Esaminando in maniera più dettagliata la distribuzione degli immigrati nella fascia jonica, si osserva che su un totale di circa 600 stranieri regolarmente presenti, i 2/3 risiedono nei comuni turistici di Taormina, Giardini Naxos, Letojanni e Castelmola. Si tratta per una buona metà di donne di provenienza mitteleuropea o scandinava, residenti in questi centri in parte per motivi di famiglia (generalmente sono coniugate con siciliani) ed in parte perché impegnate nel settore turistico, ed in questo caso sono prevalentemente nubili.

Basta però allontanarsi dall'area turistica perché cambino l'entità e la tipologia della presenza straniera: negli altri centri costieri jonici (una diecina), infatti, gli stranieri sono in totale un centinaio, equamente distribuiti; per oltre il 30% si tratta di immigrati di ritorno, provenienti dal Sudamerica e dall'Australia, di età media elevata, compresa cioè tra i 50 ed i 60 anni. Lo stesso dicasi per i centri delle colline retrostanti (una dozzina di piccoli comuni) che accolgono una settantina di stranieri, provenienti dagli stessi Paesi.

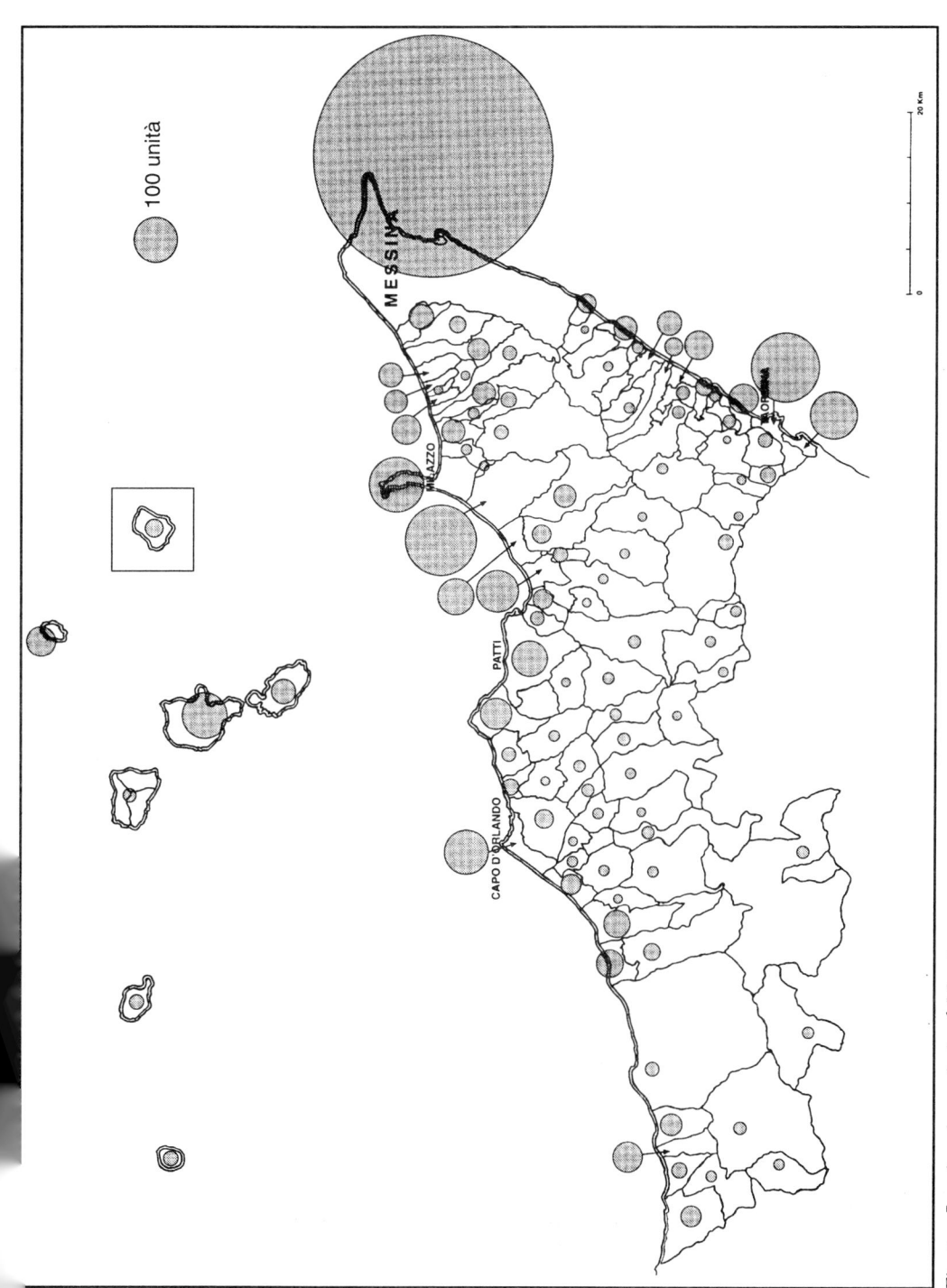

Fig. 1 – Immigrati stranieri nel Messinese

Nel versante tirrenico della provincia, più esteso, gli stranieri muniti di permesso di soggiorno sono 1.460; qui sono i centri della Piana di Milazzo (Milazzo, Barcellona Pozzo di Gotto, Terme Vigliatore, Furnari e Falcone) ad assorbirne il maggior contingente (39%). Si tratta in prevalenza di Maghrebini, di età media intorno ai 32 anni, con permesso di soggiorno come braccianti agricoli o come operai; numerosi anche i profughi dell'Est europeo e i Sudamericani.

Gli altri centri della costa tirrenica peloritana (una dozzina) assorbono circa l'8% degli immigrati, provenienti in pari proporzione dall'Est europeo (specie dall'Albania), dalle Americhe (Canada, Stati Uniti, Argentina e Venezuela) e dal Maghreb. Assai più contenuta nei sei centri delle colline retrostanti la presenza degli stranieri (4,5%), per 2/3 Maghrebini e per 1/3 provenienti dal Nord e dal Sudamerica.

Più limitato il contingente degli immigrati stranieri nelle aree nebrodensi (22,5%); anche qui è stata la cimosa costiera ad assorbirne la maggiore quantità: in particolare i centri di Patti, Gioiosa Marea, Capo d' Orlando, Acquedolci e S. Agata di Militello ne accolgono l'80%. Predominano i profughi dell'Est europeo, i Maghrebini e poi gli Americani.

Assai modesta (11%) la presenza di stranieri nelle aree montane interne; qui, in una ventina di comuni, la loro distribuzione è puntiforme. Si tratta per lo più di profughi albanesi, molti dei quali residenti in un apposito centro di accoglienza, e poi di Marocchini e di Tunisini.

Nelle Isole Eolie gli stranieri sono complessivamente pari al 15%, per lo più residenti a Lipari. I gruppi più cospicui sono costituiti dagli Australiani, dai Tedeschi e dai Maghrebini. Numerosi anche coloro che provengono dalle Americhe, dal Centro e dall'Est Europa. Nel caso degli Australiani e degli Statunitensi si tratta chiaramente di immigrati di ritorno: quasi tutti i cognomi sono tipici delle Isole e la loro età media supera nel 50% dei casi i 60 anni.

I Tedeschi, come pure gli Svizzeri, sono per il 70% circa femmine, mediamente intorno ai 46 anni, e vivono prevalentemente a Stromboli e a Lipari. Dall'Est europeo sono venuti una ventina di immigrati, per lo più Polacchi e Albanesi, di età media fra i 30 e i 33 anni.

In conclusione, salvo gli emigrati che tendono a ristabilirsi nei paesi d'origine, i nuovi arrivati contribuiscono all'aumento della popolazione e delle attività economiche nella fascia costiera, dove la loro collocazione appare fortemente condizionata dall'appartenenza a gruppi le cui prospettive di lavoro e di insediamento sono radicalmente diverse.

2. *Gli immigrati a Messina*

Veniamo ora ad analizzare in maniera più approfondita la presenza degli stranieri muniti di regolare permesso di soggiorno nel comune di Messina, al fine di individuarne l'entità, le caratteristiche dei vari gruppi e la distribuzione nel tessuto urbano in rapporto all'attività svolta, nonché il grado di integrazione con la società che li ospita.

In totale gli stranieri presenti nell'aprile 1993 erano 2.847, per il 60% maschi. Il gruppo più numeroso era costituito dagli Asiatici, pari al 38,5% del totale, con una larga prevalenza di Filippini e di Singalesi, mentre più contenuto era il contingente degli stranieri provenienti dalle Isole Mauritius.

Gli Africani erano pari al 23% del totale, in maggioranza Marocchini, Senegalesi e Tunisini. Consistente anche il gruppo dei Mediorientali (poco più di un centinaio, pari al 5%), costituito da Iraniani, Giordani e Libanesi.

Dall'Europa proveniva il 27,5% degli immigrati, in maggioranza dai Paesi dell'Est (62%). Per circa metà si trattava di Iugoslavi nomadi, cui si sono aggiunti via via numerosi Polacchi, Rumeni ed Albanesi. Dagli altri Paesi europei gli immigrati erano pari al 10% del totale; l'aliquota maggiore era costituita da Greci, quasi tutti studenti presso l'Ateneo messinese.

Piuttosto contenuto (5,5%) il gruppo proveniente dalle Americhe, in gran parte Argentini e Statunitensi (Tab. 2).

Riguardo alla suddivisione per sesso e per età si deve rilevare che gli Asiatici, prevalentemente donne, sono piuttosto giovani; l'età media dei Filippini e dei Singalesi oscilla tra i 28 e i 35 anni; i Mauriziani sono sui 31 anni. Quasi tutti maschi gli Africani, la cui età è più elevata: Marocchini e Senegalesi sono sui 36 anni, mentre i Tunisini sono per lo più trentenni. L'età degli Iugoslavi e dei Polacchi oscilla sui 33/36 anni, mentre più giovani sono gli Albanesi (26 anni); addirittura tra i Rumeni la media è di appena 16 anni, per la presenza di molti bambini in affidamento preadottivo.

Per quanto concerne la distribuzione degli stranieri nel tessuto urbano bisogna notare anzitutto che Messina, ricostruita come è noto dopo il sisma del 1908, presenta un impianto regolare a scacchiera, con un andamento longitudinale. La città si sviluppa, infatti, lungo la stretta cimosa costiera, incalzata dai colli peloritani. Le fanno da corona una cinquantina di villaggi, situati alcuni nell'entroterra, altri sulla costa; questi ultimi, specie quelli della riviera nord, dai mistici nomi di SS. Annunziata, Pace, Contemplazione, Paradiso, si sono ormai saldati alla città che si è espansa principalmente in quella direzione e verso l'interno, in forma quasi tentacolare, conquistando le vallecole create dai numerosi torrenti, che scendevano dai vicini Peloritani, i cui alvei sono stati coperti con larghe strade di penetrazione verso l'entroterra.

La città è dunque di recente impianto e non ha, di conseguenza, un vero e proprio centro storico, ma si sviluppa uniformemente lungo assi viari orientati da nord a sud, con un'edilizia decorosa.

In seguito a questa sua particolare storia urbanistica, a differenza di altre città meridionali caratterizzate da un centro storico splendido per le emergenze architettoniche e per i segni del passato ma assai spesso degradato, a Messina i quartieri fatiscenti sono situati ai margini del centro funzionale, nelle aree che, dopo il terremoto, furono occupate da una edilizia ultrapopolare che sostituì le prime baracche di legno, edificate in fretta per ospitare i superstiti, e cioè nei rioni di Camaro, Gazzi, Giostra (Ioli Gigante, 1980, p. 144).

Tab. 2 – Immigrati a Messina con permesso di soggiorno per Paese di provenienza. Aprile 1993

Paese di provenienza	N.	%
ASIA	1102	38,7
Filippine	617	21,7
Sri Lanka	379	13,3
Isole Mauritius	66	2,3
altri	40	1,4
AFRICA	658	23,1
Marocco	354	12,4
Senegal	154	5,4
Tunisia	89	3,1
altri	61	2,1
EUROPA ORIENTALE	490	17,2
Ex-Iugoslavia	182	6,4
Polonia	101	3,5
Romania	97	3,4
Albania	64	2,2
CSI	46	1,7
EUROPA OCCIDENT.	288	10,1
Grecia	149	5,2
UK ed Eire	44	1,5
Germania	34	1,2
Spagna	26	0,9
altri	35	1,3
MEDIO ORIENTE	141	5,0
Iran	64	2,2
Giordania	30	1,0
Israele	24	0,9
altri	23	0,8
AMERICHE E AUSTRALIA	168	5,9
USA	48	1,7
Argentina	32	1,1
Brasile	23	0,8
altri	53	1,9
Australia	12	0,4
TOTALE	2.847	100,00

Fonte: Questura di Messina.

I vari gruppi etnici si sono andati distribuendo nei quattordici quartieri in cui è suddivisa amministrativamente la città con modalità differenti, subordinate al tipo di attività svolta e al grado di inserimento nel contesto socio-economico della città.

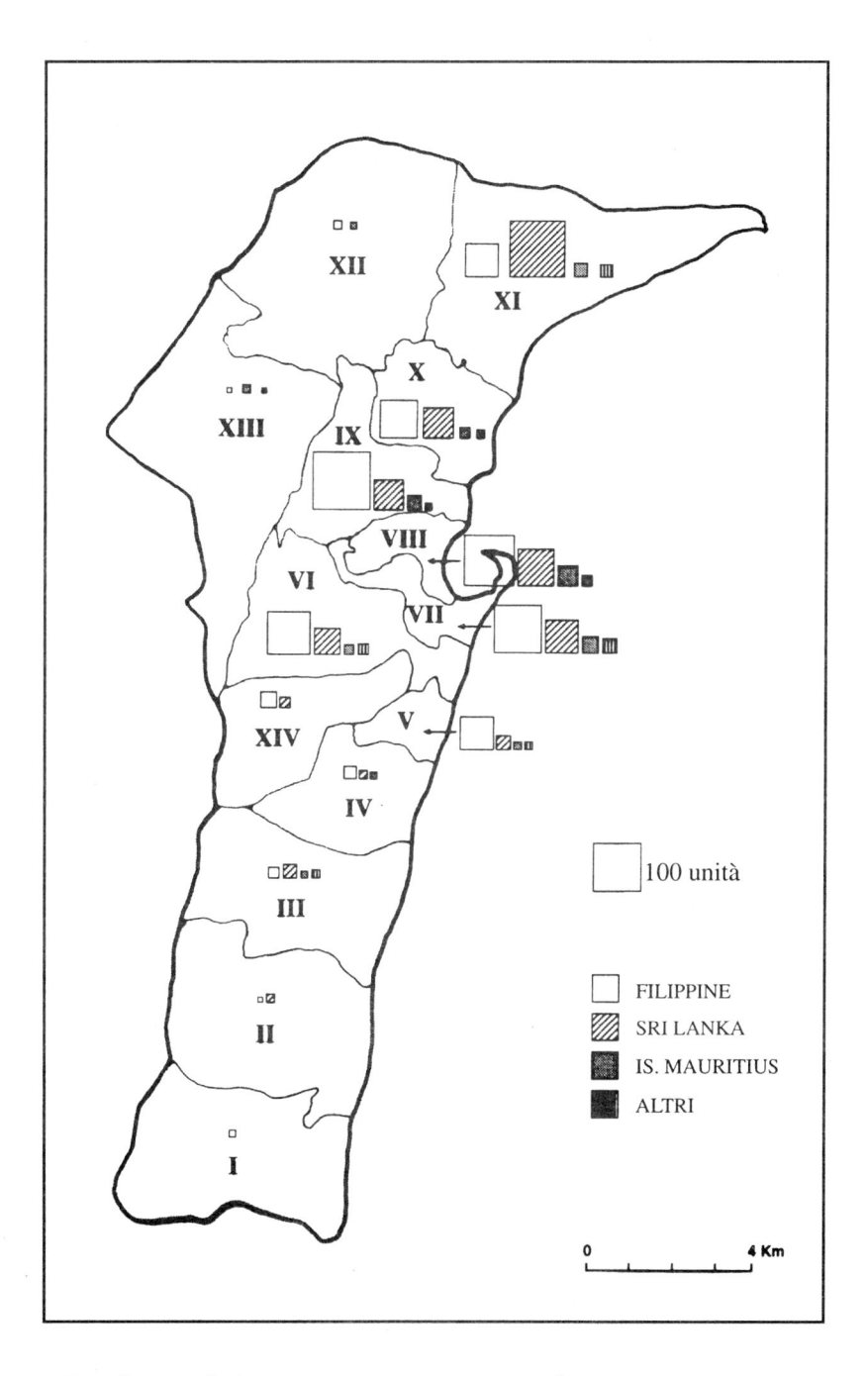

Fig. 2 – Distribuzione degli immigrati asiatici nei quartieri di Messina

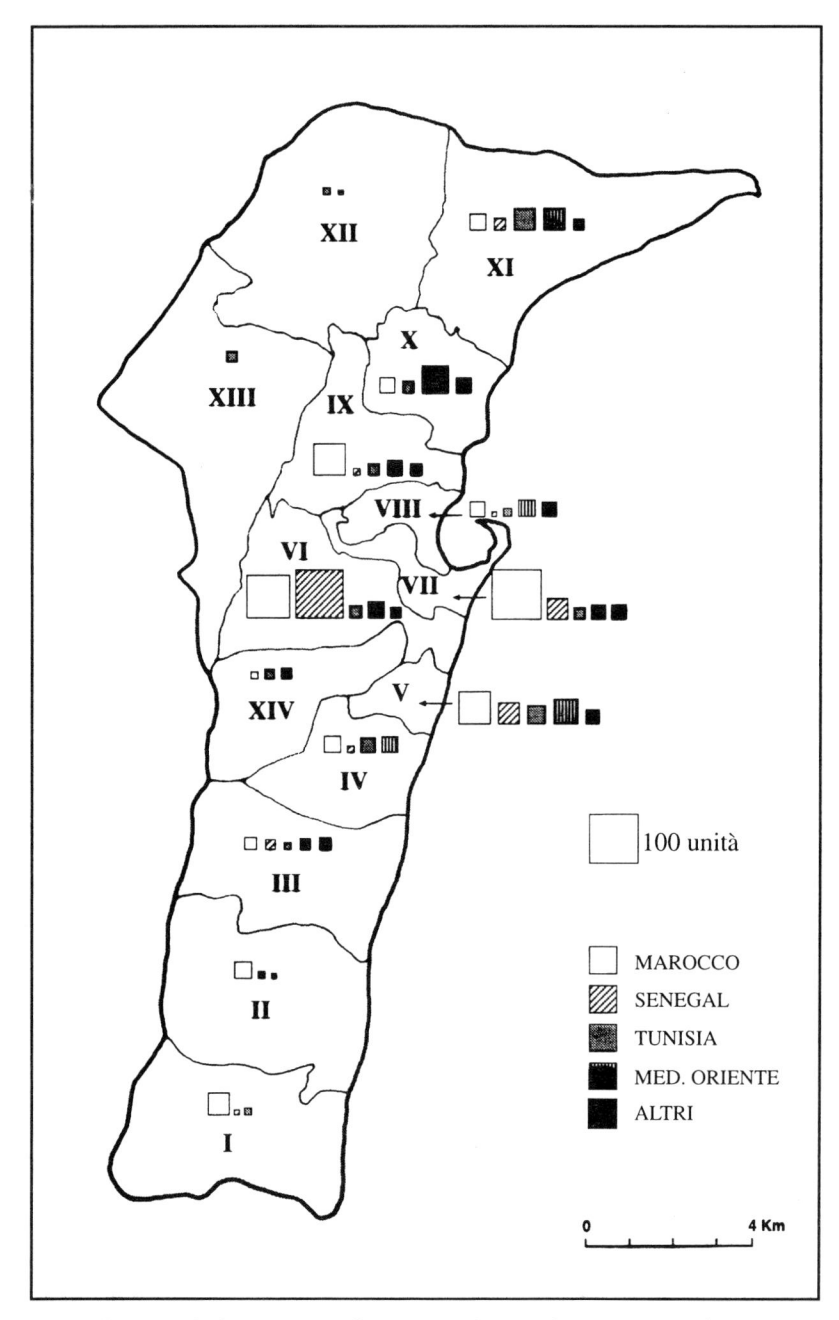

Fig. 3 – Distribuzione degli immigrati africani e mediorientali nei quartieri di Messina

Gli Asiatici risiedono nella maggior parte dei casi nel centro urbano e nei quartieri residenziali, in considerazione del fatto che in maggioranza alloggiano in casa delle famiglie presso cui prestano servizio. Altri, avendo contratto matrimonio o avendo richiamato i familiari, in virtù della «legge Martelli», si sono andati insediando autonomamente in alcuni quartieri periferici: così una cinquantina di Singalesi hanno scelto l'area di Faro Superiore, di Torre Faro e di Ganzirri (Fig. 2).

Diversa la distribuzione degli Africani: la percentuale maggiore (60%) di Marocchini e di Senegalesi vive nei quartieri degradati di Provinciale e soprattutto di Camaro, spesso in condizioni estremamente precarie; altri si sono insediati nella zona falcata del porto, ai margini del campo nomadi. Da questi quartieri, poco distanti dal centro, essi si spostano facilmente verso l'area commerciale dove esercitano prevalentemente l'ambulantato. I Tunisini sono invece distribuiti equamente nei vari quartieri della città, se si esclude un loro piccolo coagulo nell'area di Ganzirri (Fig. 3).

I Mediorientali, principalmente Iraniani, Giordani e Libanesi, quasi tutti studenti presso l'Ateneo messinese come i Greci, risiedono nell'area nord, principalmente a Ganzirri. Tra gli immigrati dall'Est europeo gli Iugoslavi, prevalentemente zingari Rom, vivono per il 75% nel campo nomadi e per il 17% sono distribuiti lungo la riviera nord. Le donne ed i bambini per lo più esercitano l'accattonaggio. Dei Rumeni il 27% vive nei villaggi, mentre gli altri, e cioè i più giovani, sono distribuiti omogeneamente negli altri quartieri, dove vivono le famiglie che li ospitano. Quasi tutti in centro i Polacchi, dove si occupano del commercio di strumenti di precisione provenienti dai Paesi dell'Est. Particolare la situazione degli stranieri originari della ex-Unione Sovietica, una sessantina di persone residenti quasi tutte in pieno centro: si tratta in verità di tecnici in servizio per un periodo transitorio presso i cantieri navali Smeb, situati sulla zona falcata del porto. Distribuiti prevalentemente nei quartieri centrali gli immigrati provenienti dai Paesi dell'Europa Occidentale, come del resto gli Americani e gli Australiani (Fig. 4).

Fra i gruppi immigrati a Messina, dunque gli Asiatici sembrano essere quelli meglio inseriti nel contesto cittadino, sia pure ricoprendo ruoli subalterni; emarginati invece gli Africani, sia per l'attività svolta che per le condizioni estremamente precarie in cui vivono, esposti a discriminazioni, anche se episodiche.

In conclusione, gli stranieri appaiono abbastanza distribuiti in città, non potendosi rimarcare l'esistenza di forme di ghettizzazione evidenti. Tuttavia, bisogna rilevare la coincidenza tra la collocazione di minoranze in condizioni più precarie in gruppi di isolati di bassa qualità abitativa, il cui recupero edilizio ed urbanistico viene in questo modo rimandato, con danni sensibili per l'immagine della città.

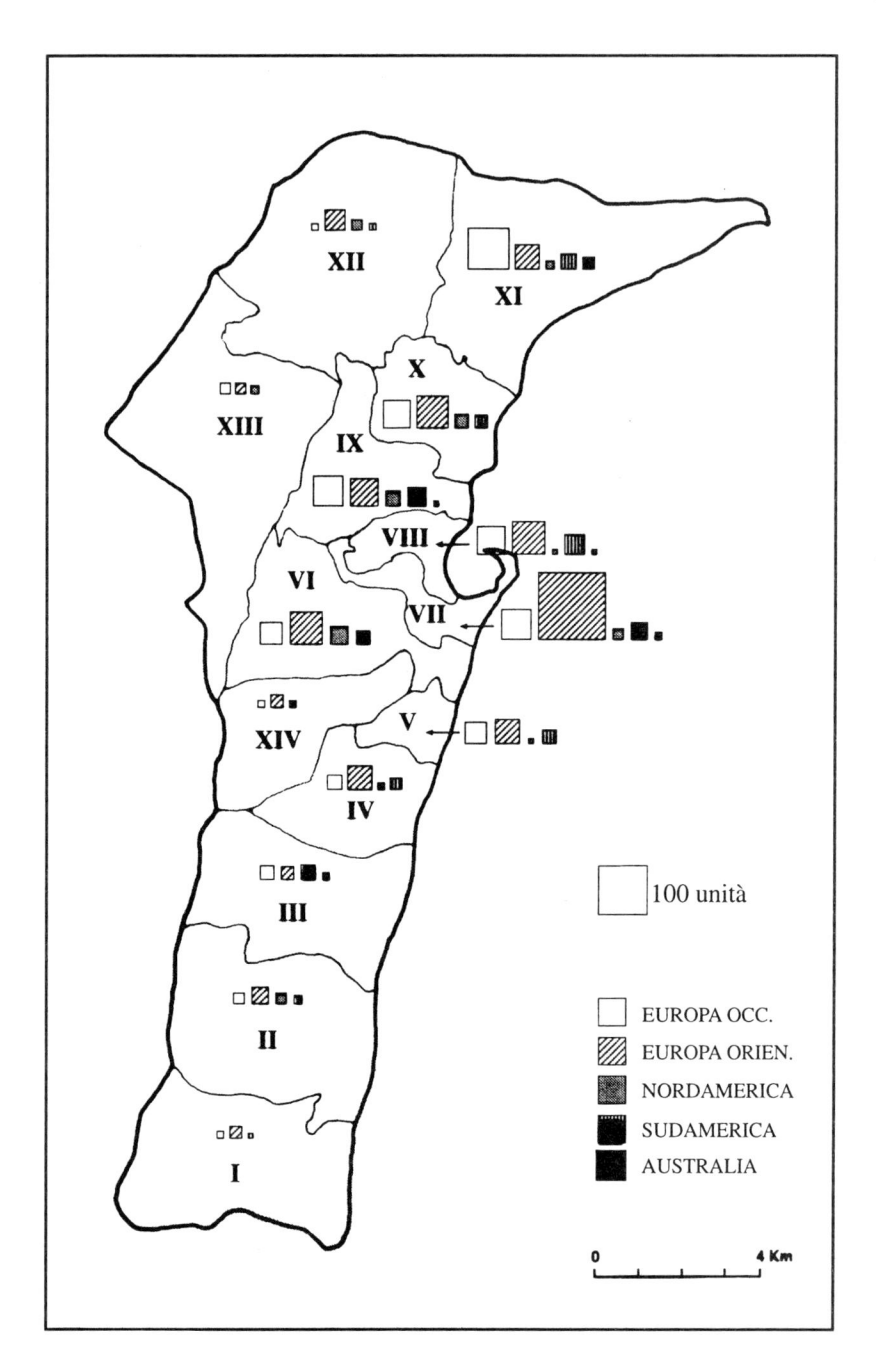

Fig. 4 – Distribuzione degli immigrati europei, americani ed australiani nei quartieri di Messina

Tab. 3 – Distribuzione degli immigrati asiatici nei quartieri di Messina

Quartiere	Filippine	Sri Lanka	Is. Mauritius	altri
I	2	–	–	–
II	1	3	–	–
III	5	8	2	3
IV	7	3	2	–
V	48	9	3	3
VI	80	30	4	5
VII	99	47	12	9
VIII	109	58	18	5
IX	144	39	9	2
X	61	40	5	3
XI	47	134	8	7
XII	3	–	2	–
XIII	1	–	3	1
XIV	11	5	–	–
Totale	617	379	66	40
TOTALE	1.102			

Fonte: Questura di Messina.

Tab. 4 – Distribuzione degli immigrati africani e mediorientali nei quartieri di Messina

Quartiere	Marocco	Senegal	Tunisia	Med. Oriente	altri
I	20	1	2	–	–
II	12	–	2	–	1
III	6	4	2	5	6
IV	12	2	10	11	–
V	44	19	14	26	8
VI	78	99	7	12	6
VII	106	19	6	9	9
VIII	10	1	3	12	9
IX	43	2	6	10	6
X	11	–	6	31	10
XI	10	6	20	20	5
XII	–	–	2	–	1
XIII	–	–	5	–	–
XIV	2	–	4	5	–
Totale	354	154	89	141	61
TOTALE	779				

Fonte: Questura di Messina.

Tab. 5 – Distribuzione degli immigrati europei, americani ed australiani nei quartieri di Messina

Quartiere	Europa Occ.	Europa Or.	Nordamerica	Sudamerica	Australia
I	2	6	–	1	–
II	5	12	5	3	–
III	8	7	–	9	–
IV	9	26	2	6	–
V	20	25	1	8	–
VI	21	45	14	8	–
VII	38	190	5	12	2
VIII	33	46	1	16	1
IX	39	33	10	15	1
X	32	43	8	7	–
XI	72	25	3	10	6
XII	2	18	5	2	–
XIII	5	5	3	–	–
XIV	2	7	–	2	–
Totale	288	490	57	99	12
TOTALE	946				

Fonte: Questura di Messina.

BIBLIOGRAFIA

ARENA G., «Lavoratori stranieri in Italia e a Roma», in *Boll. Soc. Geogr. Ital.*, s. X, vol. XI (1982), fasc. 1-3, p. 60.

AVOLIO C., «La schiavitù in Sicilia nel secolo XVI», in *Archivio Storico Siciliano*, 1889.

BATTAGLIA R., *Sicilia e Gran Bretagna. Le relazioni commerciali dalla Restaurazione all'Unità*, Milano, Giuffrè, 1983.

BERTOLINO A., «L'attività degli stabilimenti inglesi a Marsala durante il Risorgimento», in *Rass. Stor. Risorg.*, XXVII, (1940), pp. 762-765.

BRAUDEL F., *La Méditerranée et le Monde méditerranéen à l'époque de Philippe II*, Paris, Librairie Armand Colin, 1949. Ediz. it. *Civiltà e imperi nel Mediterraneo nell'età di Filippo II*, Torino, Einaudi, 1986, vol. I, p. 108.

BRUNETTA G., «L'immigrazione extracomunitaria in Italia. Caratteri generali», in *Atti del Convegno di Studi in onore di G. Valussi (Trieste, 6-7 febbraio 1992)*, Trieste, 1994.

CACCIABUE F., «Il porto peschereccio di Mazara del Vallo», in AA.VV., *Città e territorio in Sicilia occidentale*, Palermo, La Palma, 1979, pp. 31-45.

CALDO C., «Esodo agricolo e immigrazione nord-africana in Sicilia occidentale», in *Atti del XXII Congr. Geogr. Ital.*, Salerno, 1975, vol. II, p. 640.

COCCHI G. (a cura di), *Stranieri in Italia. Caratteri e tendenze dell'immigrazione dai paesi extracomunitari*, Bologna, Misure/Materiali di ricerca dell'Istituto Cattaneo, 1989.

D'ANGELO M., *Mercanti inglesi in Sicilia. 1806-1815*, Milano, Giuffrè, 1988.

GENTILESCHI M.L., SIMONCELLI R., *Rientro degli emigrati e territorio. Risultati di inchieste regionali*, Cèrcola (Napoli), Istituto Grafico Italiano, 1983.

GUARRASI V., «Processo migratorio e culture locali. Il caso degli immigrati tunisini a Mazara del Vallo», in *Atti del XXIII Congr. Geogr. Ital.*, vol. II, t. II. Catania, 1983, pp. 402-414.

INCA – CGIL, *Dossier. Immigrazione a cinque anni dalla prima legge*, Dic. 1991, p. 6.

IOLI GIGANTE A., *Messina*, Roma-Bari, Laterza, 1980, pp. 115-116.

ISTAT, *13° Censimento Generale della popolazione e delle abitazioni. 20 ottobre 1991. Risultati provvisori provinciali e comunali sulla popolazione e sulle abitazioni*, Roma, 1992.

LUPO S., *Il giardino degli aranci*, Venezia, Marsilio, 1990, p. 28.

PITTAU F., «L'emigrazione italiana in Libia», in *Affari sociali Internazionali*, 1985, pp. 109-126.

ID., «L'emigrazione italiana in Etiopia: dall'occupazione alla cooperazione», in *Affari Sociali Internazionali*, 1985, pp. 65-75.

RAFFIOTTA G., *La Sicilia nel primo ventennio del secolo XX. Storia della Sicilia postunificazione*, Palermo, Industria Grafica Nazionale, 1959, pp. 143-144.

TRASSELLI C., «Mercanti forestieri in Sicilia nell'età moderna», in *Storia della Sicilia*, vol. VII, Palermo, 1978, pp. 165-181.

TREVELYAN R., *Principi sotto il vulcano*, Milano, Rizzoli, 1977, p. 17.

TUZET H., *Viaggiatori stranieri in Sicilia nel XVIII secolo*, Palermo, Sellerio, 1988.

ZECCA G., *L'emigrazione italiana in Tunisia*, in *Africa*, 1963, pp. 55-62.

III – L'EVOLUZIONE DEMOGRAFICA DELLE GRANDI AREE URBANE

Keith Halfacree*

RURALISM AND THE POSTMODERN EXPERIENCE: SOME EVIDENCE FROM ENGLAND IN THE LATE 1980S

Riassunto. Nel contesto della controurbanizzazione, il «ruralismo» può essere definito come il desiderio di abitare in un ambiente più rurale. Sulla base di informazioni raccolte attraverso questionari e interviste rivolte a persone di recente trasferitesi nelle campagne inglesi, il presente contributo esamina il concetto di ruralismo nel contesto del dibattito sul postmodernismo. *Inter alia*, la «concretezza» del ruralismo dei migranti non consentiva un'interpretazione in termini di nichilismo o di passatempo postmoderno. Quest'approccio utilizza l'eredità premoderna nel ruralismo nella ricerca esistenziale di un sentimento del luogo in un mondo che comprime le dimensioni dello spazio e del tempo.

Summary. In the context of counterurbanisation, «ruralism» can be defined as a desire to live in a more rural environment. Using information collected from questionnaires and interviews with recent migrants to rural Britain, this paper interrogates the concept of ruralism in the context of the postmodern debate. *Inter alia*, the «seriousness» of the migrants' ruralism did not fit well with interpreting it as postmodern nihilism or dalliance. Instead, the ruralist impulse appears much more as a qualified modernist response to the postmodern experience. This response utilises the pre-modernist cultural heritage of ruralism in the existential search for a sense of place in a world of time-space compression.

«What should we do?
Get out of it for a while. Get into the countryside. Rejuvenate.
Rejuvenate! I'm in a park and I'm practically dead. What good's the countryside?»

(*Withnail and I*. Directed by Bruce Robinson, 1986)

1. *Introduction: counterurbanisation and ruralism*

Initially identified in the United States, counterurbanisation has occurred in most of the Developed World. There is little consensus as regards explaining this migration trend but entwined with the empirical counterurbanisation current appears to be a desire to live in a more rural location. This desire, henceforth termed «ruralism», forms the focus of this paper.

Two initial «explanations» of ruralism must rapidly be dispatched as ina-

---

* Migration Unit, Department of Geography, University of Wales, Swansea.

dequate. First, we might argue that it is a natural response as we have an innate human need to live in a rural residential environment. The key problem with this explanation is that it neglects the way in which human needs and human nature are produced. Whilst we can accept that there are abstract human needs for affection, belonging, etc., the precise form that these needs take is determined by the societal context in which the person exists. This makes needs to some degree society-specific (Soper, 1981). Secondly, we might instead argue that a ruralist «need» is a product of the capitalist marketplace. This would be to go too far in the other direction and grant the market over-deterministic power. There is still a place for human needs in the determination of behaviour. In this sense we can argue that needs and production are likely to be mutually reinforcing, rather than having one determine the other. Thus, we must seek amongst our everyday societal experiences for the basis of the ruralism latched onto by the market.

2. *Postmodernity and the search for ontological security*

The postmodern experience

Harvey (1989, pp. 284-307) characterises what he labels the «postmodern experience» in terms of space time compression. Temporally, postmodern production is characterised by «flexible accumulation», with technology, labour, management and consumption subject to continuous change and adaption in contrast to the rigid production line and mass market orientation of modernist Fordist production. Flexible accumulation relies upon accelerating the turnover time of capital, accentuating the volatility and ephemerality of fashions, commodities, the production process, norms, and even values and ideas. One way of meeting this insatiable need for novelty is by the increased commodification of time, as reflected by, *inter alia*, the heritage industry. Additionally, communications systems symbolise the increasing «annihilation of space through time» which daily moves us closer to McLuhan's «global village». The power to ascribe the social meaning of space (such as rural space) is removed from the people in those spaces and acquired by «distant forces». Spaces are reduced to «flows and channels» (Castells, 1983); they become «phantasmagoric» (Giddens, 1990, p.108) as the local is shot through by the global (Smart, 1993, p. 146).

Other societal experiences further undermine our position in space and time (Smart, 1993, p. 102). Changes in the class structure have fragmented working-class communities and seen the burgeoning of the service class (Lash and Urry, 1987); electronic mass media have partially democratised knowledge but provoked a questioning of our selves and our institutions (Meyrowitz, 1985); and other societal changes provoke increasing insecurity, such as the «de Oedipalisation of family life» (Pfeil, 1988). Finally, a cultural reliance upon signs rather than on concrete objects, as in the «television culture» described by Baudrillard (1988), provokes a nostalgia for the reality of the experience of these lost objects (Kroker, 1985).

Our psychological responses to such instantaneity and disposability have long been recognised through analysis of the experience of «modernity» (Simmel, 1971), but these responses have been intensified considerably by postmodernisation. Crucially, the postmodern experience has seen an overall loss of a vision of the future, as modernity has begun to swallow its own tail through increasing self-reflexivity and self-criticism (Bauman, 1990; Smart, 1993).

In order that psychologically-rooted existential needs for identity and security can be realised, we must develop a sense of place where time and space are brought together. This is becoming increasingly difficult to achieve. We are losing our sense of place, and place and familiarity are increasingly disconnected (Giddens, 1990 p. 141). Contemporary life is characterised by a crisis of «ontological security», a concept referring to:

the confidence that most human beings have in the continuity of their self-identity and in the constancy of the surrounding social and material environments of action. A sense of the reliability of persons and things, so central to the notion of trust, is basic to feelings of ontological security; hence the two are psychologically closely related (Giddens, 1990, p. 92).

The everyday routines which provide the foundation of our ontological security are increasingly undermined in the postmodern era. Whilst they still underpin daily life, these routines are qualitatively different from those of the «premodern» era. The destruction of a natural sense of trust and security rooted in place and tradition is replaced by an abstract trust rooted in law and technology. This may increase our physical security but it is psychologically and morally unrewarding (Giddens, 1990; 1991).

Coping with the postmodern condition

Harvey (1989, pp. 350-2) identifies four strategies for coping with reduced sense of ontological security. First, we can let the postmodern condition overwhelm us and reduce us to a passive stunned silence. This response is praised by Baudrillard (1983) as the «silent majority's» subversion of imposed cultural meanings by refusing to acknowledge and accept them. Secondly, we can be «truly» postmodern and revel in the diversity and ephemerality of a world without limits or constraints, in the manner advocated again by Baudrillard (1988) in his rejection of meaning, reason or order; we can abandon modernity (Smart, 1993, p. 92). Thirdly, we can deny the existence of the postmodern complexity and explain the world through a series of simple slogans which re-state the «old truths» (O'Neill, 1988). Fourthly, we can attempt to produce a basis for limited action without accepting old simple truths of the past. This strategy attempts to replace oneself in the world and regain a sense of perspective (Giddens, 1990, p. 141), whilst accepting that the whole world can never be «known» by any one individual.

The remainder of the chapter explores the issues raised above using material obtained from a case study of counterurbanisation in England in the 1980s. After introducing the research, the key attractions of a rural residence for the migrants are described. These findings are then examined in respect of the four strategies to deal with the postmodern experience.

3. Counterurbanisation and ruralism in England in the late 1980s: an example

Outline of the research

Research was undertaken in six rural parishes in England in the late 1980s, three located in Lancaster district in the Northwest and three in Mid Devon in the Southwest. Questionnaire responses were obtained from 266 people and follow-up interviews were conducted with 113 of these respondents. Some 68% (181) of the questionnaire respondents' households, henceforth described as «migrants», had moved into the immediate area of their current parish since 1970.

General impressions from the research

Particularly striking from the pilot study onwards was the considerable interest shown in the research by the respondents, with almost all interviewees eager to see at least some of its conclusions. This perhaps reflects heightened public awareness of the range of «rural» issues covered. Seen slightly differently, this interest also suggests that the «rural dimension» of the respondents' residential location was likely to be highly significant.

An overall response rate of 48% for the questionnaires was not spectacularly good – Perry *et al.* (1986) achieved 72% in a comparable study – but was respectable for a mailed questionnaire. The completed questionnaires tended to be answered thoroughly. It is worth noting that they were sent out «cold» and were quite long at ten pages. In addition, my spatial remoteness from many respondents (reducing immediate familiarity) and sending out some questionnaires just before Christmas probably damped response.

Around two-thirds of the questionnaire respondents were willing to be interviewed, typically for around 35-40 minutes. Subsequent refusal rates were negligible, with very few respondents inquiring even superficially into the interview content prior to the meeting. In sum, people were both eager and confident to talk about «rural matters». Again, there was a high degree of thoroughness in the interview material, with the discussions frequently detailed and wide-ranging.

Characteristics of the migrants

Previous studies have shown that migrants to rural Britain are rather socially heterogenous but biased in favour of the middle and upper social classes. This bias was confirmed in this study, with 40% classified as service class, 27% as working class and the rest distributed amongst employers, petite bourgeoisie and managers. The occupational profiles of the migrants emphasised office-based jobs (34%), education (18%), science and engineering (18%) and caring (10%).

The interviews investigated links between the respondents and both their current places of residence and past experience of rural living. Whilst half of the migrants interviewed had been brought-up predominantly outside their current county of residence, 35% had been brought-up within 15 miles of the parish, including 10% in the parish itself. Furthermore, in a quarter of cases both the respondent and his or her spouse had been brought-up in a predominantly rural environment, although in 38% of cases they had both had a predominantly urban upbringing. There was something of a tendency among migrants to be «rural» people: in 1988 38% of the English population lived in the seven Metropolitan counties alone (*Population Trends* 57, 1989). Of the 77% of migrants interviewed who had moved into the area covered by a 25 kilometre radius from the parish since 1970, nearly a quarter of families contained at least one spouse who had lived within this «local area» before, 43% had relatives or friends within this area and 8% had some «leisure experience» of this area.

The migrants appeared, in general, to be very «conventional». First, 43% of households were nuclear families, the majority with children in education, and 37% were two-person households, split roughly equally between retired and working-age couples. Only 11% of households were single people, and half of these were elderly. There were only 8 (4%) one-parent families and 9 (5%) in extended-type arrangements. Comparison with household structures at the time of moving to the immediate rural area suggested an association between moving and having children.

Secondly, limited insights into the cultures of the migrants were obtained by investigating the types of magazines taken and the sorts of leisure activities engaged in. Whilst we cannot place too much confidence in the precise figures, some 49% of the migrant households took home-orientated magazines, 32% indoor recreation, 25% outdoor recreation, 12% local and 30% claimed not to take any regularly. Choice of titles suggested a conservative outlook: there was no mention of radical political interests and rural concern was confined to a limited range of titles, such as *Country Living* and *Country Life*, with no mention of more campaigning titles. Indeed, only 7% of migrants claimed to take «rural» titles, a figure rising to only 9% for the service class, which is surprising given these magazines' readership profiles (Cunningham, 1988).

As regards leisure activities, migrants typically listed around five activities per household. Some 91% listed indoor activities and 26% home-based activities. Of most interest, 72% claimed involvement with local activities and 85% with outdoor pursuits. The main local activities were concerned with local events (30%), the church (24%) and school and youth events (23%); whilst outdoor events featured walking, climbing and/or horse-riding (56%), gardening (46%) and countryside- and conservation-type activities (14%). Service class migrants displayed most association with outdoor activities at 88% involvement, including 61% who took part in walking, climbing and/or horse-riding. However, whilst «rural» leisure activities were an important component of many migrants' lifestyles, they were situated within a broad constellation of more urban-based activities.

Attractions of a rural residence

Information was obtained about the reasons why migrants had undertaken their most recent move. «Primary reasons» for moving are given in Table 1 for those who had migrated from an urban to a rural residential environment. Immediately, the importance of employment and housing is clear, as would be expected. However, of particular note here is the importance attached to environmental reasons, especially «physical quality of the environment» and «social quality of the environment».

Six typical examples[1] of the physical quality of the environment reason are:

> «*We wanted to move to... a more attractive area*».
> «*We preferred [not] to live... alongside a busy main road*».
> «*Wanted [to live]... in more pleasant surroundings*».
> «*[We wanted] to move from London suburb to the country...*».
> «*The opportunity arose to semi-retire to the country*».
> «*Preference for additional land, peace and privacy*».

Illustrating the «social quality of the environment» reason, most important to shorter-distance migrants (26%), four examples are:

> «*To be in a quieter and more pleasant relaxed area*».
> «*Didn't like previous neighbourhood... Wanted to live in a rural area*».
> «*To seek calmer environment*».

---

[1] Many of the examples of reasons contain elements of other reasons.

«To [move to a] quieter house from noisy neighbourhood... Also liked idea of country life».

Although these examples make clear the importance of the rural environment to many migrants, analysing primary reasons for moving alone does not do justice to this factor. At the very least, we must also consider «secondary reasons» for moving, representing factors not given immediately in response to the question «why did you move?» but which are vital to any understanding of the *precise* character of the migration. These secondary reasons are also shown in Table 1. Given that the two sets of reasons are mutually exclusive, the importance of the physical and social quality of the environment is reinforced considerably. In total, 79% of the urban-to-rural migrants mentioned the physical quality of the environment and 40% cited the social quality of the environment.

Further evidence of the important constituting role played by the rurality

Tab. 1 – Primary and secondary reasons for moving given by urban-to-rural migrants

Reason	Percentage citing[1]	
	Primary level	Secondary level
Housing		
Housing size, space	8	34
Better garden, land	7	30
Eviction, compulsory purchase	10	–
Housing quality	12	35
Housing investment	5	–
Tenure change	–	9
Employment		
Employment: not posting, promotion	20	–
Employment: posting, promotion	15	–
Environment		
Physical quality of the environment	31	51
Social quality of the environment	15	27
Familiarity with the neighbourhood/environment	5	6
Privacy/fewer neighbours	–	21
Leisure potential of the environment	–	16
Others		
Accessibility to family, friends	5	–
Marriage, move to relatives	5	–
Accessibility to services	8	9
Accessibility to work	–	5
«None given»	(11)[2]	7
N =	84	94

[1] Only reasons cited by at least 5% migrants shown.
[2] Percentage of total number of respondents (= 94).

Tab. 2 – Reasons given for urban-to-rural change

Reason	Percentage citing
Housing	
Lower housing costs, rates	3
Better garden, land	3
Overcrowding, marriage (new household)	1
Housing size, space	1
Environment	
Physical quality of the environment	59
Social quality of the environment	41
Leisure potential of the environment	12
Familiarity with the neighbourhood/environment	12
Privacy, fewer neighbours	4
Others	
Accessibility to family, friends	9
Accessibility to services	6
«Fancied a change»	3
Employment	3
Accessibility to work	1
Divorce, separation	1
None	6
N =	69

of the destination came from the interviews. First, migrants who had not undertaken a local intra-rural move were asked: «Compared to all the other aspects of your move, how important was the rural character of this area in bringing you here?». Nearly half claimed that this rural character was «extremely important», 29% that it was «important», 15% that it was «somewhat important» and just 9% that it was «unimportant».

Secondly, interviewees were asked why they had come to live in a rural area if they had done so since 1970. This explicit enquiry was almost unanimously answered unproblematically. The reasons given for the urban-to-rural change are shown in Table 2. Again, the most important reason concerned the «physical quality of the environment»:

«Could choose to live in a more open aspect area».
«Quieter – less traffic. Like the country, but not too isolated. Nice to see fields, etc.».
«Wanted... more natural surroundings».
«Wanted quietness».
«Became more keen on living in a rural area. Space, fewer people, time to breathe and think».

The key perceived physical features emphasised are summarised in Table 3.

Tab. 3 – Key «physical» features of the destination

1. The area was more *open* and less crowded; one no longer felt hemmed-in by houses. There was a more *human* scale to things.
2. It was a *quieter* and more tranquil area, with reduced traffic noise and less «hustle and bustle».
3. The area was *cleaner*, with fresh air and an absence of traffic pollution and smog.
4. The *aesthetic quality* of the area was higher – views, green fields, aspect, beauty. There was stimulating, «spiritual» scenery.
5. The surroundings were more *natural*, with an abundance of flora and fauna.

Second in importance was the «social quality of the environment»:

«To get away from it all».
«Idealism».
«Get out of the rat race – better way of life».
«Pace of life – slower... More of a community atmosphere».
«Tried Exeter but didn't like it because nobody gives a damn. Didn't know next door neighbours. Too fast. Untrustworthy».

The key perceived social features of the destination are summarised in Table 4. All reflect a personal concern with the «quality of life» and, in deference to the indistinctness of the «quality of the environment» reasons, often appear to represent a development of the «physical quality of the environment» reason.

Tab. 4 – Key «social» features of the destination

1. The area allowed one to *escape* from the «rat race» and society in general. This was underpinned by a degree of utopianism.
2. There was a *slower* pace of life in the area, with more time for people. There was a feeling of being less pressurised, «trapped» and crowded, and of being «able to breathe».
3. The area had more *community* and identity, a sense of togetherness and less impersonality. The general idea of «small is beautiful» came across here.
4. It was an area of *less crime*, fewer social problems and less vandalism. There was a feeling of being safer at night.
5. The area's environment was better for *children's upbringing*.
6. There were far *fewer non-white* people in the area.
7. The area was characterised by *social quietude* and propriety, with less nightlife, fewer «sporty» types, etc.

Only two other reasons for the urban-to-rural change were given by over ten per cent of the migrants, both of which were also «environment» reasons: the «leisure potential of the environment» and «familiarity with the neighbourhood/environment», where a general familiarity with «rural life» was usually emphasised. Just 6% (4) of respondents gave no clear reason for their urban-to-rural change and the rurality of the destination appeared unimportant:

«Not really the rurality which attracted us».
«Nothing really... Opportunity only».
«Accident rather than design. Couldn't get house in Bridlington suitable».

For other moves where the rurality of the area seemed largely irrelevant, considerable significance was often attached to the switch to a rural environment elsewhere in the accounts of these moves.

4. *Locating ruralism: nihilism, dalliance, nostalgia, or order?*

How well do the sympathies expressed above correspond to the four responses to the «postmodern experience» described earlier?

Ruralism as postmodern nihilism

The idea that ruralism represents a nihilistic rejection of culture and society by the «silent majority» receives short shrift. Migrants did not conform to disinterested television «channel hoppers». Whilst ruralism can be seen as a rejection of urban life or the fear of being overwhelmed by it, the very effort of moving is not reflexive of passivity or «stunned silence»! Neither are the counterurbanisers themselves «silent» and apathetic, as the material discussed above and any review of, *inter alia*, rural pressure groups reveals (Lowe and Goyder, 1983). Ruralism is not just against, it is also for. Moreover, the strength of «ruralism» within «British» culture (Short, 1991) fits poorly with any idea of cultural subversion. Instead, ruralism appears as an active response to the postmodern condition and the migrants' accounts demonstrate that it is a narrative whose coherence has not been deconstructed to «a rubble of signifiers» (Harvey, 1989, p. 350).

Ruralism as postmodern dalliance

Aligned squarely with the postmodernisation of society, ruralism can be seen as a form of revelling in the diversity and ephemerality of a postmodern present; it is a game, an «experience», freed of the existential burdens of (pre-) modernism. There are two ways in which we may wish to describe ruralism as postmodern: as a reaction against the tyranny of urban rationalism, an active form of the subversion suggested by Baudrillard's «silent majority»; and as lifestyle built on surface imagery.

It seems clear that ruralism *does* represent a clear-cut rejection of urban life as it had been experienced by the migrants. As such, given the way in which the city and urbanism appear as *leit-motifs* of modernism, we may thus wish to categorise ruralism as «postmodern». Indeed, this seems to have been Harvey's (1989, p. 340) response by associating counterurbanisation with «flexible postmodernity». However, such an integration appears rather limited and reliant unduly upon empirical trends and spatial patterns at the expense of exploring whether the counterurbanisation process challenges the cultural drive of modernism towards order.

Such a conclusion is supported by the lack of finding the necessarily «superficial» lifestyles among the migrants. There was little evidence to support the idea that ruralism was regarded as a cultural game, possibly related to status considerations but nevertheless still a shallow aesthetic response. It was immediately clear from both the «commitment» and seriousness of the respondents and the thoroughness of their responses that it was not a case of rural-lifestyle-one-week-urban-lifestyle-the-next.

For example, the «aesthetic» appeal of rural living, expressed most clearly in the «physical quality of the environment» reason, was ill-suited to the postmodern cultural encounter (Lash and Urry, 1987, pp. 286-7). The rural landscapes valued by the respondents were unsuited to mechanical reproduction; they were more contemplative than distracted in the way they were received; and, whilst ruralism was «popular», this popularity was rooted in ruralism's place within «high art» and Culture rather than in the mundane features of everyday life. Indeed, the very difficulty of separating the «physical quality of the environment» reason from the «social quality of the environment» reason emphasises the depth of the former and its link with the latter's association with certainty, order, calmness and relaxation.

The lack of a postmodern playfulness in the migrants' ruralism also came across in their lifestyles. For example, the numerically predominant service class migrants fitted poorly the «green welly-Laura Ashley-Range Rover» culture described by Thrift (1987). Such people may be found in rural Britain but they were most uncommon among my respondents. Hence, whilst the service class might be linked to both postmodernism (Lash and Urry, 1987) and ruralism (Thrift, 1987), it seems unwise to make the third connection between postmodernism and ruralism.

Ruralism as pre-modernist nostalgia

More convincing than describing ruralism as postmodern is to link it with a «sloganised» re-statement of pre-modern «old truths». Such a connection might seem relatively unsurprising given the long historical pedigree of ruralism within British society and is the main way in which ruralism appears to be understood in the literature (cf. Short, 1991; Williams, 1973).

First, there was the idea that rurality represented an «escape» from an uncertain, multi-racial and crime-ridden urban world into the social quietude, peace and beauty of the more «timeless» countryside. Here, rurality's role as a «refuge from modernity» (Short 1991, p. 34) in the guise of the city and its corresponding other «old truths» of urban Enlightenment modernism must be stressed. Rural living gave the respondents more relaxation and enabled them to gain a better sense of place. The aesthetic dimension of rural living generally bolstered this impression; ruralism represented a contemplative transcendence of everyday concerns.

Associated with this strong impression was the link which many respondents had with previous rural living or the local area of the parishes. In this we can see most clearly a nostalgia for the certainties of childhood, since the countryside is not just associated with «the past» but also with the personal past of childhood where many of our attitudes to ruralism are formed. Tuan (1980) and Olwig (1982) argue that with adulthood an individual develops a sense of place which, in contrast to the unconsciousness of childhood rootedness, involves greater distancing between the individual and the place to which they relate. Thus, nostalgia for one's childhood can be seen as an attempt to develop a sense of place through reflection upon a lost rootedness.

Thirdly, the generally «conservative» character of the migrants, whether in terms of lifestyles or attitudes, was readily apparent. In sum, the «new» rural residents were very «ordinary» people. Even the service class migrants were on the whole not the sort of people one would associate with any cultural «vanguard», whether modernist or postmodernist.

Nevertheless, it seems too easy to dismiss the migrants' ruralism as a reactionary nostalgic disposition. First, the respondents themselves would not agree with this equation and would not like to be described as people living in the past. For example, throughout the interviews they were most keen to stress how rural people in general were not old-fashioned or backward, as the myth of the «country bumpkin» would suggest, but possessed all of the «technology» and most of the attitudes of «modern» society. Elsewhere in the interviews, the «chocolate box» stereotype of the village was recognised but was unmasked as inadequate. Elements of «simplicity» which were associated with rural living were linked to deliberate lifestyle choices of sophisticated individuals rather than with a backwardness on the part of rural inhabitants.

Secondly, of course, it is not enough to leave it to the migrants to deny any «backward» orientation, although it must be noted that the interviewees certainly did not come across as especially reactionary. In addition, we must be wary of assuming that invoking the past, whether «real» or «imagined», should be interpreted as reaction. Instead, it can be seen as referring to a world where the existential dilemmas of the present are resolved or at least minimised. For example, the ties with rural areas shown by many respondents need not be dismissed as pure nostalgia but may represent a concern to reside in a place where one felt at ease. More widely, the emphasis on the quality of the rural environment mostly was not an invocation of some mythologised rural past but was a response to the experience of urban life. In particular, an authentic – i.e. proximately experienced – contrast between the relative peace of rural living and the hustle-and-bustle of urban life was apparent. There was nothing mythical about this.

Thirdly, many elements in the ruralism expressed by the migrants could not be described as pre-modern. As part of their developed accounts of rural living, migrants expressed considerable awareness of «green» issues and perceived threats to the rural environment. For example, the all-pervasive contemporary issue of «traffic congestion» was frequently referred to. Likewise, there was a recognition of how rural society has been changing over the past decades. Thus, a number of very contemporary concerns were weaved into the migrants' ruralist discourses, although we must acknowledge how some of these only achieved prominence after the migration.

In sum, the ruralism expressed by the migrants may have been heavily infused with nostalgia but it cannot be reduced to some kind of pre-modernist relic and dismissed accordingly. To do so would be to succumb to a trans-historical naturalist interpretation of ruralism. Ruralism does not conform to the fundamentalism of Harvey's sloganeers but represents a contemporary (re-)appropriation of the past in the cause of the present.

Ruralism as modernism re-stated?

The final strategy involves the attempt to gain a sense of place and a perspective on the world without uncritically adopting the established certainties of the past, as reflected by the nostalgic response. Ruralism's potential to provide a means of attempting to (re) gain order in this way reflects its strong link with «tradition», as discussed above. As Friedman (1988, p. 452) argues, tradition provides the roots and values necessary in the absence of a modernist vision, where a loss of faith in the city as Jerusalem accompanies the loss of faith in collective emancipation (Short, 1991, p. 90).

Recognising a connection between ruralism and the search for ontological security is possible once we have rejected ruralism as postmodern. For example, linking ruralism with order is apparent in the «physical quality of the environment» and «social quality of the environment» reasons for moving. Instead of seeing the desire for openness, quietness, cleanliness, aesthetic quality and «nature» as reflecting a postmodern concern with style or a pre-modern concern with past community, we can see it as an attempt to create a «distance» between the migrant and the rest of the world, as symbolised by the urban population. The rural physical landscape is perceived as being simpler and consequently more clearly defined and delineated – more ordered – than that of the city. Similarly, the desire for a residential escape, a slower pace of life, a sense of community, safety and familiarity can be linked to a need to obtain a sense of belonging in the world as it is today rather than to achieve a return to a world past or to play games of «country living». Rural society, particularly on account of its more intimate scale, is one in which the migrants felt they could get a better overview; the rural social landscape, too, is more ordered.

The «quality of life» so important in bringing people to live in the countryside thus can be seen as reflecting a fundamental existential concern. Just as Williams's (1973) cultural materialism demonstrated how the ideas of «country» and «city» in literature constantly changed to reflect the times in which they were produced, so too does contemporary ruralism reflect a way of interrogating the postmodern experience through regenerated and reconstituted «traditional forms of life» (Smart, 1993, p. 109). It is therefore unsurprising that ruralism appealed to such a wide range of people or that these people were so «ordinary». Hence, in attempting to build-up this sense of ontological security, we can appreciate the concern with rural and/or local ties and connections; the interest expressed by migrants in local events; and the tendency to migrate to rural areas prior to child-rearing, given the positive associations between rurality and childhood.

The rejection of «grand narratives», which makes ruralism more in tune with Harvey's «postmodernism» than with the «sloganeering» alternative, is harder to appreciate. Nonetheless, as in the rejection of pre-modernist interpretations, we can start by pointing to the migrants' acute awareness of the «rural myth» of *Gemeinschaftlich* certainty and harmony. Such an image may have been a sub-conscious «blueprint» for their rural «ideal» but it was readily unmasked and could be reflected on critically. Secondly, there was an awareness expressed elsewhere in the interviews that ruralism was not «for everybody», whether this exclusivity was explained in terms of cultural choice or financial constraint. Thirdly, the very rejection of the «urban dream» suggested a recognition of the fallibility of the old certainties of progress. However, the latter did not go so far as to approach a postmodernist relativism. Finally, limitations of the rural «ideal» were themselves recognised in a number of ways other than just in respect to the *Gemeinschaft* myth. For example, there was the considerable awareness of perceived threats to rural life, whether expressed through physical encroachment of development or the social challenge posed by crime and television.

5. *Conclusion: the future of ruralism*

Most of the current crises of industrial society seem, almost by definition, to be located in the urban areas. Yet increasingly the shape of the most promising alternatives – the more ingenious and frugal use of natural resources, a reverence for living systems (including our own), more flexible patterns of work and livelihood, smaller, more democratic communities with a respect for the character of their local environments – is emerging out of what we loosely call «the rural tradition» (Mabey, 1984, p. xix).

The ruralism of the migrants largely reflected a critical reaction to the postmodern condition. Although heavily rooted in pre-modern sentiments, this reaction did not conform to a nostalgic retrenchment in «old truths» but represented a self-reflexive modernist search for order out of societal chaos. The respondents' experience of the lack of direction accompanying the space-time compression inherent in capitalist evolution had proved profoundly upsetting to them. Nevertheless, it was an experience with which they were trying to engage in order to find «a world in which one is not necessarily a stranger» (Williams, 1973, p. 298). The result of this engagement was their counterurbanisation. A key question remaining concerns the likely effectiveness of this strategy for regaining our sense of place.

REFERENCES

BAUDRILLARD J., *In the shadow of the silent majorities*, New York, Semiotext (e), 1983.
BAUDRILLARD J., *America*, London, Verso, 1988.
BAUMAN Z., *Intimations of postmodernity*, London, Routledge, 1990.
CASTELLS M., «Crisis, planning, and the quality of life: managing the new historical relationships between space and society», in *Society and Space*, 1, 1983, pp. 3-21.
CUNNINGHAM J., «Rural chic at the ramparts», in *The Guardian*, 10th December, 1988.
FRIEDMAN J., «Cultural logics of the global system: a sketch», in *Theory, Culture and Society*, 5, 1988, pp. 447-60.
GIDDENS A., *The consequences of modernity*, Cambridge, Polity, 1990.
GIDDENS A., *Modernity and self-identity*, Cambridge, Polity, 1991.
HARVEY D., *The condition of postmodernity*, Oxford, Blackwell, 1989.
KROKER A., «Baudrillard's Marx», in *Theory, Culture and Society*, 2, 1988.
LASH S. and URRY J., *The end of organized capitalism*, Cambridge, Polity, 1987.
LOWE P. and GOYDER J., *Environmental groups in politics*, London, George Allen and Unwin, (1983).
MABEY R., «Introduction: entitled to a view?», pp. ix-xix in R. Mabey (ed.), *Second nature*, London, Jonathan Cape, 1984.
MEYROWITZ J., *No sense of place: the impact of electronic media on social behavior*, New York, Oxford University Press, 1985.
O'NEILL J., «Religion and postmodernism: the Durkheimian bond in Bell and Jameson», *Theory, Culture and Society*, 5, 1988, pp. 493-508.
OLWIG K., «Education and the sense of place», pp. 38-53 in D. Cosgrove (ed.), *Geography and the humanities*, Loughborough University of Technology, Occasional Paper 5, 1982.
PERRY R., DEAN, K. and BROWN B. (1986), *Counterurbanisation*, Norwich, Geo Books.
PFEIL F., «Postmodernism as a "structure of feeling"», pp. 381-403 in C. Nelson and L. Grossberg (eds), *Marxism and the interpretation of culture*, London, Macmillan, 1988.
SHORT J., *Imagined country*, London, Routledge, 1991.
SIMMEL G., «The metropolis and mental life», pp. 324-39 in D. Levine (ed.), *On individuality and social form*, Chicago, University of Chicago Press, 1971.
SMART B., *Postmodernity*, London, Routledge, 1993.
SOPER K., *On human needs*, Brighton, Harvester Press, 1981.
THRIFT N., «Introduction: the geography of late twentieth-century class formation»,

pp. 207-53, in N. Thrift and P. Williams (eds), *Class and space*, London, Routledge and Kegan Paul, 1987.
TUAN Y.-F., «Rootedness versus sense of place», in *Landscape*, 24, pp. 3-8, 1980.
WILLIAMS R., *The country and the city*, London, Hogarth Press, 1973.

Paul Boyle*

EXAMINING METROPOLITAN OUT-MIGRATION: A DETAILED ANALYSIS USING MIGRATION FLOW DATA FROM THE BRITISH 1981 CENSUS

Riassunto. Questo lavoro esamina lo spostamento di residenza interno all'Inghilterra e al Galles tra il 1980 e il 1981, usando i dati di flusso a livello di distretto tratti dal censimento del 1981. I 403 distretti delle Autorità Locali sono stati fusi in 12 categorie a seconda del loro carattere urbano-rurale e i flussi in uscita dalle aree metropolitane sono stati sottoposti all'analisi mediante la formula di regressione di Poisson per individuare i residui che indicano flussi al di fuori del normale. I flussi in uscita predominanti si dirigevano dalle aree metropolitane verso aree caratterizzate da residenze turistiche e di pensionati, con una prevalenza dei flussi in partenza dalle grandi aree urbane e diretti verso aree più rurali che appariva più marcata nella parte meridionale del paese che in quella settentrionale.

Summary. This paper examines population migration within England and Wales between 1980 and 1981 using district-level flow data extracted from the 1981 Census. The 403 local authority districts were amalgamated into twelve categories which distinguish between the urban and rural nature of these districts and the out-flows from metropolitan origins were modelled using a Poisson regression approach which allows the identification of unusual flow residuals. The predominant flows out of metropolitan areas were into resort, or retirement areas while those unusually large flows from metropolitan origins to more rural destinations occurred primarily in the south, rather than the north, of England and Wales.

1. Introduction

Certain broad patterns of population redistribution were identified in the British migration literature of the 1980s, much of which was based on analysis of data from the 1971 and 1981 Censuses. Perhaps the two major features were firstly a decentralisation of population away from the metropolitan and industrial areas into the more remote rural areas, and secondly a net redistribution of population from the north to the south of England and Wales (Champion, 1983). Figure 1 identifies the metropolitan counties and regional remainders of England and Wales separating them into the 'north' and the 'south'. Each of the metropolitan areas lost population during the 1970s when the tendency for population decentralisation appears to have been considerable. More generally, the regions of East Anglia, the South West and the East Midlands witnessed large increases in their populations during the

---

* School of Geography, University of Leeds.

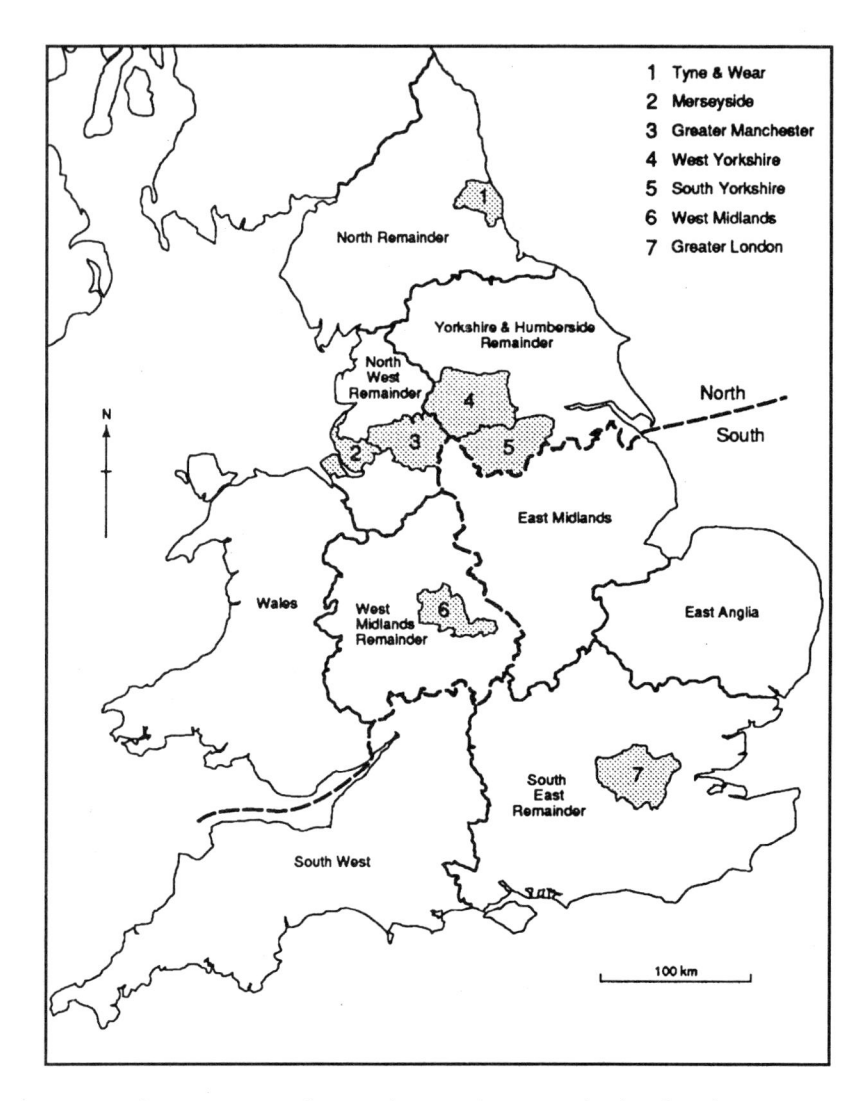

Fig. 1 – Metropolitan counties and regional remainders in England and Wales

1970s while Wales and the West Midlands had smaller population gains. The three largest gainers are all located south of the regionally based definition of the north-south divide; East Anglia and the South West especially have low population densities and important agricultural economies. The four remaining regions lost population between 1971 and 1981.

Explanations for counterurbanisation have been varied, but certain key factors have been identified. These include the role of elderly migrants choosing a quiet rural setting for their retirement; long-distance commuters preferring to combine their city workplace with a rural residence; return migrants; 'high-tech' workers enjoying the telecommunication advances which enable them to work in remote locations; middle-class managers accompanying the movement of industry into the periphery in search of cheap, non-unionised labour; urban unemployed who prefer to claim benefits in pleasant rural surroundings; and, more generally, urban out-migrants disillusioned with the negative aspects of urban living (Bolton and Chalkley, 1989). Various studies have emphasized these macro-level explanations, but other authors have drawn attention to more locality-specific factors including the provision of housing and services in specific rural environments (Cloke, 1985; Lewis, 1989).

Added to the multitude of explanations offered for counterurbanisation, further confusion is caused by the variety of definitions of the term. Fielding (1982) logically views counterubanisation as the opposite of urbanisation, occurring when in-migration is negatively related to settlement size. Robert and Randolph (1983) go further, distinguishing between 'decentralisation', where population moves out from central urban areas, but remains within the functional urban system, and 'deconcentration', where movement occurs down the urban hierarchy between city regions or into rural areas. However, neither of these definitions encompasses the idea of a 'clean break' with urban living which Berry (1976) discussed in his original thesis. For many, the term counterurbanisation is much more related to a conscious attempt by migrants to seek a residential environment which is geographically separated from and socially distinct from urban areas (see Halfacree's chapter in this volume). Dean *et al.* add that the very term counterurbanisation is not neutral as it is 'inculcated with explanations for the phenomenon it seeks to identify' (Dean *et al.*, 1984, p. 10).

Many authors interested in the movement of population down the urban hierarchy have disaggregated population change into natural change and migration components. Even so, fertility rates are generally close to replacement level, and it is net migration which is the primary cause of population growth and decline in most situations (Woods, 1982). In fact, the migration and natural change elements of regional population change have often both occurred in the same direction and Champion (1987) suggests that this is not unexpected given that young adults account for a large proportion of total migrants.

Of course, it is not enough to assume that population decline in large urban settlements is directly linked to the population gains in rural areas, as there are various redistributional patterns which might explain these two processes. It is too often assumed that rural in-migrants originated in large urban centres – a more realistic assumption, given the short distance of most migration, is that the smaller towns and cities may contribute proportionally more migrants to the most rural areas. Bolton and Chalkley (1989) show that most in-migrants into rural northern Devon originated in small and medium size towns, for example. Linking specific origins and destinations in any analysis of population decentralisation is therefore imperative.

Certainly, there have been a number of studies which have considered the redistribution of migrants within England and Wales in such a way, but many of these have been restricted by the scale of the data available to them. The numerous examples in Stillwell *et al.* (1992a) utilised National Health Service Central Register (NHSCR) data derived from medical patient re-registrations, for example, and while these data are continually updated allowing consideration of migration trends over time, they only provide flows between the 94 Family Health Service Authority (FHSA) areas. These areas correspond with shire county and metropolitan district boundaries, but data for more disaggregated areas such as individual districts are not available and the detail of the possible analysis is restricted.

This paper considers the *flows* of migrants between the 403 districts in England and Wales using data from the 1981 Census in an attempt to identify which origins and destinations are linked by unusually high or low flows. Rather than dealing with specific origins and destinations, however, these districts were aggregated into non-contiguous categories originally derived from a classification system produced by Webber and Craig (1976). This allows the general migration trends to be identified from flows between individual districts. Although the data used here only become available some time after each decennial Census and do not provide a continual migration data source, they do allow a very detailed examination of migration trends for small areas. In particular, this study concentrates on the flows of population away from metropolitan areas distinguishing between those into the north and south of England and Wales. A precise sub-set of migration flows are therefore identified in an attempt to reevaluate the process of counterurbanisation and by identifying the most remote rural districts as an additional category of area the notion of a 'clean break' from the urban conurbations is examined.

2. *Migration flow data*

Migrants are identified in the British Censuses as those whose address at the time of enumeration was different to that one year previously. Using this definition 8.7% of the population in England and Wales migrated between 1980 and 1981 with 87.1% of these moving within a single region and 54.5% moving less than four kilometres. Most migration is therefore short distance, but for many applied practitioners longer distance moves across administrative boundaries are more important and in absolute terms large numbers of migrants do move long distances – as many as 564,882 moved over 80 kilometres between 1980 and 1981, for example (OPCS, 1983).

The data used here were extracted from the Special Migration Statistics set 2 (SMS 2) and although they may be disaggregated by sex, only the flows of the total population were considered (see Flowerdew and Boyle 1992a for information regarding this source). These data are held by the Manchester

Computer Centre (MCC) and are a 100% count of the migrant population moving between and within wards. There were 9289 wards in England and Wales which aggregate neatly into the 403 local authority districts providing an intra- and inter-district matrix of 162,409 flows. A total of 4,230,417 migrants were identified as moving within England and Wales and 1,646,080 of these moved between, rather than within, districts. For the analysis below, the populations of each of the wards were extracted from the Small Area Statistics (SAS) which are also derived from the 1981 Census and held at the MCC. The distances between each of the 403 districts were then calculated, using Pythagoras' theorem, from population-weighted centroids created for each of the districts from ward-level population data.

The 403 districts were aggregated into the eleven district categories devised by Webber and Craig (1976) and adopted by the Office of Population Censuses and Surveys (OPCS, 1981) in the 1981 Census Preliminary Report for England and Wales. A form of cluster analysis was used to define these categories based on 40 demographic, housing and economic variables extracted from the 1971 Census and the resulting groups of districts are not necessarily contiguous. London is separated into Inner and Outer London, while the remaining metropolitan areas, which are all in the north of England and Wales, were divided into the principal cities and remaining metropolitan districts. The flows out of these four groups are the focus of this study. The remaining districts are defined as non-metropolitan and there are seven categories ranging from large cities to remote, largely rural areas. In terms of the counterurbanisation debate it is movement into the latter of these categories which is the most important (Champion, 1987).

3. Concentration or dispersal?

One method of measuring the concentration of migrants within a given migration system is to calculate regional migration efficiencies (Shryock, 1964) which indicate the net redistribution of the migrant population. This is calculated quite simply as:

$$E_j = 100 \, N_j / T_j \tag{1}$$

where E_j is the migration efficiency for area j; N_j is the in-migration into area j minus the out-migration from area j (net migration); and T_j is the in-migration to j plus the out-migration from area j.

The efficiency value varies between +100 and −100%. High positive values for j show that there is a large net redistribution into the area, while a high negative value shows that there is a large net redistribution out of the area. A value close to zero indicates that the in- and out-flows for area j are quite similar.

Table 1 provides the observed in-, out- and net-migrants for each of the

Tab. 1 – Migration efficiencies

	In-migrants	Out-migrants	Net-migrants	Percent efficiency
Inner London	132599	157903	-25304	-8.71
Outer London	166209	181999	-15790	-4.53
Principal metropolitan districts	64416	90673	-26257	-16.93
Other metropolitan districts	147330	171757	-24427	-7.66
Large cities	67321	81414	-14093	-9.48
Small cities	60247	65893	-5646	-4.48
Industrial areas	174303	171851	2452	0.71
Districts with new towns	77521	65076	12445	8.73
Resort and retirement	133645	108137	25508	10.55
Mixed urban/rural	425766	387005	38761	4.77
Remoter, largely rural	196723	164372	32351	8.96

eleven district categories as well as the percent efficiencies for each of these groups. Six of the eleven categories lost net out-migrants with the largest absolute net out-flow being from the principal metropolitan districts (26,257). The mixed urban and rural districts gained the largest number of in-migrants (38,761). However, the net total is clearly more influential if it is large in relation to the size of the gross in- and out-flows and the efficiency measure allows this to be determined.

The highest migration efficiency value was obtained by the principal metropolitan districts (–16.93) which was far larger than the value for any other category. The three remaining categories of metropolitan district and the large and small cities all lost net out-migrants and the high negative efficiency values for the large cities, inner London and the other metropolitan districts show that the dispersal out of these areas was considerable. The remaining five categories of districts all gained net in-migrants with the 'resort and retirement' areas, 'remoter, largely rural' areas and 'districts with new towns' attracting very large numbers of net in-migrants in relation to the gross in- and out-flows.

These basic findings support the description above of a general tendency for population dispersal from the larger urban settlements in England and Wales towards the more sparsely populated periphery. Clearly, of central importance to this is the large net loss from the metropolitan areas and the large gains in the resort and retirement districts as well as the most rural category of districts. While the net flow into the new town districts was large, this is not surprising given that these areas were specially designated as growth areas, many of which are located close to the large metropolitan centres. While inner London has been shown to have witnessed an improving, although continually negative, net-migration balance during the 1970s, it was still losing large numbers of migrants at this time. However, it was the principal metropolitan districts in the north of England and Wales which appeared to be suffering the largest out-migration of population.

4. Modelling out-migration from metropolitan districts

The patterns identified in the section above relate to the total in- and out-migration from each of the eleven district categories. Although the efficiency measure provides a useful method of relating net-flows to gross-flows, it does not identify flows which occurred over unusual distances and does not take the population size of the areas into consideration. An alternative approach is to model the flows between individual pairs of districts and to compare the resulting model estimates with the observed values for the eleven categories identified above. Here we are concerned especially with the sub-set of flows out of the metropolitan districts, rather than with the entire flow matrix. Thus, 27,738 flows were retained, representing the flows out of each of the 69 metropolitan districts into all 403 districts in England and Wales. The flows within the 69 metropolitan districts were ignored in the analysis.

A gravity model approach, based on the Poisson distribution, was used to model these flows. Poisson regression models are part of a wider set of generalised linear models (Nelder and Wedderburn, 1972) and Lovett and Flowerdew (1989) provide a useful introduction to this regression technique whose equation can be written as:

$$Y_i = \exp(\sum_i \beta_i X_i) + \varepsilon_i \qquad (2)$$

where Y_i has a Poisson distribution whose expected value is equal to the linear predictor $\exp(\sum_i \beta_i X_i) + \varepsilon_i$

In the gravity model case the response variable M_{ij} is the number of migrants moving between i and j and this is explained by the natural logarithms of the origin size, P_i, the destination size, P_j, and the distance between i and j, d_{ij}:

$$M_{ij} = \exp(\beta_0 + \beta_1 \ln P_i + \beta_2 \ln P_j + \beta_3 \ln d_{ij}) + \epsilon_i \qquad (3)$$

It is also common to include a contiguity dummy variable into these types of model which was originally suggested (Weedon, 1973) as a method of distinguishing between those short-distance flows across administrative boundaries which may be residentially motivated and longer distance flows which are more likely to be caused by employment factors. However, the introduction of this dummy variable also addresses the problem caused by the calculation of distances between contiguous areas from population-weighted centroids which are inevitably underestimates of the average migration distance moved (Gordon, 1975). It is for the latter reason that such a dummy variable, C_{ij}, was introduced here:

$$M_{ij} = \exp(\beta_0 + \beta_1 \ln P_i + \beta_2 \ln P_j + \beta_3 \ln d_{ij} + \beta_4 C_{ij}) + \epsilon_i \qquad (4)$$

The deviance is a likelihood ratio statistic which is used to calculate the goodness of fit of the model and is calculated as:

$$D = 2(\sum_i \sum_j M_{ij} \ln (M_{ij} / \hat{M}_{ij})) \qquad (5)$$

where $\hat{M}_{ij}$ is the estimated number of migrants moving between i and j. Comparing the model deviance to the null model deviance, which simply treats the mean flow size as the estimate for each observed flow, provides a pseudo r^2 value, allowing the ability of various models to be compared.

This model was applied to the 27,738 flows and provided a set of parameters which confirm the general pattern of population decentralisation at this detailed scale:

$$M_{ij} = \exp(\underset{(0.04)}{-9.85} + \underset{(0.003)}{0.876 \ln P_i} + \underset{(0.002)}{0.548 \ln P_j} - \underset{(0.002)}{1.06 \ln d_{ij}} + \underset{(0.004)}{1.1 \ C_{ij}}) \qquad (6)$$

The deviance for this model was 349,657, which was a reduction of 84.6% from the null model deviance of 2,277,626, suggesting that the model explained a good proportion of the deviance. The model did not fit the data as a deviance value close to the number of degrees of freedom would be required for this to be the case. Even so, the large reduction in the deviance suggests that the migration flows may be estimated reasonably well using only these four variables. The parameters were all highly significant (the standard errors are provided below the relevant parameter estimate) and suggest that migration is positively associated with the population size of the origin. While these migration flows are also positively related to the popula-

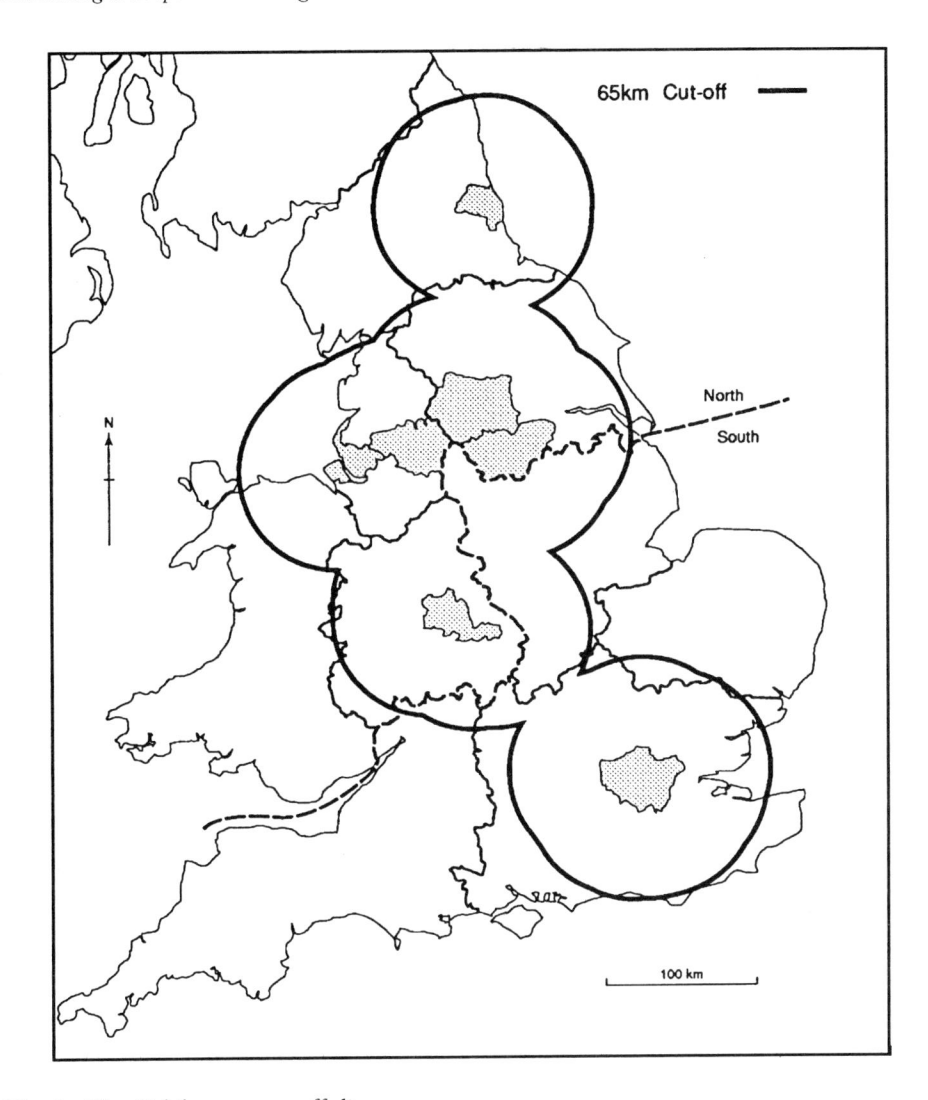

Fig. 2 – The 65 kilometre cut-off distance

tion size of the destination, the parameter is much smaller suggesting that the destinations are not attracting migrants in proportion to their populations. A population parameter value of +1.0 would indicate that migration was linearly related to population size. Thus, destinations with smaller populations were particularly attractive to out-migrants from metropolitan districts. The distance parameter is strongly negative, however, and this indicates that the flows were primarily over short distances, perhaps suggesting that the decentralisation of population from metropolitan origins tends not to be over the long distances that we might associate with counterurbanisation. Finally, the positive parameter for the contiguity dummy variable shows

Tab. 2 – Observed and estimated flows into district categories from metropolitan origins

	Observed	Estimated	Deviance	Percent
Inner London (1)	96315	109082	1556.3	7.3
Outer London (2)	114372	114950	2.9	0.01
Principal metropolitan districts (3)	36708	31459	830.8	3.9
Other metropolitan districts (4)	91462	108095	2701.9	12.7
Large cities (5)	10461	9789	45.1	0.2
Small cities (6)	10399	9729	45.1	0.2
Industrial areas (7)	43906	57143	3334.8	15.6
Districts with new towns (8)	28513	22164	1666.3	7.8
Resort and retirement (9)	29609	16774	7981.0	37.5
Mixed urban/rural (10)	105708	94838	1200.9	5.6
Remoter, largely rural (11)	12229	11622	31.2	0.1
Most remote, largely rural (12)	22650	16689	1913.3	9.0

that the flows between contiguous areas were indeed larger than would be estimated from a simple gravity model and this is influenced by the method used to calculate the distance between each pair of districts.

Despite the common usage of the OPCS classification of districts into eleven categories (see, for example, Britton, 1986; Champion, 1987, 1993; Cross, 1990), the category of remote rural districts contains a large number of districts (78), many of which are located relatively close to a metropolitan centre. In terms of the counterurbanisation debate, the flows into these districts are much more likely to involve migrants who wish to retain contact with the metropolitan centre, perhaps in the form of employment. To distinguish these districts from the remainder a 65 kilometre cut-off was employed based on the distances between the population-weighted centroids (Figure 2). This distance was decided upon as a feasible commuting distance given the increasing distances that many are willing to travel to work. As a result, 55 of the 78 districts identified in category eleven were moved into a new category representing the 'most remote, largely rural' districts. This provides a more reasonable definition of 'remote', largely rural districts, accepting that the spatial location of a district will inevitably influence the origins of its in-migrants and, as stated above, we are most interested in those metropolitan out-migrants aiming to make a clean break with their urban origin. As Lewis (1989) suggests, many of those apparently involved in counterurbanisation may be regarded as moving around 'suburbanised' countryside, rather than more peripheral areas. To some extent the approach adopted here parallels the study by Champion (1981) who distinguished between 'peri-urban' and other remote rural districts, although Champion's additional category was determined by socio-economic variables, rather than a strict distance cut-off.

Table 2 provides the observed flows from the 69 metropolitan districts into these twelve district categories and those estimated from model 6 above. A deviance value was calculated for these twelve pairs of figures and a high value shows that the estimated flows into districts in that particular category were a poor representation of the observed value. Column 5 simplifies this by showing the percentage of the deviance accounted for by each sub-set of flows. Table 1 suggested that flows within the whole of England and Wales tended to be high into five of the non-metropolitan district categories and Table 2 shows that these destinations did receive more migrants than anticipated from the model. However, the observed flows into the large cities, the small cities and the principal metropolitan districts were also larger than expected and although Tables 1 and 2 are not directly comparable, it does suggest that these urban areas are more popular destinations for out-migrants from metropolitan areas than they are for migrants within England and Wales as a whole.

Flows from metropolitan districts into the resort and retirement districts were especially large in comparison with the expected flows, accounting for as much as 37.5% of the deviance measure used. The sheer size of this flow is important suggesting that retirement migration may account for an unusually high proportion of the flows out of metropolitan centres. The second largest proportion of the deviance is accounted for by flows into the new category of most remote rural areas. This shows that it is not the nearer remote rural areas which are attracting especially large numbers of such migrants, as the observed and estimated flows into this sub-set of districts were very similar, but the more remote areas which may be more reasonably regarded as destinations for counterurbanising flows. This complements the findings of Champion (1981) who showed that it was the more remote of the remote, largely rural districts which witnessed high levels of net in-migration according to the 1981 Census – here it is evident that this was also the case for those migrants *originating in metropolitan districts*. Even so, it should be stressed that the deviance value for this flow was considerably less than that for the flows into resort and retirement areas. Districts with new towns and

Tab. 3 – Observed and estimated flows between district categories

Origin ⇒ Destination*	Observed	Estimated	Deviance	Percent
2 ⇒ 9	12243	5488.1	6137.0	14.3
4 ⇒ 4	48275	65986.6	5247.7	12.2
2 ⇒ 1	30930	44168.8	4437.4	10.3
4 ⇒ 7	20569	30183.3	3452.0	8.0
2 ⇒ 12	7974	4380.6	2366.1	5.5
1 ⇒ 2	52054	41841.0	2311.7	5.4
2 ⇒ 2	55403	67254.2	2223.1	5.2
3 ⇒ 1	2968	1102.0	2149.3	5.0
2 ⇒ 10	47196	38813.6	1692.5	3.9
1 ⇒ 9	5642	3242.1	1451.7	3.4

* Note: the numbers correspond to those provided in table 2, column 1

the mixed urban and rural areas also gained quite large numbers of in-migrants compared to the expected flows.

Alternatively, the industrial areas, the other metropolitan districts and inner London attracted far fewer migrants from metropolitan origins than estimated from the model. The changing structure of employment with the growth of service industries and the decline of the manufacturing sector helps explain the small in-flows into the former of these three categories. It is more surprising that the other metropolitan districts attracted so few migrants, as short-distance suburbanising flows into these districts may have been expected, but in fact it is likely that such suburbanising flows will occur over greater distances into the neighbouring non-metropolitan districts. Flowerdew and Boyle (1992b) show that this is indeed the case in the county of Hereford and Worcester which neighbours the West Midlands conurbation to the south west, for example.

Table 3 provides the ten flows which contributed most to the deviance from the 48 sub-sets of flows out of the metropolitan origins. Six of these ten flows were larger than estimated by the model and the two which contributed most to the deviance were from outer London to the resort and retirement districts, and the most remote, largely rural districts. These, along with the flow from inner London to the resort and retirement districts, are clear evidence for decentralisation out of the London conurbation. On the other hand, flows which were over-estimated by the model tended to be those involving metropolitan origins and destinations, although the flow from inner London to outer London, which could be interpreted as a decentralising flow, was also higher than expected.

5. Patterns in the north and south of England and Wales

The twelve-category subdivision of the 403 districts used above assumes that the patterns of movement are geographically consistent for each of these sub-sets. Of course, this is unlikely to be the case and one method of further distinguishing between these categories is to separate them into northern and southern destinations. Tables 4 and 5 present the observed and estimated flows into northern and southern district categories respectively. For northern destinations it is the resort and retirement districts which attract the largest number of metropolitan out-migrants compared to the model expectations (this is determined by the high deviance value of 12.4), although it should be noted that only eight of the 36 districts in this category were in the north of England and Wales. This category is followed, more surprisingly, by the principal metropolitan districts. The other metropolitan

Tab. 4 – Observed and estimated flows into district categories terminating in northern England and Wales

	Observed	Estimated	Deviance	Percent
Inner London (1)	-	-	-	-
Outer London (2)	-	-	-	-
Principal metropolitan districts (3)	36708	31459	830.8	11.0
Other metropolitan districts (4)	91462	108095	2701.9	35.8
Large cities (5)	2734	3437	154.9	2.1
Small cities (6)	3403	4196	160.4	2.1
Industrial areas (7)	25122	32600	1863.9	24.7
Districts with new towns (8)	13948	11595	448.2	5.9
Resort and retirement (9)	6726	4518	937.0	12.4
Mixed urban/rural (10)	24626	21989	304.3	4.0
Remoter, largely rural (11)	7695	7379	13.3	0.2
Most remote, largely rural (12)	5257	4446	139.3	1.9

Tab. 5 – Observed and estimated flows into district categories terminating in southern England and Wales

	Observed	Estimated	Deviance	Percent
Inner London (1)	96315	109082	1556.3	10.3
Outer London (2)	114372	114950	2.9	0.02
Principal metropolitan districts (3)	-	-	-	-
Other metropolitan districts (4)	-	-	-	-
Large cities (5)	7727	6352	278.4	1.8
Small cities (6)	6996	5533	356.7	2.4
Industrial areas (7)	18784	24543	1471.4	9.7
Districts with new towns (8)	14565	10569	1349.7	8.9
Resort and retirement (9)	22883	12256	7321.4	48.3
Mixed urban/rural (10)	81082	72849	897.3	5.9
Remoter, largely rural (11)	4534	4243	19.5	0.1
Most remote, largely rural (12)	17393	12243	1913.9	12.6

districts and industrial areas attracted far fewer migrants than expected. It is noteworthy that the most remote, largely rural destinations attracted only slightly more migrants than estimated from the model.

In contrast, the patterns for the southern destinations (Table 5) were considerably different. Again, resort and retirement districts attracted far more migrants than estimated from the model, but the difference between the observed and expected flows was much greater than that for the north. Almost half of the deviance in this table is explained by these flows. Secondly, the most remote, largely rural districts in the south of England and Wales were also much more popular destinations than anticipated by the model. *A considerably higher proportion of the flows into the south, than estimated by the model, were into those areas more readily associated with theories of counterubanisation.* Thirdly, the flows into both the large cities and the small cities in the south were larger than expected which is in direct con-

Tab. 6 – Observed and estimated flows into district categories terminating in northern England and Wales

Origin ⇒ Destination	Observed	Estimated	Deviance	Percent
4 ⇒ 4	48275	65986.6	5247.7	34.8
4 ⇒ 7	15287	20527.1	1468.7	9.7
3 ⇒ 8	4443	2417.7	1356.6	9.0
1 ⇒ 3	1896	727.1	1296.5	8.6
2 ⇒ 7	1650	3146.4	862.7	5.7
4 ⇒ 9	4502	2844.1	819.5	5.4
3 ⇒ 10	7862	5826.0	640.6	4.2
4 ⇒ 5	934	1847.4	552.7	3.7
2 ⇒ 4	2630	3882.7	456.4	3.0
3 ⇒ 3	2814	1968.5	320.1	2.1

trast to the flows into similar destinations in the north, suggesting that moves down the urban hierarchy are more prevalent in southern England and Wales.

Tables 6 and 7 provide the ten highest contributors to the deviance originating in metropolitan origins and terminating in the north and the south respectively. In Table 6 the two highest flows compared to the model expectations were from the principal metropolitan districts into the districts with new towns, and from inner London into the principal metropolitan districts. The former is not surprising as these new towns were specially designated as overspill growth areas for populations in the metropolitan areas. The latter is liable to be the result of labour migration between major employment centres, although this move from the south to the north is larger than we might have expected, given the general tendency for migration in the opposite direction. The only example of a truly decentralising flow appears to be from the other metropolitan districts to the resort and retirement areas in the north, although the flow from the other metropolitan districts to the mixed urban and rural districts was also quite large. Flows between the other metropolitan districts and from these into industrial areas were especially small.

There is much more evidence of decentralisation in Table 7. The two flows accounting for the highest proportion of the deviance, which were larger than the model predictions, were from outer London to the resort and retirement districts and the most remote, largely rural districts. The flows from outer London to the districts with new towns and the mixed urban and rural districts were also larger than expected. While inner London attracted

Tab. 7 – Observed and estimated flows into district categories terminating in southern England and Wales

Origin ⇒ Destination	Observed	Estimated	Deviance	Percent
2 ⇒ 9	11798	5072.2	6466.5	19.9
2 ⇒ 1	30930	44168.8	4437.4	13.6
2 ⇒ 12	7173	3679.7	2589.3	8.0
4 ⇒ 7	5282	9656.2	2375.2	7.3
1 ⇒ 2	52054	41841.0	2311.7	7.1
2 ⇒ 2	55403	67254.2	2223.1	6.8
3 ⇒ 1	2968	1102.0	2149.3	6.6
2 ⇒ 10	45490	36983.2	1821.9	5.6
1 ⇒ 9	5336	2996.4	1479.3	4.5
2 ⇒ 8	7632	4891.8	1308.9	4.0

a large number of longer distance migrants from the principal metropolitan districts of the north, outer London attracted a large flow from inner London.

6. *The rural renaissance – a southern phenomenon?*

This paper has focused more explicitly on the process of metropolitan out-migration than has been attempted in the past. Rather than examining decentralisation by concentrating on the population losses or gains in certain categories of urban and rural districts, it has linked together the migrant flows between the metropolitan origins and the remaining destination categories resulting in a flow matrix of 27,738 cells. Consequently, it indicates which flows are especially large or small, given the expectations derived from a gravity model which incorporated a contiguity dummy variable. In order to examine counterurbanisation patterns in more depth these individual observed and estimated flows were aggregated into twelve categories including one relating to the most remote, largely rural districts. Additionally, the research distinguished between those destinations in the north and the south of England and Wales.

Firstly, non-metropolitan areas, other than large and small cities, were shown to have gained net in-migrants and resort and retirement districts, remoter, largely rural districts and districts with new towns all had high positive efficiency values. Principal metropolitan districts and inner London had high negative efficiency percentages.

Secondly, it was shown that although the peak of the counterurbanisation trend occurred in the beginning of the 1970s (Champion, 1981), there remained a dominant net-flow of migrants out of metropolitan England and Wales down the urban hierarchy during the period 1980-81. The flows from metropolitan to non-metropolitan areas were much higher than expected and this was especially the case for flows into the resort and retirement districts suggesting that the primary feature of population decentralisation out of metropolitan origins may be linked to retirement.

Thirdly, flows into the remoter, largely rural areas within 65 kilometres of a metropolitan district were not especially large, but the flows into the most remote areas were. It does appear that a good proportion of the population growth witnessed in these areas originated in metropolitan areas, providing support for counterurbanisation arguments in England and Wales. However, despite these general findings, the principal metropolitan destinations and the large and small cities did attract more migrants than anticipated (Table 2) and the latter two destinations may indicate a rather less radical population dispersal down the urban hierarchy.

Fourthly, when the flows between individual categories of districts were examined (Table 3), it became clear that both the resort and retirement districts and the most remote, largely rural districts were attracting larger numbers of migrants from London (particularly outer London) than expected while the flows from the northern metropolitan areas were not especially large. Distinguishing between the twelve district categories as destinations in the north and the south (Tables 4 and 5) showed that it was the resort and retirement districts and the most remote, largely rural districts in the south which were attracting especially large numbers of migrants from metropolitan origins. The former of these two categories gained more migrants than expected in the north, although not nearly to the same extent as similarly categorised districts in the south. The most remote, largely rural districts in the north attracted a similar number of migrants to the model estimate. Other, relatively more minor, gainers in the south included the districts with new towns, the mixed urban and rural districts and the large and small cities, although the model estimates for the latter two groups were not much lower than the observed value. More minor gainers in the north included the principal metropolitan districts, and both the large cities and the small cities attracted fewer migrants than expected.

Finally, when the origin and destination district categories were linked for the flows into the north (Table 6) and the south (Table 7), it appears that any evidence for counterurbanisation is primarily based upon flows within the south. The flows from inner and especially outer London to the resort and retirement areas and from outer London to the most remote rural areas in the south were especially large. Flows from northern metropolitan origins into these southern destinations were not unusually large. In the north, flows from the other metropolitan districts into the resort and retirement areas were greater than expected, but not to a very large degree. At a much broader scale and for a longer time period (1976-1989) Stillwell *et al.* (1992b) suggest that counterurbanising flows are of much less importance in the north than the south. This study confirms this at a relatively fine spatial scale, rather than using broad metropolitan and non-metropolitan definitions.

REFERENCES

BERRY B.J.L., *Urbanisation and Counterurbanisation*, Beverley Hills, Sage, 1976.
BOLTON N., and CHALKLEY B., 'Counterurbanisation – disposing of the myths', in *Town and Country Planning*, 58 (9), 1989, pp. 249-250.
BRITTON M., 'Recent population changes in perspective', in *Population Trends*, 44, 1986, pp. 33-41.
CHAMPION T., 'Population trends in rural Britain', in *Population Trends*, 26, 1981, pp. 20-23.
CHAMPION T., 'Population trends in the 1980s', pp. 187-221, in Goddard J.B., and Champion T. (eds), *The Urban and Regional Transformation of Britain*, London, Methuen, 1983.
CHAMPION T., 'Recent changes in the pace of population deconcentration in Britain', in *Geoforum*, 18 (4), 1987, pp. 379-401.
CHAMPION T., 'Urban and regional demographic trends in the developed world', in *Urban Studies*, 29, 1993, pp. 461-482.
CLOKE P., 'Counterurbanisation: a rural perspective', in *Geography*, 70 (1), 1985, pp. 13-23.
CROSS D.F.W., *Counterurbanisation in England and Wales*, Aldershot, Avebury, 1990.
DEAN K.G., BROWN B.J.H., PERRY R.W., and SHAW D.P., 'The conceptualisation of counterurbanisation', in *Area*, 16, 1984, pp. 9-14.
FIELDING A. J., 'Counterurbanisation in western Europe', in *Progress in Planning*, 17, 1982, pp. 1-52.
FLOWERDEW R., and BOYLE P.J., 'Using the SMS from the 1981 and 1991 Censuses; accessing the SMS from MATPAC', pp. 42-44 in Rees P.H. (ed.), *Census Analysis: Planning the Way Ahead*, Working Paper 92/13, Leeds, School of Geography, 1992a.
FLOWERDEW R., and BOYLE P.J., 'Migration trends for the West Midlands: suburbanisation, counterurbanisation or rural depopulation?', pp. 144-161, in Stillwell J.C.H., Rees P.H., and Boden P. (eds), *Migration Processes and Patterns volume 2: Population Redistribution in the United Kingdom*, London, Belhaven Press, 1992b.
GORDON I., 'Employment and housing streams in British interregional migration', in *Scottish Journal of Political Economy*, 22, 1975, pp. 161-177.
LEWIS G.J., 'Counterurbanisation and social change in the rural South Midlands', in *East Midlands Geographer*, 11(1), 1989, pp. 3-12.
LOVETT A.A., and FLOWERDEW R., 'Analysis of count data using Poisson regression', in *Professional Geographer*, 41(2), 1989, pp. 190-198.
NELDER J.A., and WEDDERBURN, R.W.M., 'Generalised linear models', in *Journal, Royal Statistical Society A*, 135, 1972, pp. 370-384.

OPCS, *Census 1981, Preliminary Report, England and Wales*, London, HMSO, 1981.
OPCS, *National Migration Great Britain part 1 (100% tables)*, London, HMSO, 1983.
ROBERT S., and RANDOLPH W.G., 'Beyond decentralisation: the evolution of population distribution in England and Wales, 1961-1981', in *Geoforum*, 14 (1), 1983, pp. 75-102.
SHRYOCK H.S., *Population Mobility within the United States*, Chicago, Community and Family Study Center, 1964.
STILLWELL J.C.H., REES P.H., and BODEN P. (eds), *Migration Processes and Patterns volume 2: Population Redistribution in the United Kingdom*, London, Belhaven Press, 1992a.
STILLWELL J.C.H., REES P. H., and BODEN P. (eds), 'Internal migration trends: an overview', pp. 28-55, in Stillwell J.C.H., Rees P.H. and BODEN P. (eds), *Migration Processes and Patterns volume 2: Population Redistribution in the United Kingdom*, London, Belhaven Press, 1992b.
WEBBER R., and CRAIG J., 'Which local authorities are alike?', in *Population Trends*, 5, 1976, pp. 13-19.
WEEDON R., 'Inter-regional migration models and their application to Great Britain', *National Institute of Economic and Social Research Paper 2*, Cambridge, Cambridge University Press, 1973.
WOODS R., *Theoretical Population Geography*, London, Longman, 1982.

Giovanna Brunetta*

PROCESSI DISTRIBUTIVI DELLA POPOLAZIONE VENETA ALLA LUCE DEL RECENTE CENSIMENTO DEMOGRAFICO (1991)

Riassunto. La pubblicazione dei dati definitivi della popolazione residente (Censimento demografico 1991) offre l'opportunità di analizzare nel Veneto i fenomeni di concentrazione-deconcentrazione. L'area montana e la bassa pianura continuano a manifestare chiari sintomi di marginalità: decremento della popolazione, tasso naturale negativo prevalente su quello migratorio, pur esso negativo nella gran parte dei comuni. L'area centrale presenta, invece, aspetti riscontrabili nelle economie mature: crescita dei medi e piccoli centri e declino di quelli di dimensioni maggiori. Non si tratta però di un andamento legato all'espansione metropolitana, bensì di un processo di diffusione industriale connesso a fattori endogeni.

Summary. The publication of the final data on the resident population (1991 census) has enabled an analysis of concentration-deconcentration phenomena in Venetia. The mountainous areas and low lying plains continue to display clear symptoms of marginality: declining population, natural deficit prevailing over net migration in the majority of the municipalities. The pattern in the central part of the region, on the other hand, is consistent with developed economies, i.e., expansion of small and medium centres and decline of the larger ones. However, this trend is not related to metropolitan expansion but rather to a process of industrial expansion associated with endogenous factors.

1. *Premessa*

La pubblicazione dei dati definitivi della popolazione residente a scala comunale per il 1991 (ISTAT, 1993) offre l'opportunità di verificare, seppur in maniera sommaria e limitata, se i fenomeni di concentrazione-deconcentrazione, verificatesi in Italia e in generale nei Paesi occidentali, rappresentino processi originali o non costituiscano, invece, una semplice ridistribuzione a breve o medio termine della popolazione nel territorio (Dematteis e Petsimeris, 1989, p. 205). L'analisi è stata applicata al Veneto, regione che per aspetti morfologici (montagna, collina, pianura), ma soprattutto socio-economici, è tutt'altro che omogenea. L'Irsev (1978) ha, infatti, evidenziato al suo interno ben sette aree omogenee, a loro volta articolate in sei tipologie funzionali. Ed è, per l'appunto, questa estrema differenziazione strutturale e funzionale che fa del Veneto una regione particolarmente significativa allo scopo di far emergere il ruolo delle diverse condizioni ambientali.

* Dipartimento di Geografia dell'Università di Padova.

2. Indicatori demografici e periodizzazione

Per un primo approccio come indicatore demografico è stata presa in considerazione la variazione della popolazione residente nei due periodi intercensuari: 1971-1981 e 1981-1991. Le ragioni della scelta, accanto a motivi di opportunità (del censimento del 1991 sono stati pubblicati solo i dati della popolazione residente), sono basate sull'ipotesi che le variazioni demografiche possano permettere, in prima approssimazione, l'individuazione di fenomeni di emarginazione o di rivalorizzazione. Non a caso la dinamica demografica è ritenuta una delle più immediate manifestazioni del rapporto tra popolazione e risorse, in una data zona (Cencini *et al.*, 1983).

C'è però da tener presente che le variazioni di popolazione dipendono sia dal movimento migratorio sia da quello naturale e che quest'ultimo può, talvolta, mascherare le trasformazioni indotte dal movimento migratorio. È anche vero però che in presenza di tassi di variazione naturale assai deboli, quali quelli attuali, si può ipotizzare che il tasso di crescita si identifichi sostanzialmente con quello migratorio da cui dipende in maniera prevalente la ridistribuzione complessiva della popolazione. Ma non sempre è così.

In rapporto a queste considerazioni si è ritenuto opportuno prendere in esame, oltre alle variazioni demografiche, anche i tassi migratori[1] perché direttamente legati agli orientamenti nelle scelte residenziali, ciò anche in armonia con quanto suggerito dal Fielding (1982), che per misurare la deconcentrazione adotta come indicatore il rapporto tra saldo migratorio e dimensione dei centri.

3. Crescita e declino demografico

Il cartogramma di figura 1 evidenzia in maniera inequivocabile la presenza nel Veneto di un'area centrale, comprendente la pianura e la fascia pedemontana, in cui, ad eccezione dei cinque capoluoghi, prevalgono nettamente i comuni in crescita demografica e due aree marginali, la montagna e parte della bassa pianura, nelle quali il declino demografico è di gran lunga prevalente. Se è vero che il comportamento demografico costituisce una valida «cartina al tornasole» della realtà economica si può anche affermare che si è ancora di fronte a quella dicotomia che vede contrapposte un'area forte centrale ed un'area debole periferica, situazione riscontrabile già nel lontano Medioevo.

Considerare la sola popolazione complessiva non è, come affermato in precedenza, completamente esatto perché le due componenti che la costitui-

---

[1] Si è proceduto al calcolo del saldo migratorio indiretto con la seguente formula: $Sm = Pt - Po - N + M$; il risultato è stato poi trasformato in tasso: $Sm / 1/2 (Po + Pt) \cdot 1000$. Si è ricorso a tale modalità di calcolo per ovviare alla scarsa affidabilità dei dati anagrafici. In tal maniera il tasso comprende sia il saldo migratorio interno che quello con l'estero.

scono (naturale e migratoria) svolgono funzioni ben diverse nella distribuzione territoriale. Nell'analisi specifica delle aree si valuterà, pertanto, il peso delle due determinanti.

3.1. L'area marginale

La montagna. Nell'area montana, delimitata secondo i criteri dell'ISTAT, in una situazione di declino generale poche sono le aree in ripresa demografica. Si tratta di alcuni comuni della montagna veronese posti nella prima cintura (Roverè Veronese, San Mauro di Saline) o nella seconda (Erbezzo, Sant'Anna) attorno a Verona. È evidente, in questo caso, l'effetto che la città esercita nei riguardi dei comuni limitrofi, nonostante il ridotto grado di accessibilità. Altrettanto dicasi per alcuni comuni turistici nella montagna vicentina quali Rotzo, Roana, Gallio.

Totalmente negativa, invece, la situazione nella provincia di Belluno con l'eccezione di pochi comuni, situati nella parte meridionale, che presentano una crescita demografica, anche se più attenuata rispetto al decennio 1971-81 e il comune di San Vito di Cadore nella valle del Boite, che vede addirittura aumentare il tasso di crescita. Le due situazioni si possono considerare analoghe in quanto si tratta di comuni posti alla periferia, i primi di Belluno, il secondo della «Grande Cortina». Nel primo caso si potrebbe parlare di un processo di suburbanizzazione che ha già interessato gli altri capoluoghi veneti (ad eccezione di Rovigo), nel secondo di una localizzazione favorevole dal momento che San Vito gode di tutti i vantaggi della stazione turistica cortinese senza essere penalizzato degli svantaggi di quest'ultima tra cui, e non ultimo, l'eccessivo costo delle abitazioni, per non parlare di una e vera e propria assenza sul mercato di alloggi per residenti. Non potrebbe essere spiegato diversamente il pesante calo demografico dell'ultimo decennio (–12,3%).

Sorprende, complessivamente, il declino di comuni turistici quali Auronzo (–3,6%), Borca (–7,2%), Falcade (–5,4%), Asiago (–4,4%), ma anche di quei comuni del Medio Cadore (Calalzo, Domegge, Pieve, Lozzo) la cui economia è imperniata sull'industria degli occhiali che ha sempre attirato pendolari dai comuni limitrofi.

Ma, come si è già osservato, un'interpretazione di questi dati che abbia un certo significato può essere ottenuta solo analizzando singolarmente le due componenti. Si rileva, così, che tutti i comuni montani nell'ultimo decennio (la situazione era migliore nel decennio 1971-81) presentano un saldo naturale negativo con pochissime eccezioni (15 comuni rispetto ai 119 dell'intera area montana, quasi tutti localizzati nel tratto veronese). Basti pensare che in provincia di Belluno solo San Vito ha un saldo naturale positivo. Evidenti sono le conseguenze della grossa emorragia migratoria subita nel tempo dalla montagna che ha portato, da un lato, ad un precoce fenomeno di invecchiamento e conseguente aumento della mortalità e, dall'altro, ad un affievolirsi consistente e persistente della natalità. Il saldo naturale non riesce più, come in passato, a mascherare le perdite dovute all'emigrazione, ma ha assunto, invece, un peso notevole nel determinare il calo demografico.

Più significativo però ai fini della distribuzione della popolazione è l'andamento del movimento migratorio. In linea generale il tasso migratorio rimane negativo nella gran parte dei comuni ma non mancano situazioni con tassi positivi che evidenziano processi di rivalorizzazione. Si tratta della parte meridionale del Bellunese e, in particolare, della Valbelluna e dell'Alpago che nell'ultimo decennio hanno vissuto un certo dinamismo industriale. Lo stesso dicasi per i comuni del Medio Cadore (Domegge, Calalzo) che conservano ancora un forte potere attrattivo.

Un caso particolare è costituito dalla città di Belluno che ha subito, tra i due decenni, notevoli trasformazioni. Mentre tra il 1971 e il 1981 la popolazione di Belluno cresce (in contrasto con i capoluoghi della fascia centrale) sia per l'apporto naturale che per quello sociale, nell'ultimo decennio decresce più per effetto del tasso naturale negativo (–28‰) che per quello migratorio solo leggermente negativo (–0,96‰). Si può quindi parlare di un arresto del processo di inurbamento ma non di perdite a favore dei comuni limitrofi.

In conclusione si può affermare che ai nostri giorni il declino demografico della montagna è da attribuirsi maggiormente alla differenza tra i nati e i morti piuttosto che all'emigrazione salvo casi come quello di Cortina il cui calo è, invece, dovuto prevalentemente all'emigrazione (i due tassi annui, migratorio e naturale, sono rispettivamente –10‰ e –3‰). La situazione negli ultimi anni si è praticamente capovolta.

La Bassa Pianura. I caratteri di marginalità sono riscontrabili nel Polesine e nella Bassa Veronese. Dominano, infatti, i comuni in declino demografico, prevalentemente dovuto, come per la montagna, al saldo naturale in forte decremento e negativo, salvo poche eccezioni, in tutti i comuni. Anche se non mancano, per converso, comuni con tassi migratori positivi non si può ritenere operante una componente generale di natura economica quanto piuttosto fenomeni locali. Emblematica, in tal senso, è la situazione demografica di quel «corridoio forte veronese» che, partendo dal capoluogo scaligero penetra in direzione sud-est fino a Legnago, interessando i centri di Bovolone e Cerea. Tassi migratori positivi si sono, infatti, registrati solo nei due comuni posti nella prima cintura (Buttapietra) e nella seconda (Isola della Scala) attorno a Verona, mentre in tutta la rimanente parte, cioè in quell'area industriale legata al «mobile d'arte» sorta negli anni Sessanta, il tasso migratorio è risultato negativo. La stessa crescita demografica registratasi nel Delta (Rosolina, Donada, Porto Tolle, Taglio di Po) è più frutto di un saldo naturale ancora positivo (trattandosi di una popolazione più giovane date le vicende del popolamento) che di un saldo migratorio.

In un contesto di marginalità deve essere inquadrata anche la situazione del capoluogo polesano. Rovigo, infatti, a differenza di tutti gli altri capoluoghi, vede un continuo aumento della propria popolazione, nonostante un saldo naturale negativo, per effetto di un tasso migratorio annuo positivo (2,4‰ anche se in leggera diminuzione rispetto al decennio precedente (2,5‰). La città sta, pertanto, ancora attraversando lo stadio dell'urbanizzazione con flussi provenienti da un *hinterland* rurale.

In una posizione intermedia tra la realtà demografica polesana e della Bassa Veronese, qui sopra esaminata, e quella della fascia centrale, si pone il tratto della Bassa Padovana, definita già nella ricerca dell'Irsev (1978) area di transizione. In effetti in essa si trovano caratteri di marginalità uniti ad altri di centralità. Comuni in crescita (28) si alternano ad altri in forte e continuo declino (30). Tipica in questo senso l'area del Conselvano in cui i comuni a nord, fisicamente vicini e quindi meglio collegati al capoluogo padovano, sono in crescita sia per l'apporto naturale che per quello sociale, mentre quelli nella porzione più meridionale, che conservano i caratteri di una forte ruralità, sono in perdita. Una maggiore dinamicità demografica (saldi entrambi positivi), da collegarsi ad un recente processo di industrializzazione, favorito da un potenziamento degli assi viari (statale Romea), è presente, invece, nel Piovese. Non così per i centri medio-piccoli, allineati lungo la strada che dall'Adige, all'altezza di Legnago, si dirige verso Montagnana, Este, Monselice che, interessati da uno sviluppo industriale negli anni Cinquanta, presentano chiari sintomi di emarginazione. L'elemento che, in linea generale, differenzia quest'area dal Polesine è l'incremento naturale ancora positivo o solo debolmente negativo.

Si tratta, infatti, di un'area relativamente poco interessata nel passato da fenomeni migratori di una certa consistenza.

3.2. *La fascia centrale*

Si tratta dell'area meglio definita, cui si fa riferimento quando si parla dell'area «forte» veneta e del modello veneto. Ed è, quindi, questa che deve essere analizzata per vedere se esistono ed eventualmente a quale livello, processi di concentrazione o deconcentrazione verificatisi, come si è detto, nelle economie mature dei Paesi occidentali.

A tale scopo i comuni del Veneto centrale sono stati suddivisi in sei classi dimensionali e per ognuna è stata calcolata la variazione della popolazione[2] nei due periodi intercensuari sopra menzionati (1971-81 e 1981-91).

Dalla tabella 1 si evince una sostanziale differenza tra i due decenni. Infatti nel periodo 1971-81 sarebbero i piccoli comuni (inferiori ai 5.000 abitanti) a perdere popolazione, crescerebbero, invece, i medi e grandi ad eccezione della classe superiore ai 50.000 abitanti comprendente i cinque capoluoghi. Tale distribuzione riflette le conseguenze di quel modello di sviluppo

---

[2] Per il 1991 sono stati utilizzati i dati provvisori della popolazione residente, ma ciò non inficia i risultati.

Tab. 1 – Evoluzione della popolazione residenza nell'area centrale veneta negli anni 1971-1981 e 1981-1991 per classe dimensionale dei comuni

Dimensioni	Popolazione residente			Variazioni %	
	1971	1981	1991	71-81	81-91
< 2.000	67.310	55.661	57.289	−17,30	+2,92
2.000÷5.000	399.324	339.537	349.612	−14,97	+2,96
5.000÷10.000	661.181	734.376	717.797	+11,07	−2,25
10.000÷30.000	468.584	652.652	794.602	+39,28	+21,74
30.000÷50.000	164.745	176.668	174.563	+7,13	−1,19
>50.000	1.068.196	1.049.050	967.529	−1,79	−7,77

Fonte: ISTAT.

industriale degli anni Sessanta che vede un indebolimento nelle cinque città principali e un proliferare di piccole nebulose irregolari attorno ai grandi centri, di cui evidentemente ospitano l'ulteriore sviluppo. A fornire flussi di popolazione sarebbero ancora i piccoli comuni rurali.

La situazione muta completamente nell'ultimo decennio: acquistano popolazione i piccoli comuni, ma soprattutto i medi (10.000-30.000 abitanti), mentre perdono i grossi comuni (più di 30.000 abitanti). Tale distribuzione porta a riconoscere anche nel Veneto centrale un processo di controurbanizzazione tipico delle economie mature. A queste conclusioni sono giunte anche altre indagini riguardanti l'intero territorio nazionale. Celant e Morelli (1986), usando l'indice di Gini collocano il Veneto nel gruppo B cioè fra quelle regioni che mostrano segni di concentrazione fino alla metà degli anni Settanta e di deconcentrazione successivamente. Dematteis e Petsimeris (1989), adottando la stessa relazione tra tassi di crescita demografica e dimensione dei centri, anche se in periodi leggermente diversi (1971-81 e 1981-85), riconoscono una crescita nei comuni fino a 50.000 abitanti e una diminuzione in quelli di dimensioni superiori.

Il concetto di controurbanizzazione, così come definito da Fielding, non può essere disgiunto dal modello del «ciclo di vita della città», articolato nei quattro stadi (urbanizzazione, suburbanizzazione, disurbanizzazione, riurbanizzazione) che dal punto di vista spaziale significa spostamento della crescita demografica (migratoria) dal nucleo alla corona (fase 2) e, successivamente (fase 3), alle aree non-urbane esterne. Nel Veneto, come è evidente nel cartogramma di figura 1, i cinque capoluoghi si trovano ancora nello stadio della suburbanizzazione in quanto tutti i comuni, per lo meno quelli della prima cintura, sono in crescita anche se più debole rispetto al decennio precedente, non tanto per l'attenuarsi del tasso migratorio, quanto per il calo della natalità. Non sono, invece, ravvisabili segnali relativi alla disurbanizzazione dato che i sistemi urbani (*core* + *ring*) non presentano perdite né assolute né relative, anche se minore si è fatto il dinamismo. Si può, quindi, ritenere valido quanto afferma Dematteis (1985, p. 123) là dove dice che «la contro-urbanizzazione può essere pensata come una situazione più generale e precedente,

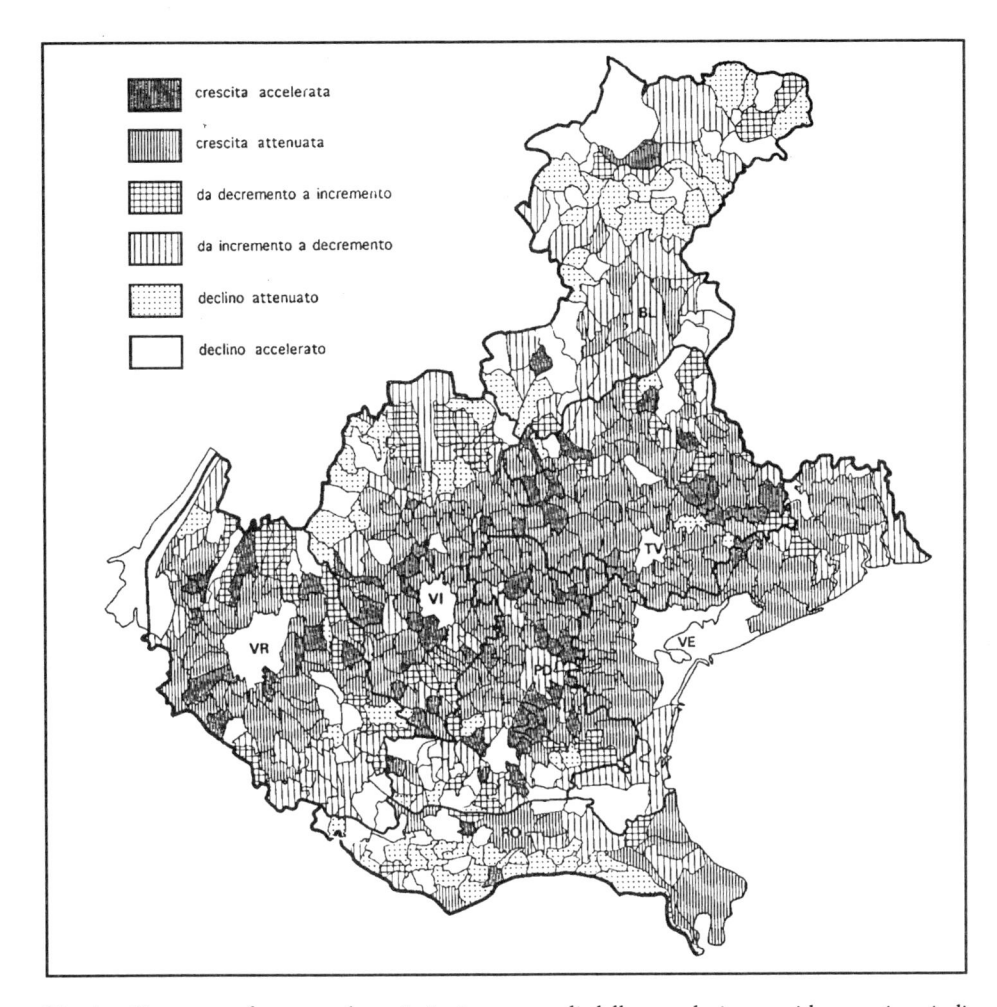

Fig. 1 – Veneto: confronto tra le variazioni percentuali della popolazione residente nei periodi 1971-81 e 1981-91

entro cui comparirà e si diffonderà successivamente il fenomeno specifico della disurbanizzazione».

La distribuzione della popolazione connessa al processo della controurbanizzazione va, comunque, letta ed interpretata alla luce dei cambiamenti di natura economica e sociale intervenuti nella regione. La diffusione industriale degli anni Settanta nel Veneto centrale non costituisce una nuova fase di sviluppo, come in altre regioni, quanto piuttosto un'accentuazione di meccanismi e processi localizzativi già in atto negli anni Sessanta. Si è trattato di uno sviluppo endogeno di attività industriali in aree non urbane. I veri protagonisti dello sviluppo industriale sono diventati i piccoli comuni di pianura privi di primarie funzioni urbane, esterni alle aree metropolitane. La riprova è costituita dal fatto che in tutti i piccoli comuni (inferiori a 5.000 abitanti) il tasso migratorio si è fatto positivo e superiore, nella maggior parte, a quello naturale, pur esso positivo.

In sintesi si può affermare che l'attuale distribuzione industriale è il frutto della sovrapposizione di due schemi localizzativi: quello di trent'anni fa (linea delle città pedemontane) e quello recente fondato sulla crescita a tappeto di tutta la fascia dell'alta pianura. L'industria veneta non si è spostata nel territorio, non ha abbandonato le sedi tradizionali ma ha ad esse affiancato una vasta area uniforme compresa tra il Garda e il Livenza. In particolare l'attuale tessuto industriale nasce dallo sfruttamento degli interstizi (Zanetto e Lando, 1991, p. 17) lasciati liberi all'interno dell'area a più forte insediamento urbano e pedemontano in modo che le aree di espansione periurbana finiscono per toccarsi e congiungersi. Al mosaico industriale, sopra descritto, ne corrisponde uno demografico altrettanto particolare: i comuni ai vertici di quel quadrilatero di più vecchia industrializzazione (Padova-Mestre, Treviso e Vittorio Veneto, Vicenza e Valdagno) sono in declino, mentre i comuni al suo interno sono in crescita. Aspetti residenziali e produttivi hanno creato in quest'area, così delimitata, un paesaggio che potrebbe definirsi «rurbanizzato»: abitazioni monofamiliari nuove sono disseminate in uno spazio ancora largamente non urbanizzato dove, però, vanno espandendosi funzioni urbane (grandi magazzini, industrie) che richiedono spazio e terreno a basso costo.

4. *Conclusioni*

L'analisi ha evidenziato come il modello veneto legato alla diffusione territoriale delle medie e piccole imprese trova espressione solo nell'area centrale. Tale modello di sviluppo non è riuscito a valorizzare le risorse delle aree marginali inserendole in un processo dinamico di evoluzione e crescita. Ne è derivata una situazione demografica altamente negativa. Il Veneto centrale presenta, invece, aspetti demografici riscontrabili nelle economie mature: crescita dei medi e piccoli centri e declino di quelli con dimensioni maggiori. La controurbanizzazione nel Veneto non seguì l'andamento legato all'espansione metropolitana, in quanto, come si è visto, sono stati i fattori endogeni a favorire la diffusione industriale nei comuni lontani dalle città. D'altra parte è indubbio che sono state le motivazioni economiche e cioè l'offerta di posti di lavoro a determinare fenomeni di concentrazione-deconcentrazione. A conclusione dell'analisi, sarei più propensa a vedere nella controurbanizzazione più che un processo continuo, un andamento fluttuante nel tempo. Nel senso che non porterà, necessariamente, ad una nuova fase di urbanizzazione ma a fluttuazioni irregolari. La stessa saturazione degli spazi nell'area centrale potrebbe già determinare in un futuro non lontano modificazioni e aggiustamenti anche di carattere demografico.

BIBLIOGRAFIA

BERGER M. et al., «Rurbanisation et analyse des espaces ruraux périurbaines», in *Espace Géographique*, 9, 1980, pp. 303-313.
BERNARDI R., (a cura di), *La struttura urbana nel Veneto*, Roma, C.N.R., 1988.
CELANT A., MORELLI P., *La geografia dei divari territoriali in Italia*, Firenze, Sansoni, 1986.
CENCINI C., DEMATTEIS G. e MENEGATTI B., *L'Italia emergente: indagine geodemografica sullo sviluppo periferico*, Milano, F. Angeli, 1983.
CHARRIER G.B., *Geografia dei rapporti città-campagna*, Milano, F. Angeli, 1991.
DEMATTEIS G., «Controurbanizzazione e strutture urbane reticolari», in Bianchi G., Magnani I., (a cura di), *Sviluppo multiregionale: teorie, metodi e problemi*, Milano, F. Angeli, 1985, pp. 121-132.
DEMATTEIS G., PETSIMERIS P., «Italy: counterurbanization as a transitional phase in settlement reorganization», in Champion A.G. (a cura di), *Counterurbanization*, London, E. Arnold, 1989, pp. 186-206.
DI COMITE L., VALLERI M.A., (a cura di), «Urbanizzazione e controurbanizzazione: il caso Italia», in *Quaderni del Dipartimento per lo studio delle società mediterranee*, 3, Bari, Cacucci Editore, 1992.
FIELDING A.J., «Counterurbanization in western Europe», in *Progress in Planning*, 17, 1982, pp. 1-52.
FIELDING A.J., «Counterurbanization», in Pacione M. (a cura di), *Population Geography: Progress and Prospect*, London, Croom Helm, 1986, pp. 224-256.
FIELDING A.J., «La controurbanizzazione nell'Europa occidentale», in Petsimeris P. (a cura di), *Le reti urbane tra decentramento e centralità*, Milano, F. Angeli, 1989, pp. 83-100.
IRSEV (a cura di), «Il sistema insediativo veneto», in REGIONE VENETO-GIUNTA REGIONALE, *Veneto Documenti*, Quaderno 1, Venezia, 1978.
ISTAT, *Popolazione legale. 13° Censimento generale della popolazione e delle abitazioni (20 ottobre 1991)*, Roma, 1993.
ROTONDI G., «Annotazioni sulla Bassa Padovana», in Bernardi R., Zanetto G., Marcello M. (a cura di), *Il Veneto diversità ed eterogeneità di una regione*, Bologna, Pàtron, 1991, pp. 301-310.
ZANETTO G., LANDO F., «La dinamica territoriale dell'industria veneta», in Bernardi R., Zanetto G. e Zunica M. (a cura di), *Il Veneto: diversità ed eterogeneità di una regione*, Bologna, Pàtron, 1991, pp. 11-58.

Luigi Di Comite*, Anna Paterno**

CARATTERISTICHE EVOLUTIVE DELLA POPOLAZIONE DELL'AREA METROPOLITANA DI BARI TRA I CENSIMENTI DEMOGRAFICI DEL 1981 E DEL 1991

Riassunto. In questo lavoro si è proceduto alla perimetrazione dell'area metropolitana di Bari, sulla base dell'accessibilità, ricomprendendo in essa i comuni posti entro i trenta minuti di viaggio. Oltre al capoluogo, vi rientrano altri diciannove centri, suddivisi in a) dieci comuni di prima fascia, o area metropolitana ristretta, e b) nove comuni di seconda fascia, che formano l'area metropolitana allargata. Sulla base sia delle registrazioni anagrafiche sia dei dati censuari, si sono evidenziate le principali tendenze evolutive della popolazione, e cioè il declino generalizzato della natalità e la stabilità della mortalità, cui si contrappone una forte variabilità spaziale dei movimenti migratori, con tassi di migrazione netta decrescenti a partire dal comune di Bari, dove si manifesta il fenomeno della deconcentrazione urbana. Questo processo di redistribuzione territoriale della popolazione peraltro interessa oggi non più solo i comuni di prima cintura ma anche quelli di seconda cintura.

Summary. In this work the perimeter of the metropolitan area of Bari has been defined, based on accessibility, and comprises the towns within half an hour's travelling distance. In addition to Bari, another 19 municipalities fall into the metropolitan area divided into: a) ten in the inner belt or smaller metropolitan area, b) nine in the outer belt that forms the greater metropolitan area. The main population trends have been analysed using registry office and population census data and the findings indicate a general decline in birth rate and a steady death rate. By contrast migratory shifts are characterized by a strong spatial variability with decreasing migration gain starting with Bari, which is undergoing deurbanization. The process of territorial redistribution of population is now true not only of the inner belt municipalities but also of those in the outer belt.

1. *Premessa*

Il decennio intercorso tra gli ultimi due censimenti generali della popolazione ha segnato un importante passo avanti nell'evoluzione demografica della nostra penisola.

Per quel che riguarda la componente naturale di tale dinamica, particolarmente importante si è rivelato, com'è ampiamente noto, il proseguimento del tendenziale calo della fecondità, che, congiuntamente all'aumento della sopravvivenza nelle età anziane, ha contribuito a rendere più evidenti i mutamenti riguardanti le caratteristiche strutturali della popolazione, favorendo, tra l'altro, il fenomeno dell'invecchiamento demografico.

* Dipartimento per lo Studio delle Società Mediterranee dell'Università di Bari.
** Università di Roma «La Sapienza».

La dinamica relativa al movimento migratorio è stata, invece, caratterizzata soprattutto, da un lato, dall'ampliarsi della consistenza numerica degli immigrati dall'estero, prevalentemente provenienti dai paesi in via di sviluppo, e, dall'altro, dal permanere, talora in forma più evidente, della tendenza alla deconcentrazione della popolazione.

Tale tendenza, che ha iniziato a manifestarsi nelle città settentrionali all'inizio degli anni Settanta e si è in seguito diffusa nel resto della penisola, ha prodotto una lenta ma costante contrazione della forza di sviluppo della popolazione residente nei grandi centri urbani, cui è corrisposta una notevole accentuazione della vitalità demografica dei comuni limitrofi.

Alla luce di tali considerazioni, il presente lavoro è stato realizzato al fine di verificare se e quanto le suddette trasformazioni, riscontrate a livello nazionale, si sono manifestate anche nell'ambito dell'Area metropolitana di Bari (unità territoriale alla cui perimetrazione si procederà nel seguito) ricostruendone la più recente evoluzione.

In quest'ottica, verranno innanzitutto esaminati i dati, pubblicati annualmente dall'Istat, provenienti dalle registrazioni anagrafiche, attraverso i quali è possibile evidenziare le più importanti caratteristiche relative al movimento naturale ed al movimento migratorio della popolazione.

Successivamente, analizzando anche le informazioni derivanti dalle ultime due rilevazioni censuarie, si otterranno indicazioni riguardanti l'evoluzione della consistenza numerica complessiva della popolazione facente capo ad ognuno dei comuni in considerazione, al fine soprattutto di porre in luce le connotazioni salienti delle migrazioni a breve raggio che interessano l'Area metropolitana di Bari.

2. *La perimetrazione dell'unità territoriale di riferimento*

Negli ultimi anni, a seguito del graduale stemperamento nello spazio dei caratteri più propriamente urbani, determinato dalle trasformazioni avvenute nei modelli di redistribuzione territoriale della popolazione, si è verificata una progressiva obsolescenza delle tradizionali nozioni geografico-amministrative di comune, provincia, etc..

A seguito di ciò, sono stati realizzati numerosi studi finalizzati a fornire, utilizzando diversi approcci (demografico-statistico, territoriale, sociologico), appropriate definizioni delle nuove unità insediative, tra le quali particolarmente significativa appare essere quella di «area metropolitana». Con tale espressione è, infatti, solitamente individuato un sistema di centri tra i quali intercorrono complessi rapporti funzionali – determinati da una sostanziale divisione di compiti nello svolgimento delle funzioni urbane – facenti capo al comune maggiore, centro vitale in cui si concentrano *leadership* industriale e offerta di servizi.

L'importanza delle suddette trasformazioni è stata recepita in sede legislativa con l'emanazione della legge n. 142 del 1990, con la quale sono state individuate all'interno del territorio nazionale alcune aree metropolitane (una delle quali facente capo a Bari), comprendenti, oltre ai relativi capoluoghi, «gli altri comuni i cui insediamenti abbiano con essi rapporti di stretta integrazione in ordine alle attività economiche, ai servizi essenziali alla vita sociale, nonché alle relazioni culturali e alle caratteristiche territoriali».

Nell'attesa che le regioni competenti, tra cui la Puglia, procedano alla prevista delimitazione ufficiale di ciascuna di tali aree e, sulla scorta di quanto effettuato in precedenti occasioni (G. Di Comite - L. Di Comite, 1988; A. Paterno, 1992) in questo lavoro si è proceduto ad una perimetrazione della nostra unità territoriale di riferimento sulla base del criterio dell'accessibilità.

Sono stati pertanto ricompresi in essa, oltre al capoluogo, tutti i comuni separati da questo da una distanza percorribile, in condizioni normali di traffico, in non più di trenta minuti, utilizzando qualsiasi mezzo di trasporto (ferrovie, autolinee, autovetture).

Fanno così parte della c.d. «area metropolitana di Bari», altri diciannove comuni, suddivisi in due ambiti:

a) la «prima fascia», che comprende dieci centri il cui territorio confina con quello del capoluogo (Giovinazzo, Bitonto, Modugno, Bitritto, Adelfia, Valenzano, Capurso, Triggiano, Noicattaro e Mola di Bari) e che assieme al comune di Bari forma la c.d. «area metropolitana ristretta»;

b) la «seconda fascia», a sua volta composta da altri nove centri (Palo del Colle, Binetto, Bitetto, Toritto, Grumo Appula, Sannicandro di Bari, Casamassima, Cellamare e Rutigliano) e che assieme all'area metropolitana ristretta forma la c.d. «area metropolitana allargata».

Tale ultimo ambito risulta così comprendere venti dei quarantotto comuni facenti capo all'intera Provincia di Bari, disposti su una superficie abbastanza limitata (pari a 1.031,45 kmq), grosso modo equivalente a 1/5 del complessivo territorio provinciale.

3. Il movimento naturale della popolazione

3.1. Per poter analizzare con sufficiente chiarezza l'evoluzione avvenuta nella nostra unità di riferimento durante l'intervallo intercensuario 1981-1991, è parso opportuno procedere elaborando i dati anagrafici registrati dal 1982 al 1990, in modo da ottenere una serie di quozienti per ognuno dei principali fenomeni che determinano la dinamica della popolazione: natalità, mortalità, immigrazione ed emigrazione.

Da tali dati sono stati tratti anche quelli relativi al complesso del movimento naturale e del movimento migratorio, oltre a quelli relativi al saldo totale della popolazione.

I suddetti quozienti sono stati calcolati sia per i singoli comuni, sia per ciascuno degli ambiti territoriali precedentemente descritti, anche se, nelle Tavv. 1 e 2, riguardanti il movimento naturale ed il movimento migratorio della popolazione, per ragioni di spazio, non è stato possibile riportare anche i dati elaborati a livello disaggregato.

Iniziando ad esaminare l'andamento della natalità, dai dati in nostro possesso si evince che in nessuno dei comuni considerati il valore dei relativi quozienti è mai sceso al di sotto del 10‰: tale circostanza assume rilevanza se inquadrata nel generale contesto di bassa, se non bassissima, natalità che caratterizza attualmente la nostra penisola.

Appare, però, evidente che, tra il 1982 ed il 1990, si è verificata una generalizzata contrazione del fenomeno: raffrontando i valori ottenuti in corrispondenza delle due date, infatti, emerge che in ben 15 comuni su 20 i quozienti risultano alla fine più bassi di quanto lo fossero all'inizio del periodo considerato.

Confrontando tra loro i dati registrati a livello comunale, emerge che il comune al quale corrispondono i quozienti più elevati è Binetto, che supera, ad entrambe le date, il 25‰. Molto inferiori appaiono i quozienti relativi al capoluogo, pari, all'inizio ed alla fine del nostro intervallo, rispettivamente al 12,67‰ ed al 10,19‰, valore, quest'ultimo, che è il più basso tra tutti quelli ottenuti.

Prendendo in considerazione i dati elaborati a livello aggregato, riportati nella Tav. 1, si nota che, in quasi tutti gli anni, i valori relativi ai comuni compresi nella prima fascia risultano meno elevati rispetto a quelli della seconda: anche in questo caso, però, nel corso del periodo preso in considerazione, appare evidente per ambedue queste aree una tendenza al declino del fenomeno. Decisamente più bassi rispetto a quelli delle due «cinture» urbane si rivelano, invece, in ognuno degli anni considerati, i quozienti registrati negli altri ambiti territoriali; tra di essi appare anche l'intera area metropolitana allargata, cui corrispondono, per il 1982 ed il 1990, quozienti rispettivamente pari al 14,27‰ ed al 12,14‰.

3.2. Passando ad esaminare l'evoluzione della mortalità, appare evidente che, prevedibilmente, i valori appaiono ovunque e sempre minori rispetto a quelli relativi alla natalità.

Tranne che in rarissime eccezioni, infatti, essi si mantengono ben al di sotto del 10‰, livello dal quale in taluni casi (come, ad esempio, i comuni di Modugno e di Capurso) appaiono molto distanti.

L'andamento dei quozienti nel corso dell'intervallo in questione appare lievemente oscillante e caratterizzato, in alcuni centri, da una lieve tendenza al decremento; tale fenomeno assume, quindi, nella nostra provincia, caratteristiche analoghe a quelle che presenta, in questo periodo, anche a livello nazionale.

3.3. L'evoluzione e le principali caratteristiche dei quozienti di variazione naturale della popolazione, calcolati per differenza tra i quozienti di natalità e quelli di mortalità, appaiono a questo punto consequenziali.

Se si confrontano, infatti, i valori ottenuti per i singoli comuni all'inizio

Tav. 1 – Quozienti di natalità, di mortalità e di variazione naturale (× 1000) nell'area metropolitana di Bari, 1982-1990

Ambiti territoriali	Anni								
	1982	1983	1984	1985	1986	1987	1988	1989	1990
	Quozienti di natalità								
Prima Fascia	16,04	15,34	15,71	14,48	14,12	14,36	15,02	13,87	13,92
Seconda Fascia	17,06	15,30	15,25	15,25	14,14	14,65	15,06	13,94	15,14
Area Metropolitana Ristretta	13,88	13,36	13,38	12,13	12,14	12,12	12,66	11,85	11,69
Area Metropolitana Allargata	14,27	13,60	13,61	12,53	12,39	12,45	12,97	12,13	12,14
Resto della Provincia	15,57	14,83	14,54	13,74	13,63	13,52	13,88	13,34	13,31
Provincia di Bari	14,99	14,28	14,13	13,20	13,08	13,04	13,48	12,80	12,79
	Quozienti di mortalità								
Prima Fascia	6,39	6,59	6,52	6,67	6,47	6,33	6,22	5,92	6,29
Seconda Fascia	7,52	8,26	7,89	8,06	8,31	7,64	7,44	6,99	7,79
Area Metropolitana Ristretta	6,57	7,04	6,68	6,80	7,13	6,71	6,45	6,33	6,55
Area Metropolitana Allargata	6,69	7,19	6,83	6,96	7,28	6,83	6,58	6,42	6,71
Resto della Provincia	8,04	8,20	7,67	7,94	7,97	7,86	7,89	7,62	7,63
Provincia di Bari	7,43	7,75	7,30	7,50	7,66	7,40	7,31	7,08	7,22
	Quozienti di variazione naturale								
Prima Fascia	9,65	8,75	9,20	7,81	7,65	8,03	8,80	7,96	7,63
Seconda Fascia	9,54	7,03	7,36	7,19	5,83	7,01	7,62	6,96	7,35
Area Metropolitana Ristretta	7,31	6,32	6,70	5,34	5,01	5,41	6,21	5,52	5,14
Area Metropolitana Allargata	7,58	6,41	6,78	5,57	5,11	5,61	6,39	5,71	5,43
Resto della Provincia	7,54	6,63	6,87	5,81	5,66	5,66	5,99	5,72	5,68
Provincia di Bari	7,56	6,53	6,83	5,70	5,41	5,64	6,17	5,72	5,57

ed alla fine dell'arco di tempo considerato, si evince che in ben 15 casi su 20 si è verificato un decremento di tali quozienti, connesso a quello della natalità, talora anche cospicuo.

A conferma di ciò, basti pensare che mentre nel 1982 ben 11 comuni presentano quozienti di variazione superiori al 10‰, nel 1990 il loro numero scende a 5. Tale contrazione appare, anche in questo caso, frutto di un'evoluzione caratterizzata da un andamento oscillante e da un ritmo irregolare, e ciò è riscontrabile sia per i singoli comuni, sia per le altre unità territoriali.

In quest'ultimo ambito, dai dati riportati nella già menzionata Tav. 1, si evince che i valori più elevati corrispondono, in ognuno degli anni considerati, alle due fasce urbane (particolarmente alla prima, che presenta nel 1990 un valore pari al 7,63‰) mentre i quozienti dell'area metropolitana ristretta e di quella allargata (rispettivamente pari, per il 1990, al 5,14‰ ed al 5,43‰) appaiono ampiamente influenzati dai bassi livelli relativi al capoluogo, il quale in diversi anni (fra cui il 1990, in cui ha raggiunto il 3,46‰) è stato il centro caratterizzato dai più bassi tassi di variazione naturale.

4. Il movimento migratorio della popolazione

4.1. Come è ben noto, i dati relativi al movimento migratorio della popolazione vengono classificati, per ciascun comune, in base ad un duplice criterio:

a) *direzione* del trasferimento di residenza, da cui consegue una prima distinzione tra iscrizioni e cancellazioni anagrafiche;

b) *destinazione* di tale trasferimento, da cui deriva una ulteriore ripartizione tra movimenti intercorsi con altro comune all'interno del territorio nazionale e movimenti intercorsi con l'estero.

Nel presente lavoro si procederà, pertanto, analizzando innanzitutto le serie dei quozienti di immigrazione con l'interno e con l'estero, per poi passare all'esame dei quozienti di emigrazione e dei quozienti di migrazione netta. Giova ricordare che, pure in questo caso, tali quozienti sono stati calcolati anche a livello comunale, ma i relativi valori non sono stati riportati nella Tav. 2 per motivi di spazio.

Per quel che riguarda l'immigrazione da altro comune, dunque, dall'analisi dei dati emerge innanzitutto l'elevata variabilità dei valori ottenuti, le cui oscillazioni risultano notevoli nello spazio e nel tempo.

Il primo aspetto riceve conferma esaminando ad esempio la serie dei quozienti calcolati per il 1990, che sono compresi tra un valore minimo del 6,48‰ registrato per il comune di Mola di Bari ed un massimo del 92,83‰ corrispondente al comune di Binetto, mentre, per quel che riguarda l'andamento temporale, le oscillazioni riscontrate appaiono talmente ampie ed irregolari da rendere estremamente difficile individuare una generalizzata tendenza evolutiva. L'unica considerazione che riteniamo opportuno fare deriva dal confronto tra i valori registrati per ognuno dei comuni in questione nel 1982 e nel 1990, anno in cui 13 centri su 20 presentano quozienti meno elevati di quelli relativi al primo anno.

Ciò si ripercuote anche sui quozienti calcolati per la prima e la seconda fascia, i cui valori nel 1990 (rispettivamente pari al 25,43‰ ed al 23,22‰) sono minori rispetto al 1982.

Confrontando tali dati con quelli concernenti gli altri ambiti territoriali si evince, inoltre, che essi risultano sempre superiori rispetto a quelli dell'area metropolitana, sia ristretta sia allargata, sui quali pesa presumibilmente l'influenza della bassa forza di attrazione esercitata dal capoluogo.

Passando ad esaminare la serie dei quozienti di immigrazione dall'estero, si evince che, ovviamente, essi risultano sempre più bassi di quelli relativi alle iscrizioni da altro comune. Tranne che in sporadici casi, infatti, essi, per ognuno dei comuni presi in considerazione e per le unità precedentemente descritte, si mantengono al di sotto del 5‰.

Degna di nota, inoltre, appare la circostanza che, con le sole eccezioni dei comuni di Bitonto, Modugno e Cellamare, l'andamento nel tempo di tali quozienti tende a decrescere, soprattutto nei comuni compresi nella seconda fascia.

Tav. 2 – Quozienti di immigrazione (interna e dall'estero), di emigrazione (interna e per l'estero) e di migrazione netta (× 1000) nell'area metropolitana di Bari, 1982-1990

Ambiti territoriali	Anni								
	1982	1983	1984	1985	1986	1987	1988	1989	1990
Quozienti di immigrazione da altro comune									
Prima Fascia	26,45	30,26	31,30	34,22	32,47	30,36	25,85	26,15	25,43
Seconda Fascia	27,58	26,02	25,96	25,33	25,86	27,09	23,65	28,12	23,22
Area Metropolitana Ristretta	16,42	19,10	19,26	20,04	19,22	18,79	16,09	18,03	17,58
Area Metropolitana Allargata	17,79	19,96	20,10	20,71	20,07	19,86	17,08	19,36	18,32
Resto della Provincia	13,10	13,04	12,09	12,10	11,46	10,75	10,51	11,03	9,87
Provincia di Bari	15,19	16,13	15,66	15,94	15,29	14,80	13,43	14,72	13,61
Quozienti di immigrazione dall'estero									
Prima Fascia	2,77	3,01	3,34	2,84	2,19	1,85	1,54	1,54	2,59
Seconda Fascia	4,43	4,41	2,86	3,60	2,19	2,37	2,09	1,98	1,96
Area Metropolitana Ristretta	1,90	1,76	1,79	1,52	1,28	1,37	1,03	1,01	1,74
Area Metropolitana Allargata	2,21	2,09	1,93	1,78	1,40	1,50	1,17	1,14	1,77
Resto della Provincia	2,08	2,10	1,67	1,55	1,32	1,23	1,00	1,06	2,10
Provincia di Bari	2,14	2,09	1,79	1,65	1,35	1,35	1,08	1,09	1,95
Quozienti di emigrazione per altro comune									
Prima Fascia	20,32	21,84	21,94	21,01	20,76	20,55	19,11	22,23	21,68
Seconda Fascia	20,05	19,69	19,20	18,95	17,65	18,50	17,16	17,07	20,13
Area Metropolitana Ristretta	19,14	20,74	21,49	21,96	22,36	23,92	19,70	21,37	22,54
Area Metropolitana Allargata	19,26	20,61	21,20	21,58	21,76	23,22	19,37	20,80	22,22
Resto della Provincia	12,46	12,36	11,97	11,91	10,98	10,93	10,63	10,62	10,23
Provincia di Bari	15,50	16,05	16,09	16,22	15,78	16,39	14,51	15,14	15,53
Quozienti di emigrazione per l'estero									
Prima Fascia	0,88	1,86	1,33	1,37	1,60	1,43	0,84	1,66	1,18
Seconda Fascia	1,14	1,85	2,97	3,53	2,07	2,44	2,83	5,07	3,40
Area Metropolitana Ristretta	0,87	1,07	1,05	0,96	0,86	0,74	0,75	1,05	0,68
Area Metropolitana Allargata	0,91	1,17	1,29	1,29	1,01	0,96	1,02	1,58	1,04
Resto della Provincia	1,23	1,22	1,22	0,99	0,65	0,82	0,83	1,35	0,93
Provincia di Bari	1,09	1,20	1,25	1,12	0,81	0,89	0,92	1,45	0,98
Quozienti di migrazione netta									
Prima Fascia	8,02	9,57	11,38	14,68	12,30	10,23	7,44	3,80	5,15
Seconda Fascia	10,81	8,89	6,65	6,46	8,32	8,52	5,75	7,97	1,66
Area Metropolitana Ristretta	-1,70	-0,96	-1,49	-1,36	-2,71	-4,50	-3,32	-3,38	-3,91
Area Metropolitana Allargata	-0,16	0,27	-0,47	-0,37	-1,31	-2,82	-2,14	-1,89	-3,18
Resto della Provincia	1,48	1,56	0,58	0,75	1,14	0,23	0,05	0,11	0,81
Provincia di Bari	0,75	0,98	0,12	0,25	0,05	-1,12	-0,92	-0,77	-0,95

Per quel che riguarda i quozienti ottenuti a livello aggregato, il valore più elevato, nel 1990, è il 2,59‰ della prima fascia, mentre alla seconda fascia e all'intera area allargata corrispondono quozienti rispettivamente pari all'1,96‰ ed all'1,77‰.

4.2. Per completare la nostra analisi del movimento migratorio appare opportuno soffermarsi brevemente sui dati provenienti dalle cancellazioni anagrafiche. Cominciando ad esaminare i quozienti di emigrazione per altro comune, l'aspetto che emerge con maggior chiarezza è la loro minore variabilità rispetto ai valori registrati per le immigrazioni: nel 1990, ad esempio, essi sono compresi tra il 9,07‰ del comune di Mola di Bari ed il 41,58‰ del comune di Bitetto, mentre al capoluogo corrisponde un quoziente pari al 23,11‰.

Passando a considerare l'andamento del fenomeno nel tempo, si nota che, come per le immigrazioni, è estremamente difficile evidenziare, a livello comunale, una tendenza all'aumento o alla diminuzione dei quozienti, essenzialmente a causa delle numerose oscillazioni da essi manifestate nell'arco degli anni presi in considerazione.

Tali considerazioni vengono confermate dall'esame degli indici calcolati per la prima e la seconda fascia i cui valori nel 1990 risultano molto vicini a quelli relativi al 1982, mentre una lieve tendenza all'incremento emerge per i quozienti relativi alle aree metropolitane ristretta e allargata.

I quozienti di emigrazione per l'estero appaiono, come quelli relativi alle immigrazioni, di modesta, se non modestissima, entità: anch'essi, infatti, si mantengono, con poche eccezioni, al di sotto del 5‰, e talora, a livello disaggregato, sono addirittura nulli.

4.3. Per concludere questa breve panoramica sul movimento migratorio è opportuno dedicare qualche considerazione ai quozienti di migrazione netta, calcolati per differenza tra quelli di immigrazione e quelli di emigrazione.

Da un primo esame dei relativi valori si evince innanzitutto che in alcuni casi (ad esempio, il capoluogo), a causa del prevalere delle cancellazioni sulle iscrizioni anagrafiche, tali quozienti sono negativi.

Esaminando la loro evoluzione nel tempo emergono, inoltre, due considerazioni:

a) nel corso degli anni considerati il numero dei comuni che presentano valori negativi tende ad aumentare, passando, sia pur con ritmo non costante, dai due del 1982 ai sei del 1990;

b) al termine del nostro intervallo, ben 14 comuni fanno registrare quozienti meno elevati rispetto al 1982.

Tali considerazioni, che appaiono pienamente coerenti con quelle tratte analizzando le precedenti serie di dati – tendenziale diminuzione delle immigrazioni e lievissimo aumento delle emigrazioni – vengono confermate anche dalla serie dei quozienti calcolati a livello aggregato (anch'essi riportati nella Tav. 2), che, pur mantenendosi sempre positivi, presentano, nel tempo, un generalizzato calo, particolarmente evidente per la seconda fascia (passata da un valore pari al 10,81‰ nel 1982, ad un valore pari all'1,66‰ nel 1990).

Significative, poi, si rivelano anche le caratteristiche dei quozienti relativi all'area metropolitana ristretta ed a quella allargata: essi infatti appaiono meno elevati nel 1990 rispetto al 1982, risultando generalmente negativi e, ovviamente, presentando sempre valori (rispettivamente pari, alla fine del nostro intervallo, al −3,91‰ ed al −3,18‰), decisamente minori rispetto a quelli osservati per le due cinture urbane.

Tali connotazioni vanno presumibilmente messe in relazione con la serie dei tassi relativi al comune di Bari, il quale, oltre a raggiungere nel 1990 un valore (pari a −9,98‰) tra i più bassi tra quelli registrati in tutta l'area, si caratterizza come il centro che ha subito il più ampio deflusso di popolazione nell'arco dell'intero periodo qui preso in considerazione.

5. L'evoluzione della popolazione

5.1. L'effetto congiunto del movimento naturale e del movimento migratorio determina, com'è ben noto, l'evoluzione complessiva della popolazione, i cui quozienti, per i comuni e gli altri ambiti territoriali qui presi in considerazione, sono presentati nella Tav. 3.

Da un primo esame dei valori riportati, si evince che tutti i centri minori hanno generalmente fatto registrare, salvo sporadiche eccezioni, valori positivi, sintomatici di un incremento della consistenza numerica della propria popolazione.

Se si confrontano, inoltre, tali valori con quelli relativi al movimento naturale ed al saldo migratorio, si nota che gli incrementi registrati risultano, per la maggior parte dei comuni, prodotti prevalentemente dalla componente naturale, che, nonostante il tendenziale decremento della natalità, si rivela per la nostra provincia ancora, come in passato, di importanza fondamentale nella dinamica demografica.

Proprio il calo della natalità appare la causa primaria del generalizzato declino dei tassi di variazione in esame: ponendo, infatti, a confronto i valori registrati nel 1982 con quelli registrati nel 1990, si nota che in ben quattro casi sui sei nei quali si è verificato un incremento, esso è stato prevalentemente prodotto da un saldo migratorio fortemente attivo piuttosto che dal movimento naturale.

Un'eccezione di rilievo, in questo panorama abbastanza omogeneo, è rappresentata dal comune di Bari, cui corrispondono, in ognuno degli anni in questione, valori negativi (−6,52‰ nel 1990), dovuti all'azione congiunta di un tasso di variazione naturale tra i più bassi di tutta la provincia e di una netta prevalenza delle cancellazioni sulle iscrizioni anagrafiche.

Degne di nota appaiono anche, per motivazioni opposte tra loro, l'evoluzione del comune di Mola di Bari, che ha fatto sempre registrare quozienti particolarmente bassi, pur se positivi, e la dinamica dei comuni di Cellamare e Binetto, i cui valori sono risultati spesso i più elevati. Tali casi, però, a causa della ridotta consistenza numerica della loro popolazione, appaiono ben meno rilevanti se paragonati a centri come Bitritto, Valenzano ed Adelfia, che presentano sempre tassi molto elevati, soprattutto grazie al continuo afflusso di popolazione proveniente dal capoluogo.

Tav. 3 – Tassi di variazione della popolazione (× 1000) nei comuni dell'area metropolitana di Bari, 1982-1990

Ambiti territoriali	1982	1983	1984	1985	1986	1987	1988	1989	1990
1) Bari	-1,10	-1,98	-3,69	-7,05	-8,54	-10,03	-5,76	-4,20	-6,52
2) Giovinazzo	15,41	20,51	32,83	21,65	9,71	3,76	5,48	0,33	1,73
3) Bitonto	13,33	6,70	8,60	7,17	8,29	6,85	7,68	10,76	6,27
4) Modugno	13,62	14,07	13,57	14,39	13,83	9,31	17,85	10,02	8,13
5) Bitritto	27,81	41,35	41,51	53,84	48,10	66,01	46,68	24,94	33,69
6) Adelfia	17,58	38,76	33,56	35,39	42,32	35,55	31,87	20,04	25,76
7) Valenzano	53,22	32,77	31,82	55,60	45,72	30,74	30,22	19,32	32,94
8) Capurso	38,51	37,54	38,09	58,63	44,21	26,23	24,66	12,92	10,27
9) Triggiano	16,76	27,95	32,32	30,55	29,17	28,05	16,21	17,60	20,28
10) Noicattaro	19,76	29,16	27,95	27,08	26,79	46,10	26,85	19,59	20,78
11) Mola di Bari	6,02	1,02	5,37	7,45	3,55	2,98	2,75	0,78	4,08
12) Palo del Colle	26,34	17,51	15,29	19,28	20,57	23,34	16,69	22,10	13,95
13) Binetto	42,59	52,21	44,23	22,17	20,95	10,31	61,77	33,19	78,11
14) Bitetto	18,87	14,84	8,26	11,81	13,78	10,74	9,86	13,96	-14,08
15) Toritto	19,93	15,20	8,53	15,72	6,46	12,94	3,91	15,01	13,71
16) Grumo Appula	11,65	7,96	8,73	-11,20	11,94	3,68	0,49	-1,31	18,27
17) Sannicandro di Bari	13,83	16,32	17,50	16,84	10,76	6,15	5,19	-11,80	8,79
18) Casamassima	15,05	16,51	21,84	15,04	16,27	22,06	25,01	21,27	7,15
19) Cellamare	108,72	54,03	45,12	67,43	15,23	49,74	62,69	89,52	59,15
20) Rutigliano	18,57	13,50	8,31	16,75	12,81	16,02	9,86	15,85	12,35
(2-11) Prima Fascia	17,67	18,32	20,58	22,49	19,95	18,26	16,24	41,76	12,78
(12-20) Seconda Fascia	20,35	15,92	14,01	13,65	14,15	15,53	13,37	14,93	9,01
(1-11) Area Metropolitana Ristretta	5,61	5,36	5,21	3,98	2,30	0,91	2,89	2,14	1,23
(1-20) Area Metropolitana Allargata	7,42	6,68	6,31	5,20	3,80	2,79	4,25	3,82	2,25
(21-48) Resto della Provincia	9,02	8,19	7,45	6,56	6,80	5,89	6,04	5,83	6,49
(1-48) Provincia di Bari	8,31	7,51	6,95	5,95	5,46	4,52	5,25	4,95	4,62

Data la collocazione geografica di tali comuni, ben si comprende la circostanza per la quale, a livello aggregato, i tassi relativi alla prima fascia risultano in ogni anno (con la sola eccezione del 1982), più elevati rispetto a quelli della seconda.

I valori relativi all'area metropolitana allargata e, soprattutto, a quella ristretta risentono, ovviamente, dell'influenza del capoluogo, evidenziando sempre livelli molto più bassi rispetto a quelli delle due cinture urbane. Tali valori, infatti, nel 1990, risultano pari nella prima fascia a 12,78‰, nella seconda a 9,01‰, nell'area metropolitana ristretta a 1,23‰ e, infine, nell'area metropolitana allargata a 2,25‰.

5.2. Com'è ben noto, le informazioni relative alla popolazione possono derivare, oltre che dalle registrazioni anagrafiche, anche dai censimenti. Da tale importantissima fonte, i cui dati, in contrapposizione a quelli anagrafici

Tav. 4 – Popolazione residente, tassi medi annui di variazione della popolazione, tassi di urbanizzazione e tassi di urbanizzazione differenziale (× 1000) della popolazione nell'area metropolitana di Bari, 1981-1991

Ambiti territoriali	Popolazione residente		Tassi medi annui di variazione	Tassi medi annui di urbanizzazione	Tassi m.a. di urbanizzazione differenziale
	1981	1991			
1) Bari	371.022	342.309	-8,03	-12,37	-10,25
2) Giovinazzo	19.202	20.933	8,68	4,27	6,43
3) Bitonto	49.714	53.772	7,89	3,48	5,64
4) Modugno	33.830	37.056	9,16	4,75	6,90
5) Bitritto	5.918	8.689	39,21	34,67	36,89
6) Adelfia	10.931	14.779	30,66	26,16	28,36
7) Valenzano	11.247	15.628	33,49	28,97	31,18
8) Capurso	10.205	13.470	28,19	23,70	25,89
9) Triggiano	20.313	24.698	19,77	15,31	17,49
10) Noicattaro	16.510	20.937	24,07	19,59	21,78
11) Mola di Bari	26.161	25.847	-1,21	-5,58	-3,44
12) Palo del Colle	14.693	18.106	21,14	16,68	18,86
13) Binetto	1.140	1.629	36,39	31,86	34,07
14) Bitetto	8.374	9.370	11,32	6,90	9,06
15) Toritto	7.538	8.331	10,07	5,66	7,81
16) Grumo Appula	11.821	12.029	1,75	-2,63	-0,49
17) Sannicandro di Bari	7.981	8.722	8,93	4,52	6,68
18) Casamassima	12.047	14.054	15,55	11,11	13,28
19) Cellamare	1.589	3.016	66,28	61,62	63,90
20) Rutigliano	14.719	16.378	10,75	6,33	8,49
(2-11) Prima Fascia	204.031	235.809	14,60	10,17	12,33
(12-20) Seconda Fascia	79.902	91.635	13,82	9,39	11,55
(1-11) Area Metropolitana Ristretta	575.053	578.118	0,53	-3,84	-1,71
(1-20) Area Metropolitana Allargata	654.955	669.753	2,24	-2,14	0,00
(21-48) Resto della Provincia	809.672	860.417	6,11	1,71	----
(1-48) Provincia di Bari	1.464.627	1.530.170	4,39	0,00	----

detti «di flusso», vengono definiti «di stato», provengono, tra l'altro, le cifre riguardanti l'ammontare globale della popolazione alla data delle ultime due rilevazioni, riportate nella Tav. 4.

Limitandoci, in questa occasione, esclusivamente a ricordare la circostanza che tali dati spesso divergono, soprattutto in dipendenza della relativa affidabilità delle iscrizioni e cancellazioni anagrafiche, in misura anche notevole, da quelli di provenienza anagrafica e passando ad analizzare la suddetta tabella, si evince che la consistenza numerica complessiva della popolazione residente nella nostra unità territoriale di riferimento ha fatto registrare, nell'ultimo intervallo intercensuario, un limitato incremento. Essa è infatti passata dalle 655mila unità del 1981 alle 670mila del 1991.

All'interno di tale area, che comprende quasi la metà della popolazione dell'intera provincia, il comune più popoloso è ovviamente, Bari, cui fanno capo, al termine del nostro intervallo, 342mila abitanti, cifra più elevata di quella corrispondente al complesso degli altri 19 centri.

Tra questi ultimi, quelli di maggior ampiezza demografica sono, nell'ordine, Bitonto, (54mila unità) e Modugno (37mila unità), mentre gli altri comuni si mantengono al di sotto dei 30mila abitanti.

A livello aggregato, i centri della prima fascia totalizzano una popolazione (pari a quasi 236mila abitanti), ben più cospicua di quella relativa alla seconda fascia (pari a circa 92mila abitanti), ambito cui fanno capo 5 comuni i cui residenti non raggiungono le 10mila unità.

Per poter effettuare confronti tra le diverse modalità evolutive della consistenza numerica della popolazione delle varie entità territoriali nell'arco del periodo in considerazione, si può far ricorso ad un indicatore, il tasso medio annuo di variazione della popolazione, calcolabile mediante la seguente formula:

$$r = \left(\frac{Pt+h}{Pt}\right)^{1/h} - 1, \qquad [1]$$

in cui si indica con P l'ammontare della popolazione, con t il tempo base e con h l'ampiezza dell'intervallo temporale preso in considerazione.

Esaminando la serie dei valori così ottenuti, emerge che tra il censimento del 1981 e quello del 1991, 18 comuni su 20 hanno fatto registrare un aumento della propria popolazione, quantificato mediante tassi positivi che, in alcuni casi, (Cellamare, Bitritto, Binetto, Valenzano ed Adelfia) superano il 30‰.

Tra i centri cui corrispondono, invece, valori negativi, si distingue il comune di Bari, dal cui tasso, pari a –8,03‰, traggono conferma le indicazioni, ricavate dall'esame delle precedenti serie di dati, sull'esistenza di un flusso di popolazione che tende a trasferire la propria residenza dal capoluogo ai comuni limitrofi.

Abbastanza vicini tra loro risultano, infine, i tassi corrispondenti alla prima ed alla seconda fascia, pari rispettivamente a 14,60‰ ed a 13,82‰, mentre nettamente meno elevati appaiono (sempre per le stesse motivazioni connesse alla presenza, nel loro ambito territoriale, del capoluogo) sia il tasso relativo all'area metropolitana ristretta, che è pari allo 0,53‰, sia quello relativo all'area allargata, a sua volta pari a 2,24‰.

6. La «deconcentrazione urbana»

Le considerazioni fin qui espresse sull'esistenza, nella nostra unità territoriale di riferimento, di modelli di redistribuzione territoriale della popolazione connessi al fenomeno della suburbanizzazione ricevono conferma dall'esame della serie dei tassi medi annui di urbanizzazione, ottenuti mediante la

$$\theta = \frac{r - R}{1 + R}, \qquad [2]$$

ove con r e R si indicano i tassi medi di variazione della popolazione registrati, rispettivamente, nei venti comuni (e negli aggregati territoriali precedentemente descritti) e nel complesso della provincia di Bari durante l'ultimo intervallo intercensuario.

Dall'analisi di tali tassi, che consentono di porre in relazione lo sviluppo di un centro urbano (o di un gruppo di centri) con quello di un territorio di riferimento (che, in questo caso, è costituito dall'intero territorio provinciale), si evince innanzitutto che la popolazione di ben 17 comuni si è accresciuta con un ritmo più veloce di quello della provincia.

Tra di essi, ancora una volta, degni di nota appaiono – oltre a Cellamare e Binetto – Bitritto, Valenzano ed Adelfia, che raggiungono i livelli più elevati.

Passando ad esaminare i centri che hanno fatto registrare valori negativi, si evince che, in dipendenza dalle caratteristiche fin qui mostrate dall'evoluzione della propria popolazione, il comune che raggiunge il tasso più basso è il capoluogo, in cui θ è pari a –12,37‰.

Un'altra analogia riscontrabile tra questi dati e quelli precedentemente analizzati riguarda il comune di Mola di Bari, che, anche in questo caso, ha fatto registrare valori negativi.

A livello aggregato, i valori relativi alla prima ed alla seconda fascia (uguali rispettivamente a 10,17‰ ed a 9,39‰) ed all'area metropolitana nelle sue due composizioni (pari, per quella ristretta a –3,84‰ e per quella allargata a –2,14‰) confermano quanto sin qui riscontrato, anche a riguardo dell'influenza del comune di Bari nel determinare l'entità dei valori ottenuti.

Un ultimo indicatore utilizzato al fine di effettuare confronti tra le diverse modalità con le quali si evolve il processo di redistribuzione della popolazione è costituito dal tasso medio annuo di urbanizzazione differenziale, calcolato, sul modello della [2], secondo la seguente formula:

$$\Delta = \frac{\theta - \vartheta}{1 + \vartheta}, \qquad [3]$$

nella quale si pongono in relazione i tassi medi annui di urbanizzazione relativi ai diversi centri e ambiti territoriali considerati (indicati con θ), con il tasso di urbanizzazione relativo all'intera area metropolitana allargata (indicato, a sua volta, con ϑ).

Dall'esame di tali indicatori, i cui valori non verranno qui commentati singolarmente, poiché ricalcano abbastanza fedelmente l'andamento dei tassi ottenuti mediante la [2], si può ottenere un'ulteriore conferma di quanto sin qui evidenziato, e, in particolare, del progressivo affermarsi di modelli di insediamento della popolazione caratterizzati da un tendenziale declino della

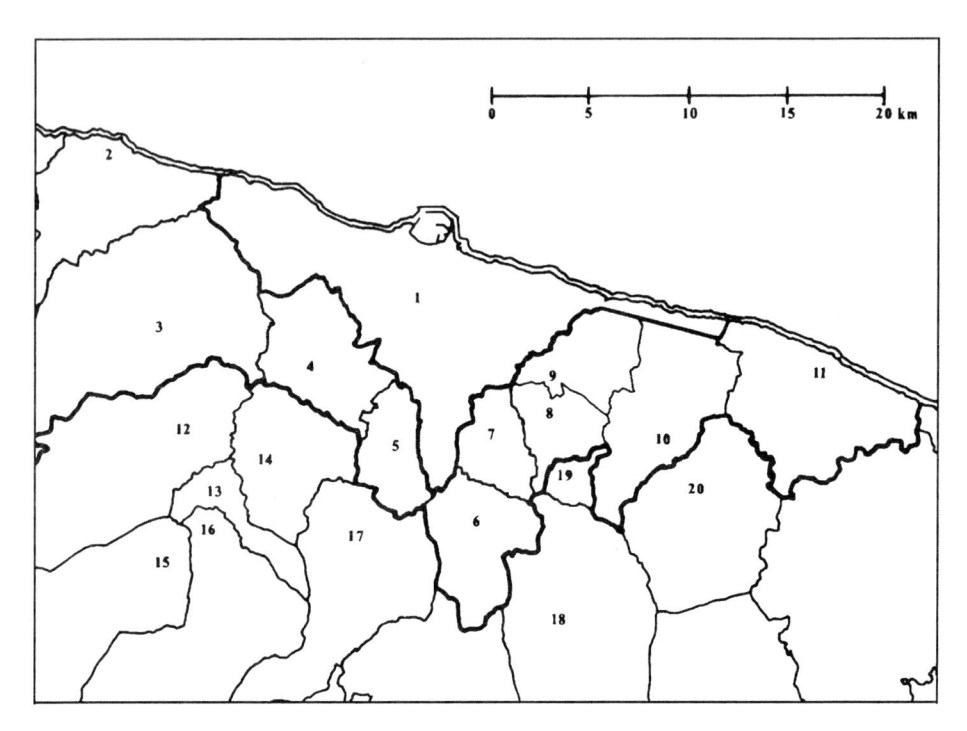

Fig. 1 – L'area metropolitana di Bari. Si evidenziano i dieci comuni della prima fascia (per i nomi cfr. tav. 3 del testo)

capacità di attrazione esercitata dai centri di maggiori dimensioni, a vantaggio dei centri minori, la cui forza di sviluppo risulta, in molti casi, notevole.

Confrontando i risultati ottenuti in questa occasione con quelli presentati in precedenti lavori (A. Paterno, 1992), in cui sono stati presi in considerazione periodi meno recenti, emerge un'ultima constatazione degna di nota, consistente nella progressiva diffusione territoriale, all'interno della nostra unità di riferimento, del fenomeno della deconcentrazione urbana. Mentre, infatti, negli anni precedenti, i comuni caratterizzati da un maggiore sviluppo erano soprattutto quelli compresi nella prima fascia, oggi anche i centri più distanti dal capoluogo fanno registrare tassi di urbanizzazione praticamente equivalenti a quelli relativi alla prima «cintura» urbana.

7. *Conclusioni*

L'analisi di quella che è stata l'evoluzione demografica in un ambito territoriale composto e caratterizzato da processi di redistribuzione territoriale della popolazione come l'area metropolitana di Bari ci ha consentito di evidenziare il ruolo giocato dalle più importanti tendenze in atto, che possiamo così riassumere:

a) per quel che riguarda il movimento naturale della popolazione, dai dati provenienti dalle registrazioni anagrafiche si evince che ad un andamento tendenzialmente costante della mortalità si contrappone un progressivo declino della natalità, che si manifesta ben evidente in quasi tutti i comuni compresi nel nostro ambito territoriale di riferimento; ciò produce un generalizzato decremento dei quozienti di variazione naturale della popolazione, che rimangono, però, sempre positivi;

b) il movimento migratorio appare invece essenzialmente caratterizzato, da un lato, da una grande variabilità nello spazio dei relativi indici, che divergono tra loro in misura anche notevole, e, dall'altro, dal prevalere di tassi di migrazione netta decrescenti;

c) conseguentemente, la maggior parte dei comuni considerati presenta tassi di variazione che, nonostante il declino in atto, appaiono ancora decisamente positivi, come confermato anche dai dati provenienti dalle ultime due rilevazioni censuarie, dai quali emergono, tra l'altro, le variazioni registrate nella consistenza numerica della popolazione residente in ciascun centro.

L'unico comune che si discosta sensibilmente da tale evoluzione è il capoluogo, la cui popolazione, nell'arco temporale in considerazione, appare decisamente in diminuzione, a conferma del permanere e del diffondersi, nella nostra provincia, del fenomeno della deconcentrazione urbana.

Tale fenomeno, sulle cui molteplici cause – di natura sia sociale (deterioramento della qualità della vita nei centri di maggiori dimensioni, carenza di strutture, etc.), sia economica (rilocalizzazione di impianti produttivi e di servizi, rapida crescita dei costi delle abitazioni, etc.) – non ci soffermeremo, ha, evidentemente, prodotto il sorgere di nuove esigenze.

Tra di esse, prioritaria appare la necessità di giungere al più presto, da parte degli organi competenti, ad una appropriata definizione delle nuove unità territoriali, superando ambizioni campanilistiche per applicare finalmente il dettato della legge n. 142/90.

Successivamente, sarà compito di ciascuno dei soggetti coinvolti creare le condizioni (tra le quali, una più approfondita conoscenza dei processi in atto) necessarie per uno sviluppo organico, improntato a criteri di multipolarità e multifunzionalità, dell'intera area metropolitana, nel cui ambito il capoluogo possa finalmente giocare il giusto ruolo di centro di coordinamento di un processo evolutivo più giustamente distribuito all'interno di tutto il territorio.

BIBLIOGRAFIA ESSENZIALE

BARSOTTI O., BONAGUIDI A., *Le trasformazioni dei modelli territoriali di sviluppo demografico in Italia*, Roma, Carucci, 1981.

BARSOTTI O., BOTTAI M., *Sistemi gravitazionali e fasi di transizione della crescita demografica*, Dipartimento di Statistica e Matematica applicata all'Economia

dell'Università di Pisa, n. 19, 1988.
BONERBA V., «Considerazioni geografiche sull'area metropolitana», in *Bari Economica*, n. 3, 1992.
CAFIERO S., BUSCA A., *Lo sviluppo metropolitano in Italia*, Roma, Giuffrè, 1970;
DAL COLLE E., «Un procedimento di individuazione delle principali aree urbane nel Mezzogiorno d'Italia», in *Mezzogiorno d'Europa*, n. 2, 1992.
DI COMITE G., DI COMITE L., «Evoluzione demografica e redistribuzione territoriale della popolazione: il caso dell'area metropolitana di Bari», in *Atti del Primo Incontro Demografico delle Regioni Adriatiche – IDRA I*, Pescara, 1988.
DI COMITE L., DE CANDIA M., «Un particolare aspetto della trasformazione dei modelli territoriali di sviluppo demografico: la deconcentrazione urbana», in *Rivista Italiana di Economia, Demografia e Statistica*, n. 1-3, 1984.
DI COMITE L., PATERNO A., «L'invecchiamento demografico nell'area metropolitana di Bari», comunicazione presentata alla *XII Conferenza Italiana di Scienze Regionali*, Messina-Taormina, 21-24 ottobre 1991.
DISTASO S. (a cura di), *La popolazione delle città italiane. Tendenze in atto e prospettive*, Bari, Cacucci, 1992;
FEDERICI N., «A proposito dell'influenza di talune caratteristiche dei centri abitati sulla dinamica demografica», in *Studi in onore di Paolo Fortunati*, vol. I, Bologna, Clueb, 1980;
FREY W.H., «Migration and Metropolitan Decline in Developed Countries: a Comparative Study», in *Population and Development Review*, n. 4, 1988.
GAROFOLI G., «Il modello territoriale di sviluppo degli anni '70-'80», in *Note Economiche*, n. 1, 1987;
GIBELLI M.C., MAGNANI I. (a cura di), *La pianificazione urbanistica come strumento di politica economica*, Milano, F. Angeli, 1988.
GOLINI A., «Urbanizzazione e migrazioni in Italia: le trasformazioni in atto», in *Rassegna Economica*, n. 4, 1979.
GRAZIANI A., «Il degrado delle città e il ritardo nell'industrializzazione», in *Delta*, n. 29, 1987.
MARCHESE U., *Aree metropolitane e nuove unità territoriali in Italia*, Genova, Ecig, 1981.
MARCHESE U., «Sviluppi metropolitani nel Mezzogiorno anni '80. Lineamenti e raffronti con gli anni '70», in AA.VV., *Mercato del lavoro e sviluppo del Mezzogiorno*, Bari, Cacucci, 1987.
PATERNO A., «L'area metropolitana di Bari: aspetti demografici differenziali», in Distaso S. (a cura di), *La popolazione delle città italiane. Tendenze in atto e prospettive*, Bari, Cacucci, 1992.
SCHIFFER R.L., COOKE J., *The exploding city*, New York, St. Martin's Press, 1989.
VITALI O., «I problemi connessi con la classificazione dei comuni urbani e rurali nell'esperienza italiana (1951-1971)», in *Studi in onore di Paolo Fortunati*, Bologna, Clueb, 1980.
VITALI O., *L'evoluzione rurale-urbana in Italia*, Milano, F. Angeli, 1983;
VITALI O., «Migrazioni ed urbanizzazione nell'ultimo trentennio», in *Rassegna Economica*, n. 2, 1985.
WUNSCH G., «Niveau et tendence de l'urbanisation: quelques problèmes de mesure», in *Revue Belge de Géographie*, f. 1, 1966.

Juliet Carpenter*

POPULATION DISPLACEMENT AND NEIGHBOURHOOD CHANGE IN A METROPOLITAN REGION: THE CASE OF TWO INNER CITY DISTRICTS IN PARIS

Riassunto. Il concetto di migrazione intra-urbana è alla base della spiegazione del mutamento subito da un vicinato residenziale. Le caratteristiche della popolazione in arrivo e di quella in uscita contribuiscono a modificare l'assetto di una comunità e la sua qualità. Prendendo in esame Parigi, questo contributo si sofferma su due quartieri centrali la cui popolazione ha subito una notevole mobilità negli ultimi trent'anni e che sono stati soggetti a apecifiche politiche urbane: da una parte, una politica si conservazione, dall'altra, una di rinnovo. Sulla base di date censuari, vengono indagati i modelli di mobilità in ciascuna area tra il 1975 e il 1982, per ricostruire l'origine e la destinazione, nonché i caratteri, dei migranti. Viene così ricostruito il quadro del mutamento e della mobilità residenziale in queste due aree, che viene rapportato ai più ampi scopi delle politiche del centro urbano del periodo in questione.

Summary. The concept of intra-urban migration lies at the heart of explanations of residential neighbourhood change. The characteristics of the in-coming population and of the out-going displaced population will influence the changing make-up of a community. Taking Paris as its case study, this paper will consider two inner-city districts that have undergone considerable population displacement in the last 30 years, prompted by specific urban policies: one, a policy of conservation, the other of urban renewal. Using unpublished census data, patterns of mobility through each area between 1975 and 1982 can be examined, to investigate the origins and destinations of these migrants, and their characteristics. Thus a picture of residential mobility and change in these two areas can be constructed, and related to the wider aims of inner-city urban policy during the period in question.

1. *Introduction*

The concept of intra-urban migration lies at the heart of explanations of residential neighbourhood transformation. The changing composition of urban communities will be affected by the characteristics of both the in-coming population as well as those of the out-going displaced population. The discrepancy in the socio-demographic profiles of these two groups will account for the changing residential profile of the neighbourhood. This chapter will examine two inner-city districts in Paris that have undergone considerable population change over the last 30 years. However, significantly, both areas have also been the focus of specific urban policies, one a plan for conservation, the other for urban renewal, but both sharing the common aim of retaining the original social structure of each area.

* Department of Geography, University of Sheffield.

Through an analysis of census data, it will be shown that in fact this aim has not been fulfilled; that despite the explicit desire to preserve the harmony of the existing communities, both neighbourhoods have undergone drastic population displacement and social transformation over the last 30 years. Focusing on a period of particularly significant change, 1975-1982, mobility through each district will be investigated, using previously unpublished census material. This allows for a detailed examination of population change in the two areas, revealing the characteristics of those who have moved into each area, those who have left, and where they have moved to and from. Using this data, we can move closer to understanding the internal dynamics of these two inner-city neighbourhoods that have been affected by urban policy, an issue which also has relevance to other European cities. For like Paris, many other large conurbations are currently faced with issues of urban renewal, regeneration and gentrification. The impact that these processes are having on the communities affected is therefore becoming a topic of increasing importance in restructured post-industrial capitals throughout western Europe.

2. *The context of the two case studies: the Marais and Belleville*

Both case studies are situated within the administrative boundary of the City of Paris that consists of 20 *arrondissements* (boroughs). The first area, the Marais, lies at the geographic heart of the city, covering much of the 3rd and 4th *arrondissements*. Despite its impressive architectural heritage, with buildings dating back to the fifteenth century, by the 1960s the Marais had become one of the most deprived districts in Paris in terms of overcrowding and poverty due to persistent dis-investment (Sutcliffe, 1970).

However, due to its central location and architectural assets, the area had the potential through conservation and restoration to become a particularly desirable *quartier*. Recognising that there were a number of cases like this nationally, the then Minister for Cultural Affairs, André Malraux, introduced his Act of 1962, allowing for the provision of a number of *secteurs sauvegardés* or Conservation Areas. The Marais was designated as one of the first in 1969 (Kain, 1982; details are also given in *Paris Projet*, 1983, comparing conservation policy in Paris and Rome).

Although the main motivation behind the *secteurs sauvegardés* was a desire to preserve the architectural assets of the area, planners and architects were adamant that their proposals should not be seen as a catalyst for gentrification, and the concomitant out-migration of certain sections of the community:

All measures must be put into action to ensure that the improvement of these high quality heritage buildings does not become synonymous with the exodus of low-income groups and artisans, and their replacement by the most wealthy categories of residents (Paris Projet, 1980, p. 163).

Urban policy for the second case study, Belleville, shared this aim, although the context was rather different. Situated in the 20th *arrondissement* in the east of the city, Belleville is characterised by sub-standard housing conditions and poor quality slum dwellings, that were erected in the late nineteenth century to rehouse those displaced by Baron Haussmann's rebuilding of central Paris (Evenson, 1979; Ceaux *et al.*, 1979; White, 1984).

It was again with the aim of tackling the low quality urban fabric that planners targeted Belleville in their projects for redevelopment in the 1970s and 1980s (Paris Projet, 1987). This involved wholesale demolition and rebuilding, rather than conservation as in the Marais. But again, a fear was expressed that such redevelopment had the potential to promote selective population displacement and the loss of certain groups from the community. Guidelines stated that renewal projects should:

conserve and improve certain elements of the old housing, in order to fulfil the desire to keep low-income groups in the quartiers [and] maintain, extend and welcome artisan and industrial activities (Paris Projet, 1982, p. 178).

The two policies for the Marais and Belleville thus had similar aims: on the one hand, to improve the housing stock and living conditions of each neighbourhood, and on the other, to retain the social composition of the original communities. However, census data reveal that the second of these two aims has not been translated into action on the ground. As this chapter will show, both districts have been affected by significant population displacement, revealed through an analysis of the socio-demographic profiles of those passing through each area.

This population displacement partly reflects the general trend that has affected the whole of Paris over the last 30 years. During the period 1962-1990, the City of Paris lost 22.9% of its population. This was mirrored in Belleville, with a population loss of 21.9%; but the Marais lost significantly more of its population during this time, just over 45% between 1962 and 1990 (APUR, 1982; INSEE, 1990).

These important population losses have not been evenly distributed throughout the different socio-occupational groups. Like Paris, the Marais and Belleville both lost significant numbers of manual workers, 47.1% and 23.3% respectively, partly due to restructuring and counterurbanisation (Winchester and Ogden, 1989). But whereas Paris as a whole doubled its percentage of liberal professionals and higher managers between 1962 and 1982, the percentage of these groups in both the Marais and Belleville increased by over 350% (APUR, 1982). Figures for 1990 are not comparable due to a change in the classification of socio-professional status.

Both the Marais and Belleville have thus seen considerable population displacement and social change since the 1960s. However, evidence from planning documents and interviews with architects, planners and residents in each area (Carpenter, 1994) suggests that the period 1975-1982 was a particularly crucial stage in the evolution of both areas. In the Marais, this was the period that had witnessed enormous change in terms of residential population mobility and gentrification, with middle-class in-migrants displacing the existing working-class residents. Similarly in Belleville, there was significant population movement during this period with the city authorities initiating a large-scale expropriation programme to prepare tracts of land for redevelopment (SORENOBEL, 1980). It is therefore this period that I have chosen to examine in more detail, investigating the internal dynamics of population change within these two areas, in terms of age, sex and socio-professional status.

3. *The data source*

The data source used here is the 1982 French census (INSEE, 1982), and in particular, the migration data detailing where respondents were living in 1975, the year of the previous census. This gives spatial data on the actual locations of migrants in both 1975 and 1982, as well as their socio-demographic characteristics. Before giving details of my findings, I will briefly outline some of the problems associated with using this secondary data source.

1. The mobility figures are estimates from a sample of 25% of completed returns. The exact figures for mobility are not available at the level of the individual for reasons of confidentiality. The figures used however can be taken as a fairly accurate representation of the actual aggregate totals.

2. The figures used do not acknowledge the fact that residents may have moved several times within the period 1975-1982. Although this will inevitably conceal many of the complexities of mobility, the data nevertheless give a good indication of transitory movements in and out of the two areas.

3. The place of residence in 1975 is only given by *arrondissement*, whereas in 1982, it is given by the smaller census unit of *quartier*. Out-movers are thus defined as those leaving the 3rd and 4th *arrondissements* (the Marais) and the 20th *arrondissement* (Belleville), whereas in-movers are those new to the *quartier* of Belleville, and the 7 *quartiers* that make up the Marais.

4. Locating all those who had moved out of the Marais and Belleville would mean searching the census returns of each of the 36,000 communes in France, to find where those displaced were living in 1982. As Table 1 shows, over half of those displaced from each area in 1975 were living in Paris and the inner suburbs in 1982. Therefore, due to constraints of time and access, analysis was undertaken for out-movers using just these two destinations. Also the socio-professional status of those displaced to Paris was not made available.

Although this emphasises some of the problems involved in using mobility data from the 1982 census, it must be acknowledged that it is nevertheless a very important source of migration information. Previously unpublished, the data source used here can reveal patterns concealed by period data, and show neighbourhood change through time. Firstly, the spatial distribution of in- and out-migrants will be examined, followed by a more detailed analysis of migrants' socio-demographic profiles.

4. Origins and destinations

The figures in Table 1 show that according to the 1982 census, there were 12,392 people who were new to the *quartier* of Belleville, and 24,800 people new to the 7 *quartiers* of the Marais in 1982; while there were 75,464 people who left the 20th *arrondissement* (which includes Belleville) between 1975 and 1982, and 37,693 who left the 3rd and 4th *arrondissements* (which approximate the Marais) during this period. Calculations show that although the two areas were both experiencing negative migration rates, Belleville was losing population at a slower rate than the Marais during this time.

The first issue of interest to investigate is the spatial distribution of respondents before they moved to their new addresses in the Marais and Belleville, and where they were living after they had left each area. Firstly, taking the origins of in-movers, Table 1 shows where newcomers to the Marais and Belleville in 1982 were living in 1975. It illustrates the clear importance of other *arrondissements* in Paris as the origin of newcomers to each area: 31% to the Marais and 37% to Belleville, figures in accordance with the long-established gravity model. The other outstanding point is the importance of the areas outside the French mainland as a source of newcomers, sending over a fifth of the total to both areas. Within the definition of «abroad» are included not only foreign countries but also the DOM-TOM (*départements-d'outre-mer, territoires-d'outre-mer*).

It could be suggested, however, that the ethnicity and to some extent the socio-professional status of the newcomers from «abroad» to each area are significantly different. Studies reveal that Belleville has long been the welcome point for migrants from «developing world» countries especially those with historical ties to France such as North and West Africa and Asia, as well as Southern Europe (see for example, Aïd, 1990); whereas the Marais, on the other hand, may well have been the destination more recently for migrants from «developed world» countries, particularly America and Western Europe (Carpenter, 1994). The lack of available data on the nationalities of in-movers prevented further investigation into these ideas, but they would certainly benefit from future research.

Breaking down the figures for the inner suburbs, there is a discrepancy between the origins of newcomers to the two different areas (Table 2). For the Marais, just under half of newcomers from the inner suburbs came from

Tab. 1 – Origins and destinations of in- and out-movers for the Marais and Belleville, 1975-1982

	Belleville	**The Marais**
In movers (1975-1982)	1 *quartier*	7 *quartiers*
from :	(n=12,392)	(n=24,800)
Paris	37%	31%
the inner suburbs	15%	16%
the outer suburbs	6%	8%
the rest of France	19%	24%
abroad	23%	21%
Mobility rates	361/000	357/000
Out-movers (1975-1982)	20th *arrond.*	3rd and 4th *arrond.*
to:	(n=75,464)	(n=37,693)
Paris	22.5%	33.9%
the inner suburbs	32.0%	21.9%
the outer suburbs, the rest of France and abroad	45.5%	44.2%
Mobility rates	430/000	452/000
Net migration rates	-69/000	-95/000

Data source: INSEE 1982

the predominantly affluent western suburb of Hauts de Seine (department 92); whereas for Belleville, 51% of newcomers from the inner suburbs came from the mainly working-class and contiguous department of Seine St. Denis (93). Figure 1 shows the location of departments around the City of Paris.

However, when considering the rest of France, of the 87 departments that make up the rest of the country, no single one sent more than 1% of the total. The highest came from the departments containing other large cities such as Bouches du Rhône (containing Marseilles) and Nord (containing Lille) suggesting a continuation of «urban to urban» migration.

Figure 2 shows the previous place of residence of newcomers from Paris to each area. The Marais figures are dominated not only by the adjacent 10th and 11th *arrondissements*, but also by the left bank 14th and 15th *arrondissements*, as well as the commonly perceived «up-market» 5th, 6th (the Latin Quarter) and 16th. This confirms the view that the Marais in the

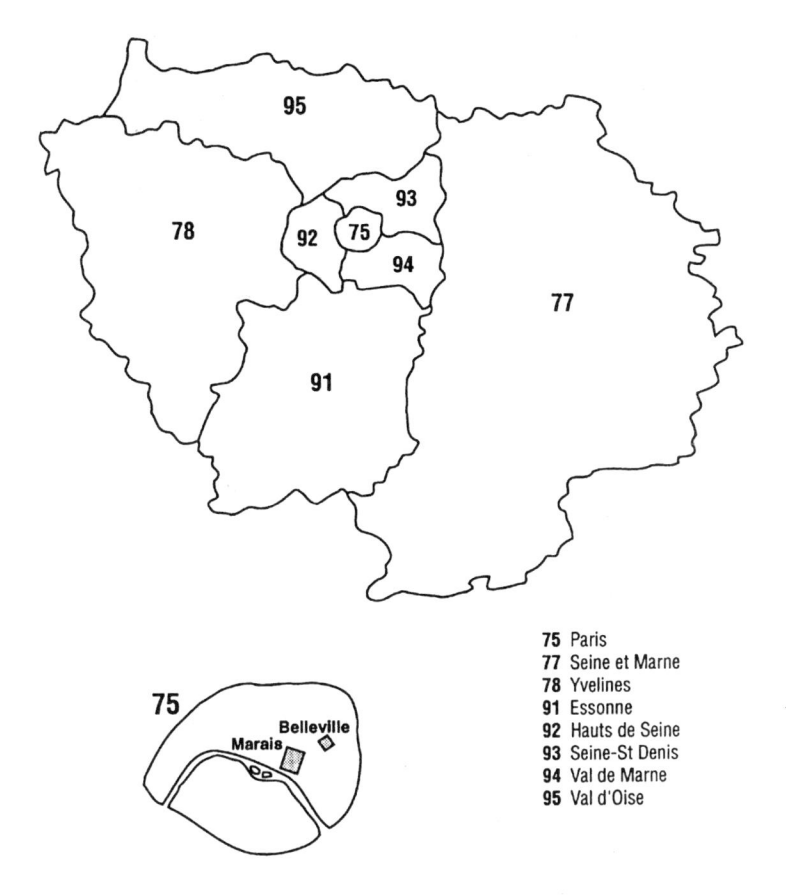

Fig. 1 – The Paris region, showing the location of the surrounding departments and the two study areas

75 Paris
77 Seine et Marne
78 Yvelines
91 Essonne
92 Hauts de Seine
93 Seine-St Denis
94 Val de Marne
95 Val d'Oise

Tab. 2 – The percentage of newcomers from each department in the inner suburbs to Belleville and the Marais in 1982

Department name and number	to Belleville % (n=1852)	to the Marais % (n=3664)
Hauts de Seine (92)	23.3	43.2
Seine St. Denis (93)	50.6	23.6
Val - de - Marne (94)	26.1	33.3

Data source: INSEE 1982

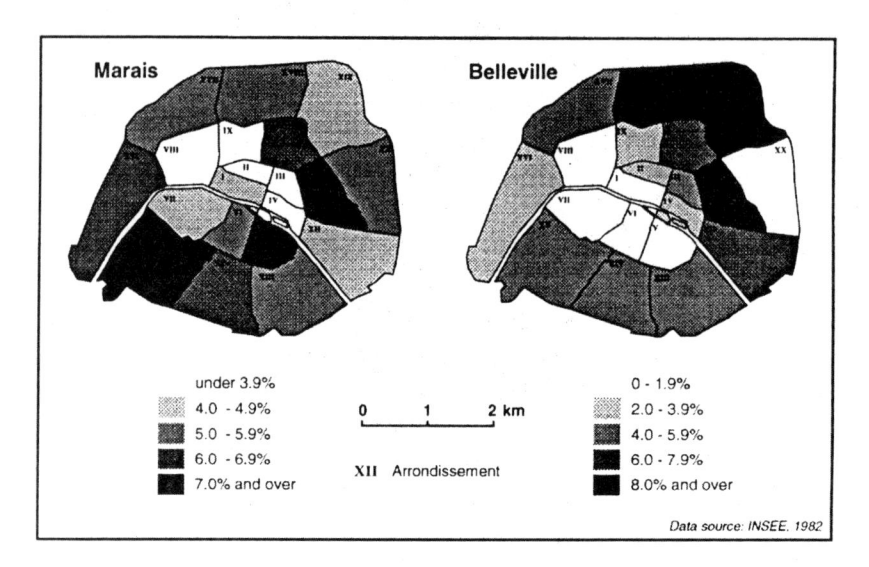

Fig. 2 – The previous place of residence in Paris of newcomers to the Marais and Belleville, 1975-1982

late 1970s and early 1980s was exerting a considerable pull to those living on the Left Bank, seen as an «up-and-coming» place to live for both «bohemian» types and upper middle-class residents from the 16th *arrondissement*.

On the other hand, the origins in Paris of newcomers to Belleville at this time were very much rooted in the eastern *arrondissements* of the 10th, 11th, 18th and 19th. This emphasises the importance of short distances in migration patterns and the predominance of working-class areas as the origins of newcomers to Belleville.

Turning to the destination of those moving out of each area, Table 1 shows that there is a clear discrepancy between the percentage of displaced people moving to Paris and the inner suburbs when comparing the two areas. Just over a fifth of those displaced from Belleville moved within Paris, whereas for the Marais, over a third remained within Paris. Similarly about a third of those displaced from Belleville left for the inner suburbs, whereas only a fifth left the Marais to follow the same route. This illustrates the clear importance of the inner suburbs as a destination for out-movers from Belleville, a mobility pattern that does not appear to have the same significance for those displaced from the Marais. One potential explanation for this could lie in the fact that the inner suburbs provide considerably cheaper housing possibilities than Paris itself. This would suggest that the socio-professional status of migrants leaving Belleville was lower than that of migrants from the Marais, since more people leaving Belleville sought housing in the suburbs, whereas a higher proportion of those leaving the Marais were able to remain within the 20 *arrondissements*.

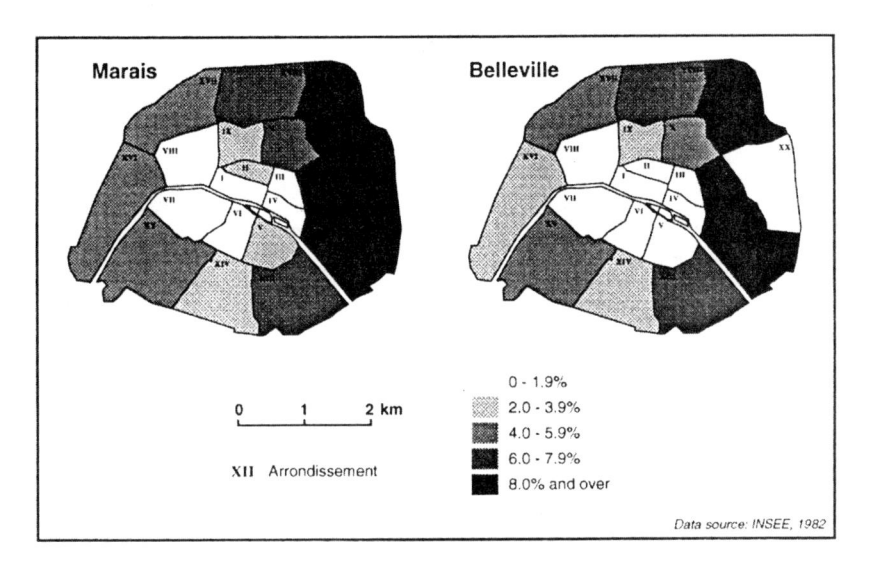

Fig. 3 – Destinations of those displaced within Paris from the Marais and Belleville, 1975-1982

Breaking down the destinations within Paris, out of the 18 *arrondissements* receiving migrants from the Marais, there is an overwhelming importance of the eastern areas on the right bank (Figure 3). The contiguous *arrondissements* of the 10th, 11th, and 12th account for over 30% of the total displaced to Paris, with another 21.7% being accounted for by the 19th and 20th *arrondissements*, which are further east and more peripheral. Together these five areas make up over 50% of the total Marais out-movers to Paris: it seems that the centrifugal «centre to periphery» displacement that was evident in Haussmann's era is still taking place. A similar pattern of displacement emerges from Belleville (Figure 3), although this is perhaps less surprising as the area is situated in the heart of the east of the city. Over 60% of those displaced from the 20th between 1975 and 1982 settled in the four eastern *arrondissements* of the 11th, 12th, 18th and 19th.

This easterly migration pattern is also suggested by the figures for displacement to the inner suburbs. Table 3 shows the distribution of «out-movers» to the three departments of the inner suburbs between 1975 and 1982. Almost 50% of out-movers from Belleville to the inner suburbs moved to the eastern contiguous department of Seine St. Denis (93), with high percentages being recorded for communes adjacent to Paris: Montreuil (11.1%), Pantin (6.3%) and Bagnolet (5.9%). In comparison to the results from the Marais, there were fewer people displaced from Belleville to the western department of Hauts de Seine (92).

This suggests that there was a distinctive pattern of migration to Paris and the inner suburbs during these years. Those displaced from the Marais

Tab. 3 – The distribution of out-movers to the inner suburbs from the Marais and Belleville between 1975 and 1982

Department name and number	from Belleville % (n=24,124)	from the Marais % (n=8256)
Hauts de Seine (92)	19.0	31.3
Seine St. Denis (93)	49.1	32.7
Val - de - Marne (94)	31.9	36.0

Data source: INSEE 1982

were pushed either to the eastern arrondissements of Paris, or to any of the three inner suburban departments, while those displaced from Belleville were concentrated in the eastern arrondissements and the eastern suburbs. Relating this to the long-established socio-professional dichotomy that exists between the east and west of the city (Noin et al, 1984), those displaced from Belleville had a stronger tendency to migrate to the more working-class east, whereas those from the Marais were more likely to move to areas in the more affluent west.

Having examined the patterns of mobility in and out of the two areas between 1975 and 1982, we will now turn to examine in more detail who these people were, in terms of their population characteristics, in particular looking at their age, sex and socio-professional status.

5. The characteristics of newcomers 1975-1982

Figure 4 shows the age and sex structure of newcomers to the Marais and Belleville between 1975 to 1982. The pyramids are similar in form showing the clear importance of the 20-39 age cohort in the mobile community. More specifically in both areas, the 25-29 age group stands out as making up about 20% of the total newcomers to each area. This confirms migration literature which has shown that the peak propensity to migrate occurs in young adulthood, and is related to changes in the life cycle (Courgeau, 1985). However, figures for Belleville show that a higher percentage of newcomers were under 15 years old, suggesting that there were more families with children moving to Belleville during this period, while fewer households with children were moving to the Marais, implying a typical «gentrifying» population (Ley, 1986). Testing these two population distributions statistically, $X^2 = 310.1$ (degrees of freedom = 18). Given that the tabulated value of X^2 at the 95% confidence level is 30.144 there is certainly a

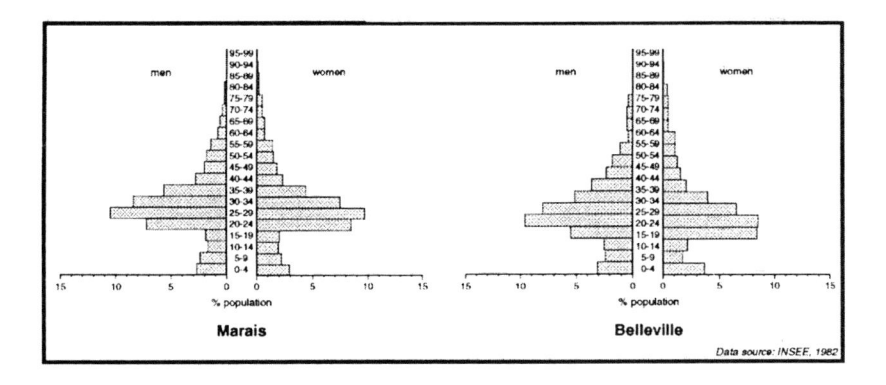

Fig. 4 – The age structures of newcomers to the Marais and Belleville, 1975-1982

significant difference between the age and sex distributions of the new arrivals to the Marais and Belleville between 1975 and 1982.

Examining the socio-professional status of newcomers to both areas (Table 4), a number of points stand out. Firstly, the very different nature of the distributions, clearly evident from the figures themselves, and confirmed statistically using the X^2 test (X^2 = 1596.8, degrees of freedom = 10, tabulated value = 18.307 at the 95% confidence level).

The second point worth noting is the predominance of liberal professionals and higher managers, especially men rather than women, as a percentage of newcomers to the Marais (12.8% compared with 6.5%). Although Jean-Marie and Starkman (1987) have argued that it was too simplistic to

Tab. 4 – The socio-occupational groups of all those who were new to the Marais and Belleville in 1982

	Belleville n=12,392		Marais n=24,800	
	% male	% female	% male	% female
Self-employed artisans/shopkeepers	2.1	0.6	2.9	1.3
Liberal professionals and higher management	5.3	2.5	12.8	6.5
Lower managerial and skilled white-collar staff	4.9	5.2	5.9	6.8
Lower white-collar employees	6.4	13.9	6.4	11.3
Skilled and unskilled manual workers	14.9	2.9	6.8	1.7
Retired	1.4	2.2	1.3	1.8
Those without a profession	16.3	21.4	14.6	19.9

Data source: INSEE 1982

claim that the Marais had already been «gentrified» by 1982, these figures strongly support the view that between 1975 and 1982, the Marais was attracting a disproportionately high number of higher status professionals. However, the literature does suggest that women are also often an important component in the gentrification process (Rose, 1989; Bondi, 1990). My figures suggest that rather, gentrifying women (i.e. female newcomers to the Marais during this period) are more likely to be employed in middle management or lower white-collar occupations rather than the top-level senior jobs. Indeed there is still a very high percentage of women with no professional activity (19.9%), suggesting that these may well be married non-working women, and contradicting the stereotypical image of women gentrifiers as non-married, working high-flyers. The 1990 census may well show a larger proportion of the women newcomers to the Marais as holding higher level jobs.

The other notable point about Table 4 is the high percentage of skilled and unskilled workers who were newcomers to Belleville, both compared to the percentage of female workers (14.9% as opposed to 2.9%), and in comparison to the proportion of male manual workers in the Marais (6.8%). Although as noted earlier, there has been a marked increase in the percentage of liberal professionals and higher managers overall, these mobility figures do emphasise the continued importance of working-class occupations in Belleville during the period 1975 to 1982.

6. *The characteristics of the displaced, 1975-1982*

Due to the nature of the data available, the age and sex characteristics of the out-movers are just given for those displaced to Paris and the inner suburbs. Both pyramids in Figure 5 show the clear importance of the 30-34 age group as being the cohort most likely to have left each area between 1975 and 1982. Although the two distributions are similar, there appears to be an anomaly for the Marais, with significantly more «over 60s» being displaced to the inner suburbs than from Belleville. This suggests that the elderly have been more affected by processes of displacement in the Marais than Belleville, possibly targeted by property developers in a way that they have not been in Belleville.

Turning to the socio-professional status of those displaced from each area between 1975 and 1982, Table 5 shows the results for just the inner suburbs as this was the only destination available for this variable. The two groups show a broadly similar occupational structure with peaks for women in the «employee» occupational group and for those without a professional activity, and for male manual workers. However, a X^2 value of 195.8 (degrees of freedom = 10) reveals that there is in fact a significant difference between these distributions, compared with the tabulated value at the 95% confidence level of 18.307.

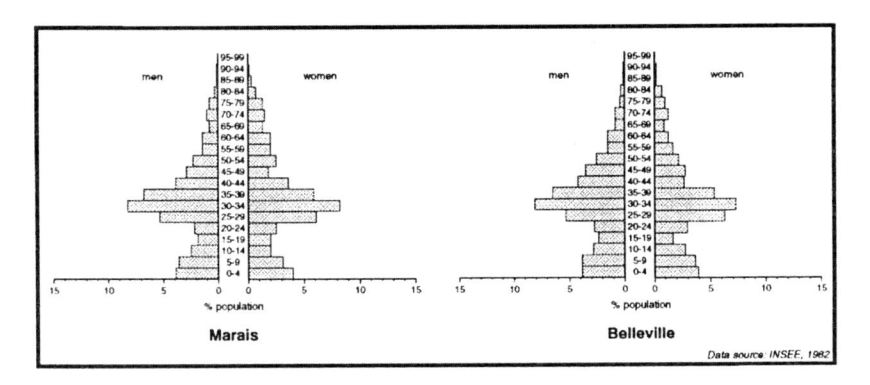

Fig. 5 – The age structures of those displaced to Paris and the inner suburbs from the Marais and Belleville, 1975-1982

Those displaced to the inner suburbs from both areas are overwhelmingly from lower middle and working class professions. It is interesting to note that while for the Marais these were not the professions of the newcomers: it has been shown in Table 4 that a high percentage of the newcomers into Belleville during this period were either employees or manual workers. Thus to some extent in Belleville there has been a degree of 'replacement' in terms of socio-occupational class with those who left since 1975 being replaced by newcomers of a similar socio-economic status. Belleville was therefore not experiencing such profound social change as the Marais during this period, which was losing employees and workers but gaining senior managers. We

Tab. 5 – The socio-occupational groups of those displaced from the Marais and Belleville to the inner suburbs between 1975-1982

	Belleville n=16,956		Marais n=8,256	
	% male	% female	% male	% female
Self-employed artisans/shopkeepers	2.1	0.7	1.6	0.7
Liberal professionals and higher management	4.9	2.2	5.4	3.3
Lower managerial and skilled white-collar staff	6.2	4.9	6.8	4.7
Lower white-collar employees	5.6	13.6	6.2	12.7
Skilled and unskilled manual workers	11.3	2.6	10.2	2.2
Retired	1.8	3.4	3.2	5.1
Those without a profession	17.8	22.9	14.7	23.2

Data source: INSEE 1982

can only speculate about the occupational status of those displaced to Paris, but evidence would suggest that due to high property prices in Paris, those moving to other arrondissements may have been of a higher social status, and thus will have lessened the degree of social change in the Marais.

7. The characteristics of the non-movers, 1975-1982

The age structures of the non-movers (Figure 6) are rather different to the pyramids presented for the two other groups. These were the «constant» element of the population who were living in each area in 1975 and 1982. Both diagrams show the importance of the elderly as the residual population in both neighbourhoods, particularly elderly women over 70 in the Marais, who make up 13.1% of the total population of non-movers (as compared with 4.3% of the displaced and 1.5% of the total newcomers). In Belleville, the residual population is dominated by the male 30-59 age cohort, who make up 24.3% of the total non-movers. This compares with a figure of 20.5% for women in this age group. This could be explained by the presence of a significant foreign population in Belleville, as migrants from abroad have been shown to be disproportionately male, and are often either single, or married but migrate initially without their families.

Looking at the socio-professional status of non-movers (Table 6) both areas are dominated by lower middle class (for women) and working class groups (for men), as well as the retired and others without a profession. However, in Belleville, the dominance of manual workers as a proportion of the total non-movers illustrates that despite significant population losses and an increase in the number of liberal professionals, Belleville nevertheless remains important as a working-class area, certainly in comparison to the Marais.

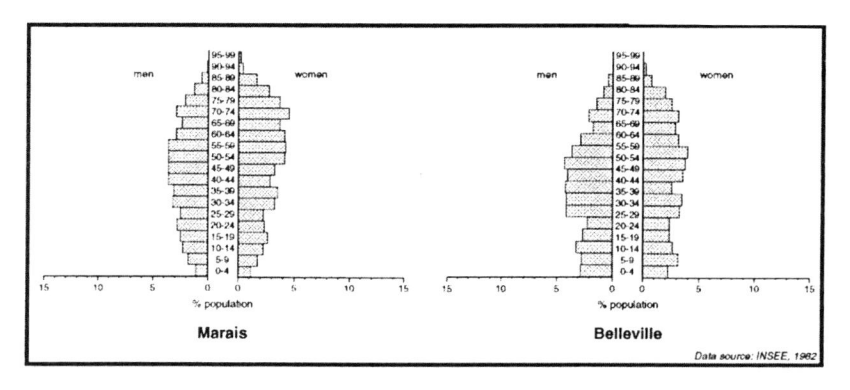

Fig. 6 – The age structures of non-movers in the Marais and Belleville, 1975-1982

Tab. 6 – The socio-occupational groups of non-movers in the Marais and Belleville, 1975-1982

	Belleville n=21,912		Marais n=44,712	
	% male	% female	% male	% female
Self-employed artisans/shopkeepers	2.7	1.4	3.8	2.0
Liberal professionals and higher management	3.4	1.9	5.7	3.4
Lower managerial and skilled white-collar staff	3.8	3.3	4.0	3.7
Lower white-collar employees	4.7	9.9	4.4	9.8
Skilled and unskilled manual workers	13.4	3.3	7.6	2.2
Retired	7.1	10.9	9.4	14.6
Those without a profession	13.7	20.5	11.1	18.3

Data source: INSEE 1982

8. Conclusions

It is clear from the data presented here that both the Marais and Belleville have undergone significant depopulation over the period 1975-1982, both areas losing a high percentage of manual workers and lower middle class employees during this time. Although these out-movers were to some extent «replaced» in the case of Belleville through lower middle-class in-migration, this was certainly not the case in the Marais, which saw a very high proportion of liberal professionals as newcomers. Even so, the proportion of these higher social groups in Belleville did rise considerably during this period, significantly more than the Parisian average.

These findings can be related back to the urban policies that were being enacted at the time in each area. Despite the explicit objective of wanting to retain certain social groups in each community after conservation and renewal, as outlined in the policy documents quoted earlier, each neighbourhood has nevertheless undergone profound population losses and social change. This has been especially severe in the Marais. The question that must be posed in the light of these findings is, *did the authorities and policy makers really want to see these aims put into practice?* If the answer is no, enquiries must certainly be made into why not, and into the possibility of a hidden agenda contradicting the expressed aims in policy documents.

However, if the authorities were sincere when they expressed the desire to retain certain social groups in each neighbourhood, then equally, questions must be raised as to why they failed to put them into practice. If attempts to achieve these objectives were thwarted, this would suggest that, no matter what the aims, residential urban policy will inevitably lead to population displacement and *embourgeoisement*, that is, an increase in the percentage of higher social groups in a neighbourhood. Such findings must surely have relevance for all inner-city renewal schemes. Governments currently drawing up plans for urban regeneration should be fully aware that population displacement and social change are a real and worrying consequence of their policies. Provision must be made to compensate for this threat of inner-city displacement and community break-up, if the original residents in neighbourhoods affected by urban policy are to be maintained.

Acknowledgements

I would like to thank Paul White and Deborah Sporton for commenting on earlier drafts of this paper. I am also grateful to Yvan Chauviré, UFR de Géographie, Université de Paris-I, for access to the 1982 mobility data, and to the Economic and Social Research Council for financial support during my postgraduate fieldwork in Paris.

REFERENCES

AÏD A., «Belleville fait peau neuve», in *Actualité de l'émigration*, 195, 1990, pp. 38-43.
APUR, *Paris, évolution 1954-1982*, volumes covering the 3rd, 4th and 20th *arrondissements*, Paris, APUR, 1982.
BONDI L., «Landscapes of change: masculinity and femininity in the city», Paper presented at the AAG Conference, Toronto, 19-22 April 1990.
CARPENTER J., *Urban Policy and Social Change in two Parisian Neighbourhoods, 1962-1992*, University of Sheffield, Unpublished Ph. D. thesis, 1994.
CEAUX J. et al., «Images et réalités d'un quartier populaire: le cas de Belleville», in *Espaces et Sociétés*, 30-31, 1979, pp. 71-107.
COURGEAU D., «Changements de logement, changements de département et cycle de vie», in *L'Espace Géographique*, 4, 1985, pp. 289-306.
EVENSON N., *Paris: a Century of Change, 1878-1978*, London, Yale University Press, 1979.
INSEE, *Recensement général de la population de 1982*, Paris, INSEE, 1982.
INSEE, *Recensement général de la population de 1990*, Paris, INSEE, 1990.
JEAN-MARIE A. and STARKMAN N., «L'évolution récente du Marais», pp. 264-269, in *Le Marais: Mythe et Réalité, Caisse Nationale des Monuments Historiques et des Sites*, Paris, Picard, 1987.
KAIN R.J.P., «Conservation planning in France: policy and practice in the Marais», France, pp. 199-234 in Kain R.J.P. (ed.), in *Planning for Conservation*, London, Mansell, 1981.
KAIN R.J.P., «Europe's model and exemplar still? The French approach to urban conservation 1962-1982», in *Town Planning Review*, 53, 1982, pp. 403-422.
LEY D., «Alternative explanations for inner-city gentrification: a Canadian asses-

sment», in *Annals, Association of American Geographers*, 76 (4), 1986, pp. 521-535.

NOIN D. et al., *Atlas des Parisiens*, Paris, Masson, 1984.

PARIS PROJET, *Schéma Directeur d'aménagement et d'urbanisme de la Ville de Paris*, 19-20, Paris, APUR, 1980.

PARIS PROJET, *Politique nouvelle de la rénovation urbaine*, 21-22, Paris, APUR, 1982.

PARIS PROJET, *Réhabilitation des quartiers historiques*, 23-24, Paris, APUR, 1983.

PARIS PROJET, *L'Aménagement de l'Est de Paris*, 27-28, Paris, APUR, 1987.

ROSE D., «A feminist perspective of employment restructuring and gentrification: the case of Montréal», pp. 118-133, in J. Wolch and M. Dear (eds), *The Power of Geography*, London, Methuen, 1989.

SORENOBEL, *ZAC de rénovation de Belleville: rapport de présentation*, Paris, 1980.

SUTCLIFFE A., *The Autumn of Central Paris: the Defeat of Town Planning*, London, Edward Arnold, 1970.

WHITE P.E., *The West European City*, London, Longman, 1984.

WINCHESTER H.P.M., and OGDEN P.E., France, pp. 162-186 in A.G. Champion (ed.),*Counterurbanisation: the Changing Pace and Nature of Population Deconcentration*, London, Edward Arnold, 1989.

IV – POPOLAZIONE, SANITÀ, AMBIENTE

Violetta Hionidou*

THE GREEK FAMINE OF 1941-42: AN OVERVIEW

Riassunto. Il lavoro riguarda la carestia che colpì la Grecia negli anni 1941-42. Nel tentativo di identificare le cause che la generarono, si è risaliti a due motivi: primo, l'instabile equilibrio – anche in tempo di pace – tra esportazione di prodotti agricoli per il mercato e l'importazione di prodotti alimentari in Grecia; secondo, l'indifferenza delle forze di occupazione nei confronti delle popolazioni del territorio occupato. Servendosi di certificati di morte della popolazione dell'isola di Mykonos si sono potuti quantificare alcuni aspetti della carestia. L'eccedenza di morti registrati durante il suo corso si è dimostrata altissima. Sono emerse anche sensibili differenze nell'incidenza della mortalità per sesso e per fascia d'età. Studi analoghi su altre comunità greche potrebbero di fatto arricchire le nostre conoscenze sugli aspetti demografici delle carestie.

Summary. This paper is concerned with the Greek famine of 1941-42. In the attempt to identify the causes of its commencement, two main reasons were traced: first, the fragile balance between exports of cash crops and imports of foodstuffs sustained by Greece even in peace times; and second, the indifference of the occupying forces towards the occupied populations. Using the death certificates of the island population of Mykonos some aspects of the famine could be quantified. The excess in mortality during the famine was found to be extremely high.
Important differentiations in mortality between the two sexes and among the various age-groups were observed. Similar studies of other Greek communities could significantly expand our limited knowledge of the demographic aspects of famines.

1. Introduction

Famine has attracted interest in recent years mainly because of its relatively frequent incidence in developing countries. Researchers have concentrated more on the causes and the politics behind famines whereas research concerning the demographic dimensions of famines has been rather limited[1]. This is partly due to the lack of the necessary data since in areas where famines still occur collection systems of demographic data usually are not ade-

* Department of Geography and Institute of European Population Studies, University of Liverpool, UK.

[1] Exceptions, where the demographic variables are in focus, are the following; Bowman Jannetta, 1992; Dyson 1991; Valaoras 1946; Watkins and Menken, 1985; Pitkanen and Mielke, 1993; and Stein et al., 1975.

quate, in cases they do exist, where in historic famines, either such systems did not exist or they were seriously disrupted.

This paper examines the causes of the 1941-42 famine that occurred in Greece. Using the island of Mykonos as a case study it demonstrates that detailed demographic studies can be performed within Greece with the available, yet unpublished, data that can be extracted from the civil registration certificates. The paper is arranged in two sections. In the first, the series of events that led to the famine are presented. Since these events affected the whole country rather than exclusively the island of Mykonos, Greece will be the reference point in the presentation of the background of the famine. In the second section, the scale of excess mortality during the famine will be examined along with the age and sex differentials of the famine mortality on Mykonos.

2. *Causes of the famine*

The Greek famine was an indirect result of the Second World War and the occupation of the country. It started some months after the country's occupation in April-May of 1941 and it was not associated with losses due to warfare.

Before proceeding to the course of the events that led to the famine it is felt that some basic aspects of the Greek pre-war economy should be presented. While Greece was a predominantly agricultural country, with more than 60% of the population before the Second World War engaged in agriculture, the country was heavily dependent on foodstuff imports. During the period 1935-37 Greece imported almost half of the wheat consumed. (Diamond, 1947).

The main mode of importation was marine (Thomadakis, 1981). The productive areas of Greece are and were concentrated in the northern parts where most of the crops were produced, and Peloponnese where most of the olive oil was produced. Therefore the Greater Athens area and most of the islands were heavily dependent on imports.

With the occupation, the country was divided into three zones, one being governed by each of the occupants: Bulgarians occupied the northern part of Greece, i.e. eastern Macedonia and Thrace; Germans occupied some of the Aegean islands, the rest of Macedonia and the capital area; while Italians occupied the rest of the country including Mykonos (Doxiadis, c. 1945). The appropriation of all means of transport and fuel by the occupying authorities prevented any transfer of supplies or population movement after the date of the occupation. Oral accounts of Mykoniati (inhabitants of Mykonos) refer to restricted movement during the occupation period (Stott, 1982). In addition, many of the locally-owned vessels, presumably of fishermen, were destroyed by the occupying forces (Stott, 1982). The country was further subdivided into 13 zones between which food and population circulation were not allowed (Doxiadis, c. 1945). So, even domestic agricultural production could not be distributed to the areas where it was needed because of the imposed restrictions. This resulted in differential degrees of the acuteness of the famine in the various areas of the country according to the local economy. In addition, the country's agricultural production was significantly reduced during the occupation period. In 1941-44 there was a 40% reduction in crop production compared to that of 1938 (Doxiadis, c.1945). The main reason was the general disruption caused by the war.

Upon the establishment of their authority, the Germans ordered the requisition of all public or private stocks of food and medical supplies (Thomadakis, 1981). A naval blockade imposed on Greece by the allies as soon as the country was occupied, since it had become an enemy territory. This further accelerated the lack of food since pre-war Greece was heavily dependent on food imports. Within weeks since the occupation of Greece, the scarcity of food was evident (Black, 1992). In December 1941 the British government consented to help given to Greece by Turkey, since Turkey could be considered as being inside the blockade zone. Some supplies arrived in Greece from Turkey in the period October 1941 to February 1942 but these were distributed exclusively among the Athenian population (Kitsikis, 1969; Black, 1992). By January 1942 the occupying forces had guaranteed that any food sent for the Greek population would not be requisitioned (Kitsikis, 1969). In March 1942 the blockade was lifted and the first of a series of shipments of food arrived at the port of Piraeus (Kitsikis, 1969)[2].

The severe lack of food that followed the occupation naturally resulted in increases in food prices. Moreover, at the start of the occupation Germans issued a quantity of 'occupation marks' while Italians circulated 'casa mediterranea' drachma notes. Germans arranged with the puppet Greek government and the Bank of Greece the payment of large sums of drachma to the Axis powers as occupation expenses (Thomadakis, 1981). In order to meet this obligation, the Bank of Greece was forced to print excessive amounts of currency. The expansion of currency in circulation rapidly led to inflation. The additive impact of inflation and of the lack of food is shown by the indexes of inflation and the price of bread in Table 1. In order to distinguish the impact of inflation on the price increase of bread, the bread index has been divided by the inflation index[3]. This last index shows a seven-fold increase of the real price of bread between the beginning of 1941 and that of 1942. A worsening until mid-1942 is followed by a gradual decline in 1943. A rapidly worsening situation during 1944 is indicated by the same index. The threat of a second famine in the winter of 1943-44 was real. Laiou-

---

[2] According to Black, the lifting of the blockade was decided on 16 April 1942 (Black, 1992).

[3] The figures showing the inflation rate and the price of a specific weight of bread for various dates during the war were adapted from Doxiadis, c. 1945, Tables 62 and 63.

Tab. 1 – Inflation and price of a specific weight (1 oka) of bread during the occupation period. Greece, 1940-1944

Date	Inflation index	Index of bread price	Index of actual increase in bread price
Jan 1941	1.0		
Apr 1941		1	1.0
Jul 1941	2.3		
Jan 1942	3.3	23	7.0
Jul 1942	8.3	89	10.7
Jan 1943	22.9	155	6.8
Jul 1943	54.0	260	4.8
Jan 1944	246.6	3,800	15.4
Jul 1944	8,146.0	331,000	40.6
Sep 1944	456,593.8	15,300,000	33.5

The data used were derived from Doxiadis (c. 1945).

Thomadakis points out that it had appeared in some of the islands, and in September 1944 in Aitoloacarnania (Laiou-Thomadakis, 1980).

Throughout the period of occupation, the overwhelming majority of the urban population was almost exclusively dependant on the rationing of food set up by the quisling government (Thomadakis, 1981)[4]. But Thomadakis indicates that

Throughout the occupation, but especially in the first two years, the quisling government displayed an exemplary lack of vigour in enforcing laws against profiteering. The complete failure of rationing in the first tragic winter of occupation [1941-42] was not only a result of shortages but also a specific result of quisling government policy (Thomadakis, 1981).

Diamond supplies us with an estimate of an average intake of 490 calories per person in the large urban centres during the 1941-42 period, of which 350 calories were derived from official distributions and 140 calories from the soup supplied in the government's canteens (Diamond, 1947). In 1942, the lifting of the blockade and the shipment of food from outside sources to Greece, brought an increase in the calorific intake. According to estimates of the Joint Relief Committee in 1943 the average distribution of food did not exceed 825 calories per person and the total calorie intake for the urban population was 925 (Diamond, 1947). Two points can be made. First, that the doubling of calorie intake between 1941-42 and 1943 did not

---

[4] Thomadakis indicates «an important aspect of labour struggles throughout the occupation period was related to the supply of provisions at the place of work. Several strikes by private-industry employees as well as employees of the state, the banks, and the transport authority put forth the demands of payment in kind, mid-day meals, and special provisions for families. Several of these demands were met at various times» (Thomadakis, 1981).

allow the occurrence of a second famine, despite the still low calory intake in 1943; and second, in 1943, nine-tenths of the calorie intake was from rationed sources. The importance of the rationing of food for the survival of the population becomes clear from the situation created in the capital area when in December 1944-January 1945, the relief operation was suspended because of the civil warfare that took place in the capital (Laiou-Thomadakis, 1980). This resulted in the first instance of natural decrease since the 1941-42 famine, due to mainly increased mortality but also decreased fertility (Valaoras, 1946). Cyclades, the group of islands in which Mykonos belongs, enjoyed uninterrupted relief until the end of the war (Laiou-Thomadakis, 1980).

The signing of an agreement in January 1945 between UNRRA (United Nations Relief and Rehabilitation Association) and the Greek government by which UNRRA took the responsibility to provide Greece with relief and rehabilitation supplies without charges brought an end to the food shortages (Diamond, 1947).

In the following section we will proceed with the examination of the demographic component of the famine on Mykonos. The primary source used in this study is the civil registration data available on the island of Mykonos since 1859. These consist of birth, death and marriage certificates. The registration of vital events has been found satisfactory (Hionidou, 1993). It should be stressed that death registration has always been quite rigorous and there are no reasons why it should not be as late as 1941-42, especially on Mykonos where no common graves were used as in the capital area. In addition, the age reporting was reliable by the time of the occurrence of the famine (Hionidou, 1993). The only drawback is the non-availability of an age structure of the population at, or around, the time of the famine. However, the total of the population by sex is available from the 1940 census.

3. The effect of the famine on mortality

I should start by emphasizing that migration is not examined since any population movement was restricted by the occupation forces. Thus, at least during the famine the demographic system of Mykonos can be described as a closed one. In addition, the population of Mykonos prior to the famine enjoyed a rather high life expectancy at birth, slightly over 50 years of age, an infant mortality rate of approximately 110 infant deaths per 1,000 life births and a fertility that had started declining in the 1920s (Hionidou, 1993).

While famine is defined as an acute shortage of food resulting in significantly higher mortality compared to normal periods, each of the other demographic components is also affected. Still, the most serious effect of a famine is on mortality in which the rest of the paper will focus[5].

---

[5] For a more extended version of this article, see Hionidou, 1993.

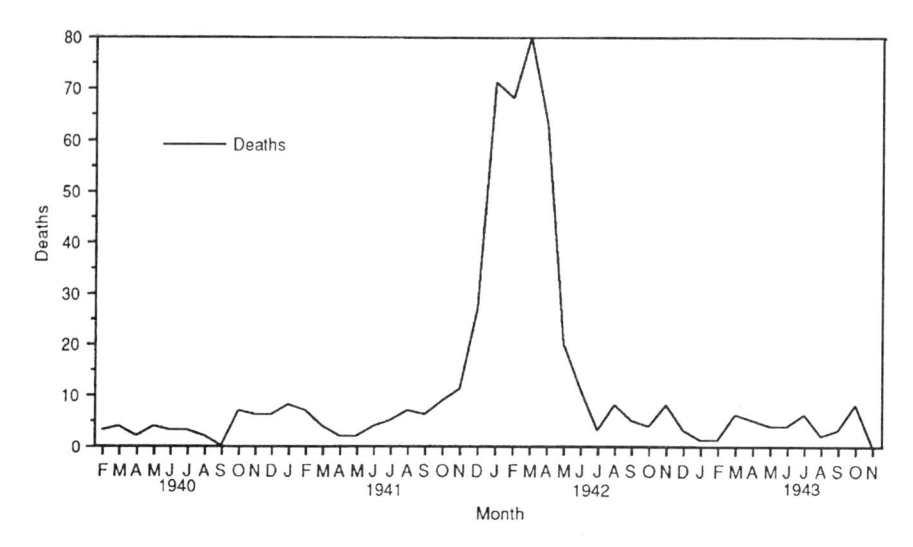

Fig. 1 – Monthly number of deaths, Mykonos 1940-43

Figure 1 shows the monthly number of deaths in the years 1940 to 1943. As mentioned above, the food shortage started soon after the occupation, that is April-May 1941. Still, the effects became apparent only in December of the same year. In all, the famine lasted six months from December 1941 till May 1942. Crude death rate (CDR) for Mykonos increased from 12.7 in 1938-39 to 144.3 during the famine[6]. Oral accounts and newspaper articles suggest an uneven occupational and geographical distribution of the force of the famine with the population of the town being more affected[7]. The reason suggested is that the peasant population, which was concentrated in Ano Mera, always had some food supplies in reserve whereas the town population was more dependent on food imports and fishing. The differential impact is evident when the two administrative units of the island of

---

[6] The 1938-38 CDR was calculated with the use of the average number of deaths in 1938-39 for the numerator and the 1940 population figure for the denominator. For the famine rate again the 1940 population figure was used in the denominator and the number of deaths that occurred in the six months of the famine in the numerator after being annualised, i.e. multiplied by two. In the case of the pre-famine rates, the population figure used refers to a later date than that of the deaths. Taking into account the positive natural increase the population in 1938-39 would have been smaller and therefore the estimated rates are somewhat underestimated. Still, the effect is not large since the two reference dates are close and neverhteless it should not affect the analysis.

[7] Stott mentions that farmers did better than others during the famine (Stott, 1982). The newspaper *Nea Mykonos*, July 1948 mentions that the urban population of the island, and among them especially the families of the fishermen, experienced heavy losses during the famine. As mentioned earlier, boats had been confiscated by the occupying forces.

Tab. 2 – Age-sex-specific ratio of the deaths during the famine to the average number of deaths in 1930-39, Mykonos

Age group	Males	Females
< 1	0.82	1.39
1-4	4.71	5.71
5-19	18.33	11.67
20-39	8.93	3.48
40-59	15.45	4.83
+60	5.32	3.26

Source: Death certificates of Mykonos.

Mykonos are used: the community of Ano Mera, which was almost exclusively composed of peasants, and that of Mykonos town which incorporated the rest of the population, including some peasants. The registered CDR of the Ano Mera community during the famine was almost half of the one in Mykonos town, 89.0 as opposed to 164.0. So, even within a restricted area such as the island of Mykonos, there were significant differentiations in the impact of famine. Unfortunately, an elaborate occupation-specific analysis cannot be done because of lack of an occupational distribution of the population near the date of the famine.

Significant differential effects of famines amongst various age groups have usually been found (Dyson, 1991; Bowman Jannetta, 1992; Watkins and Menken, 1985). In normal times the elderly and infants are at high risk of dying. The same does not seem to hold during the famine, at least not for infants. While the older ages, including those older than 50 years, experienced most of the losses in absolute terms, children aged 1-9 suffered more losses than infants. The relatively low mortality of infants can probably be attributed to extensive breast feeding, more prolonged than in normal times because of the lack of other food, which would have increased substantially their chances of survival. Still, there is no evidence to support this hypothesis. When the proportional increases are considered, in Table 2, using as a baseline the average number of deaths in 1930-38, the age groups more affected from the famine seem to be those of adults. So, a contrast between the proportional and the absolute increases in deaths seems to have resulted from the famine, where the age groups with the highest absolute increases experienced the lowest proportional ones, and those with the lowest absolute increases experienced the highest proportional ones.

In assessing the impact of the famine for the two sexes the proportional increases of the CDR between 1938-39 and the famine period are used. The much higher value found for males in comparison with females, 12.5 as opposed to 7.0, demonstrates that higher mortality was experienced by males during the famine. A similar excess mortality of males took place in the Athens and Piraeus famine. According to the figures provided by Valoras, male deaths accounted for 63 per cent of all deaths in the October 1941 to

Tab. 3 – Ratio of male to female deaths in Athens-Piraeus and Mykonos during the famine

Age group	Athens-Piraeus	Mykonos
0-4	1.1	1.0
5-19	1.3	2.4
20-39	2.4	3.1
40-59	2.6	3.6
60+	1.4	2.0

The ratios concerning Athens-Piraeus were calculated from the data provided by Valaoras (1946).

June 1942 period, a figure that is comparable with the 67 per cent registered in Mykonos (Valaoras, 1946). The excess male mortality holds even when an age-specific analysis is made, with deaths of males outnumbering those of females at all ages except infancy. The difference, which is not significant in childhood, increases gradually during adulthood. The above-described relation between the numbers of deaths of the two sexes is in agreement with that of the Athens and Piraeus famine. As can be seen in Table 3, while the ratio of male to female deaths in the various age groups is always higher for Mykonos than for Athens and Piraeus, the broad trend is the same. When the comparison is made with the number of deaths recorded in the specific age groups in the 1930-39 period, in order to have a picture of the proportional increases, a higher increase during infancy and early childhood is shown for females than for males even though the difference is rather negligible. For all the other age groups the proportional increase is much higher for males. Only for the old ages are the proportional increases comparable. A similar pattern has been described by Dyson for the South Asian famines as well as in other demographic studies of famines (Dyson, 1991; Bowman Jannetta, 1992).

No epidemics were associated with, or resulted from, the famine. Valaoras noted the lack of any major epidemics in Athens and Piraeus, with only a small epidemic of typhus and an outbreak of malaria (Valaoras, 1946). The absence of epidemics associated with the famine with the exception of that of typhus in Athens, is also indicated in the account made by WHO concerning health in Greece during the Second World War period (Anon, 1942-44). Other authors report on specific areas where substantial proportions of the population suffered from malaria (Laiou-Thomadakis, 1980). For Mykonos even though cause of death is given in all death records, in more than 70% of the death certificates of the famine period starvation is the stated cause of death. In the remaining certificates, a serious incidence of any specific disease cannot be traced[8].

---

[8] Examples of famines where starvation was the principle cause of death are cited by

4. Conclusions

The Greek famine of 1941-42 was the result of mainly two reasons: first, the fragile balance between exports of cash crops and imports of foodstuffs sustained by Greece even in peace times; and second, the indifference of the occupying forces towards the occupied populations. On the demographic angle of the famine a substantial increase in mortality levels was observed on Mykonos during the famine, an increase that is considerably higher than that of contemporary famines. The absolute as well as the proportional excess of male compared to female deaths in all ages except infancy and early childhood is consistent with patterns found elsewhere. Dyson attributes part of the excess male mortality to their increased mobility, whereas women's mortality was kept low because of the avoidance of pregnancy and breast feeding. Again in Mykonos none of these mechanisms was present, suggesting different reasons behind the strong mortality differences between the two sexes. The age-specific analysis pointed to the substantial proportional increases of deaths in adulthood and the relatively small increases of the other ages which, nevertheless, experienced the bulk of the losses in absolute numbers.

This study displayed the potential of the use of death certificates for a detailed demographic study of the 1941-42 Greek famine. While complete sets of civil registration certificates for the period 1941-42 are not available in every Greek community, nevertheless such communities do exist. The scarcity of demographic data during famine periods make a study of the available Greek data worthwhile.

Acknowledgements

I would like to thank Bill Gould, Emile Kolodny, Graham Mooney, David Siddle, Chris Wilson and Bob Woods who provided helpful comments on earlier drafts of this paper.

REFERENCES

ANON, «Health in Europe: Greece», in *Bulletin of the Health Organisation, League of Nations*, 10, pp. 662-664, 1942-44.

BLACK M., *A Cause for Our Times. Oxfam, the First 50 years*, Oxford: Oxfam and Oxford University Press, 1992.

Livi-Bacci. He concludes that «The long recognised and accepted link between want and epidemic attacks... can often be more than directly stimulating their incidence» (Livi-Bacci, 1991).

BOWMAN JANNETTA A., «Famine mortality in nineteenth-century Japan: The evidence from a temple death register», in *Population Studies*, 46, pp. 427-443, 1992.

DIAMOND W., *Agriculture and Food in Greece*, UNRRA European Regional Office, Operational Analysis Paper 19, 1947.

DOXIADIS K., *The Sacrifices of Greece in the Second World War*, c. 1945.

DYSON T., «On the demography of South Asian famines, Part I», in *Population Studies*, 45, pp. 5-25; Part II, in *Population Studies*, 45, pp. 279-297, 1991.

HIONIDOU V., *The Demography of a Greek Island, Mykonos 1859-1959: A Family Reconstitution Study*, University of Liverpool, Unpublished Ph.D. thesis, 1993.

IATRIDES J.O. (ed.), *Greece in the 1940s: A Nation in Crisis*, Hanover, University Press of New England, 1981.

KITSIKIS D., «La famine en Grèce 1941-42, Les consequences politiques», in *Revue d'Histoire de la Deuxième Guerre Mondiale*, 74, pp. 17-41, 1969.

LAIOU-THOMADAKIS A., «The politics of hunger: Economic aid to Greece, 1943-45», in *Journal of Hellenic Diaspora*, 7(2), pp. 27-42, 1980.

LIVI-BACCI M., *Population and Nutrition: An essay on European Demographic History*, Cambridge, Cambridge University Press, 1991.

PITKANEN K., and MIELKE J.H., «Age and sex differentials in mortality during two nineteenth century population crisis», in *European Journal of Population*, 9, pp. 1-32, 1993.

STEIN Z., SUSSER M., SAENGER G., and MAROLLA F., *Famine and Human Development*, New York, Oxford University Press, 1975.

STOTT M., *The Social and Economic Structure of the Greek Island of Mykonos 1860-1978: an Anthropological Perspective*, London School of Economics, Unpublished Ph. D. thesis, 1982.

THOMADAKIS S., «Black markets, inflation, and force in the economy of occupied Greece», pp. 61-80 in Iatrides J. O. (ed.), *Greece in the 1940s: A Nation in Crisis*, Hanover, University Press of New England, 1981.

VALAORAS V.G., «Some effects of the famine on the population of Greece», in *The Milbank Memorial Fund Quarterly*, 24 (4), pp. 215-234, 1946.

DE WAAL A., «Famine mortality: A case study of Darfur, Sudan 1984-5», in *Population Studies*, 43, pp. 5-24, 1989.

WATKINS S.C., and MENKEN J., «Famines in historical perspective», in *Population and Development Review*, 11 (4), pp. 647-675, 1985.

Graham Mooney*

THE PREVENTION AND CONTROL OF INFECTIOUS CHILDHOOD DISEASES IN LATE NINETEENTH- AND EARLY TWENTIETH-CENTURY LONDON: THE CASE OF DIPHTHERIA AND MEASLES

Riassunto. Il contributo riguarda il funzionamento del sistema di controllo della salute e di prevenzione della mortalità nella Londra tardo-vittoriana a mezzo di limiti alla libertà individuale, in contrasto con precedenti politiche di risanamento ambientale. Si esaminano i casi di difterite e di morbillo per chiarire come i focolai di malattia venivano individuati; come i bambini erano allontanati dalla scuola per contenere l'epidemia; e infine come – attraverso la collusione delle autorità sanitarie e dell'istruzione pubblica – le classi erano utilizzate a guisa di «laboratori» della salute pubblica e gli scolari come «cavie» per indagare sulla trasmissibilità del morbillo. Si sostiene che la notifica dei casi di infezione era strumentale alla realizzazione di politiche di sanità pubblica, concernenti le persone, più efficienti economicamente. Viene presentato un modello molto semplice di come i demografi possano affrontare la storia medico-politica della prevenzione sanitaria e di come una prospettiva geografica può arricchire la nostra comprensione dell'attuazione di queste misure sanitarie.

Summary. This chapter investigates how the control of child health and the prevention of mortality operated in late Victorian London through an encroachment upon individual freedom which was in contrast to earlier policies of environmental reform. Diphtheria and measles will be examined to demonstrate how the sources of disease outbreaks were detected; how children were excluded from school in order to prevent the spread of disease; and that through a collusion between the educational and the sanitary authorities, classrooms were used as public health «laboratories» and the school children as «guinea-pigs» in order to investigate the infective properties of measles. It is argued that compulsory infectious disease notification was instrumental in bringing about more «economically efficient» and individualistic public health policies. A very simple model is offered for one way in which demographers can approach the medico-political history of disease prevention, and how a geographic perspective can add to our understanding of how these sanitary measures were implemented.

1. Introduction[1]

The interesting pattern of falling early childhood mortality rates during the second half of the nineteenth century in England and Wales is in stark contrast to the persistent high rates of infant mortality, as Figure 1 shows. This chapter represents a modest addition to some of the recent work on

---

* Centre for Metropolitan History, University of London, UK.

[1] Many of the detailed nineteenth century bibliographic references upon which much of this chapter is based were drawn from two important journals *Public Health* and the *Sanitary Record*, and can be found in my Ph.D. thesis (Mooney 1994a).

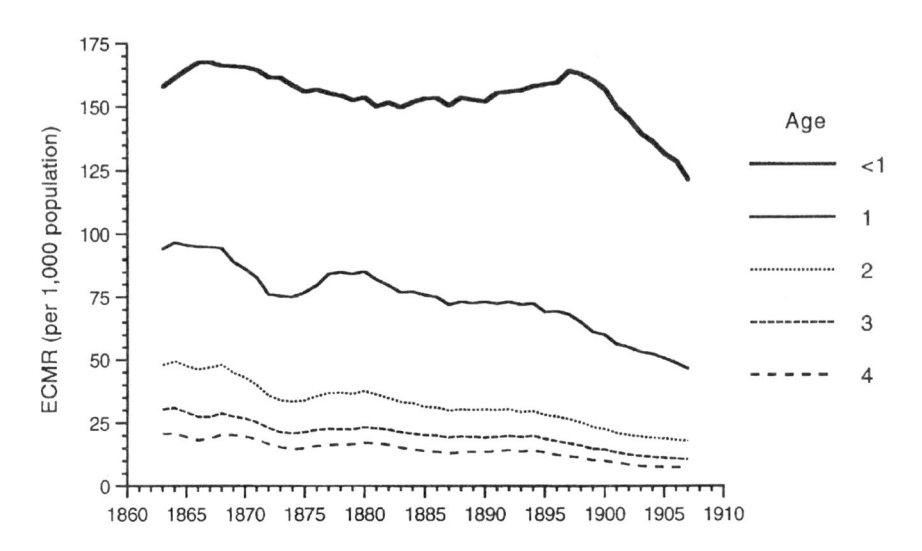

Fig. 1 – Early childhood mortality rates (all causes), five year moving mean: London, 1861-1910

mortality in childhood (Hardy, 1992-1993) by placing London's experience within the wider context of compulsory infectious disease notification. Some of the notifiable infectious diseases, such as smallpox, scarlet fever and diphtheria were especially fatal during childhood. Viewed from the perspective of compulsory notification, the study of childhood mortality sits happily with other work on public health reform during the nineteenth-century since, as with the «sanitary revolution» (Kearns, 1988-1989), notification represented a remarkable infringement upon the freedoms of both individuals and property (D. Porter and R. Porter, 1988a; Mooney, 1994a). In the late nineteenth century, much debate centred around whether schools were an important «medium» through which childhood diseases could spread, and this study focuses upon the classrooms of the London School Board (LSB) at the turn of the century.

2. *Compulsory infectious disease notification: the centralisation of knowledge*

The permissive Infectious Diseases (Notification) Act of 1889 became compulsory in the British capital with the Public Health (London) Act, 1891, but remained optional in the provinces until a further Act was passed in 1899[2]. The Acts covered smallpox, cholera, diphtheria, membranous

---

[2] *An Act to provide for the Notification of Infectious Disease to Local Authorities* (30

croup, erysipelas, scarlet fever and typhus, typhoid, enteric, relapsing, continued and puerperal fevers. However, local authorities could issue either a temporary or permanent order to add further infectious diseases to this schedule. The Porters have suggested that the introduction of these Acts, which represented «a striking infringement of the traditional freedom to be sick, and to spread one's sickness, with impunity», aroused little opposition because «by the last quarter of the nineteenth century the public was becoming acclimated to a new medical rationality that might involve the trimming of its liberties» (D. Porter and R. Porter, 1988a). Certainly before the Notification Acts were introduced individual liberties were interfered with in the name of the state in a number of ways. Popular opposition to compulsory smallpox vaccination has been discussed extensively elsewhere (Beck, 1960; MacLeod, 1967; D. Porter and R. Porter, 1988b). The permissive Common Lodging Houses Acts of 1851 and 1853 were significant forerunners of notification. The former required all the keepers of lodging houses to give to the local authority or medical officer of health (MOH) notice of any lodger ill with fever or a contagious disease. The keeper was liable to a fine of 40 shillings in the case of negligence. The latter, meanwhile, made it possible for such lodgers to be removed to hospital with the consent of the authorities. Confirmation by the MOH that the disease was indeed infectious placed a further burden on the keeper to ensure that the clothes and bedding of the patient were properly disinfected, although the local authority would compensate these expenses[3]. Additionally, the Contagious Diseases Acts of 1864, 1866 and 1869 enabled the medical inspection of prostitutes in order to control the spread of venereal disease. The civilian population were never included under the terms of these Acts, since John Simon at the Local Government Board concluded that such a move would have been an 'illegitimate extension of state authority' (Ogborn, 1993). Meanwhile, Clause 26 of the 1866 Sanitary Act[4] empowered the MOH to remove infected persons to hospital by classifying them together with inanimate nuisances which were seen as the causes of disease (Watkins, 1984). Clauses 25 and 38 made the public exposure of infected persons or clothing an offence, and prosecutions under this legislation were not uncommon (Mooney, 1994a).

By July 1884, 34 towns across England and Wales had some method of disease notification in operation that had been incorporated into Local Improvement Acts, and the Porters' claim of public apathy in the face of such legislation may thus appear to be true. Perhaps less surprisingly, the infringement of liberties was also unquestioned by the gatekeepers of the

---

August 1889). The compulsory clauses regarding London were later consolidated in *An Act to consolidate and amend the laws relating to public health in London* (5 August 1891); and *An Act to extend the Infectious Disease (Notification) Act 1889, to which it has not been adopted* (20 June 1899).

[3] *An Act for the well-ordering of common lodging houses* (24 July 1851); and *An Act for making further provisions with respect to common lodging houses* (4 August 1853).

[4] *An Act to amend the law relating to the public health* (7 August 1866).

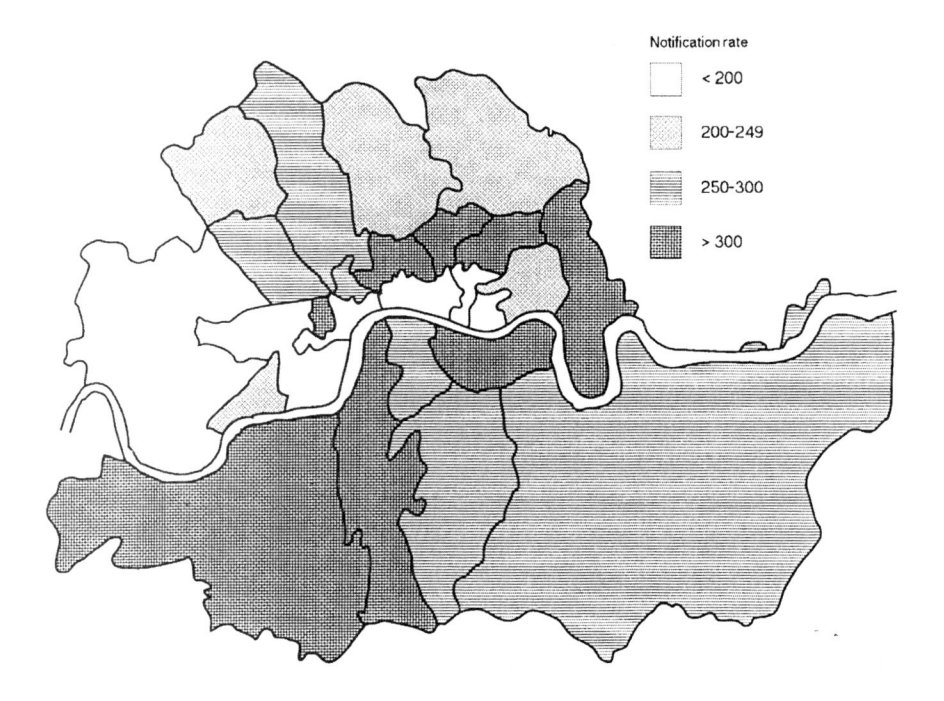

Fig. 2 – Scarlet fever notification rates (per 1,000 population): London Registration Districts, 1891

«new medical rationality», the MOHs. Compulsory notification provided the sanitary authorities with knowledge, and as Arthur Newsholme, the MOH for Brighton, observed, «knowledge was always power, and it was self-evident that any local authority using the information given it by notification, was in a better position to adopt early preventive measures against the spread of disease» (Newsholme, 1895-96). Notification provided an early warning system of pending epidemics, the potential for which is demonstrated in Figure 2. Here, scarlet fever notification rates (per 1,000 population) have been mapped for 25 districts in London for the first year that notification was compulsory in the capital, 1891. Although the rates apply to the total population, it was likely the majority of these cases would be of children below the age of ten[5]. The annual totals presented here were actually published in a monthly format which would have provided the MOHs with a useful guide to the seasonal fluctuations and geographical spread of disease. Of all the notifiable diseases, scarlet fever is perhaps the most interesting, since there were no deaths from the disease in 1891 in all but four of the districts shown in Figure 2. Even though the disease's declining virulence

[5] The figures were issued on a monthly basis by the journal the *Sanitary Record* for 17 months, January 1891 to May 1892. The data were also reproduced in the annual statistical reports of the Metropolitan Asylums Board.

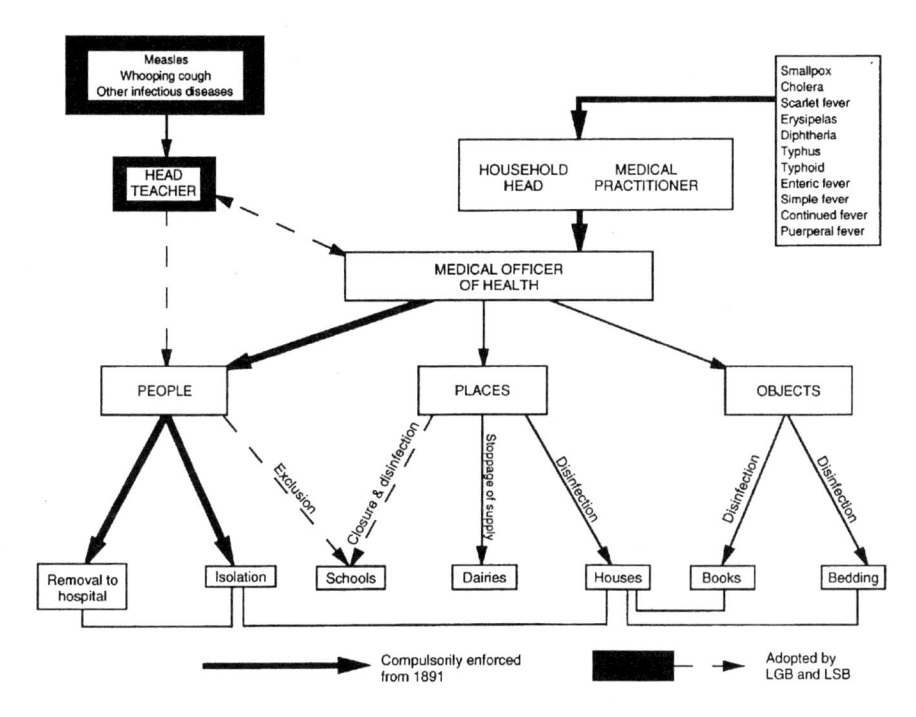

Fig. 3 – The operation of notification in London

partly accounts for this low mortality (McKeown and Record, 1962; McKeown, 1976), and notwithstanding possible errors and over-caution in diagnosis, the map shows that scarlet fever sickness was prevalent, especially in the East End and some districts south of the River Thames. The significance of the map not only lies in its value as an indicator of levels of sickness in the capital for a period when our demographic knowledge of morbidity is relatively scarce, but also in the fact that the details contained therein represented a new, practical and ideological step in the late Victorian battle against the infectious childhood diseases.

Not only did notification alert the authorities to the need for preventive action, but it also ensured that curative steps could be taken once the sickness was registered. Figure 3 shows a diagrammatic representation of how the Acts operated. It becomes obvious that the various proceedings notification might set in train – the isolation and/or the removal of the patient to hospital, the closure of schools or the exclusion of infected children from school, disinfection of homes and infected premises, or the cutting off of a milk-supply – do indeed represent considerable interference with both liberty and property. By 1900, 75% of all notified scarlet fever cases were received into the Metropolitan Asylums Board hospitals. This chapter will now go on to examine how notification was utilised in attempts to control two other diseases especially fatal in childhood, diphtheria and measles.

3. The control of infectious disease through schools: the case of diphtheria

A highly infectious complaint, the control of diphtheria eluded public health professionals during most of the second half of the nineteenth century[6]. A large part of the problem with diphtheria was the confusion concerning the aetiology of the disease. In the absence of definitive evidence to the contrary, miasmatists, for example, clung on to the belief that the atmospheric contamination of the air from the drain effluvia and soil was the source. It now seems likely that a more virulent strain of the disease, also suspected by the medical profession at the time, was responsible for the upturn in diphtheria mortality from the mid-1870s (Figure 4) and that waning of this virulence was mainly responsible for the decline of the disease towards the end of the century (Hardy, 1993). We also know that reduced fatality from the disease was partly due to the diphtheria antitoxin, first used in London towards the end of 1894. By 1896 serum therapy was used to treat diphtheria in more than 66% of the cases admitted to the hospitals of the Metropolitan Asylums Board, and between 1897-1904 this figure had increased to about 80% (Armstrong, 1905-06)[7]. As we can see from Figure 4, this period coincides with a massive reduction in childhood mortality from diphtheria in London, although the actual beginning of the decline pre-dated the introduction of the antitoxin by one year.

Diphtheria was especially fatal during childhood ages, as various investigations by MOHs in the late 1890s showed. Before the use of serum therapy in 1894, a system for alerting the school authorities in London to the dangers of epidemic disease had gradually become more comprehensive and efficient, and again this was achieved through efforts to centralise the capital's public health network. The evolution of the MAB's services from 1867 provided a centralised hospital authority for the isolation of pauper diphtheria cases (Weindling, 1992). Notification, however, afforded the centralisation of knowledge rather than administration. The first indications of a gradual movement towards centralisation of information began early in 1878, when the Society of the Medical Officers of Health sent a letter to the School Board for London requesting that the Board's ten district superintendents forward to the MOHs information regarding those cases of infectious diseases that came to their attention.

Yet without any central figure to co-ordinate this rudimentary system, the development of co-operation between the educational authorities and the

---

[6] The diphtheria bacillus, transmitted by droplet infection, lodges in the nose, throat or windpipe after inhalation. Symptoms include fever, sore throat, and a hard cough. Death is caused by the diphtheria toxin.

[7] Caution is required when using data such as these, since standard quantities, strengths and methods of administering the serum were not practised and patients were often given the antitoxin without a diagnostic test, perhaps when only suffering from a sore throat (Weindling, 1992; Hardy, 1993).

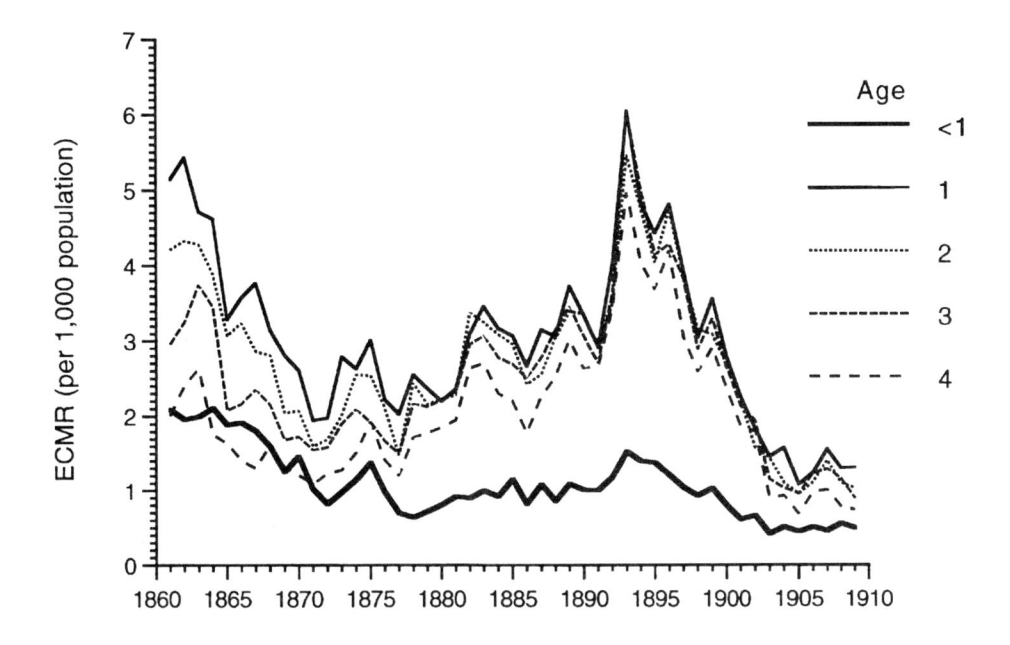

Fig. 4 – Diphtheria early childhood mortality rates: London, 1861-1910

metropolitan MOHs remained a piecemeal and unsatisfactory process until the LBS appointed Professor W.R. Smith as its first Medical Officer in 1890 (Watkins, 1984). Before the end of his first year of tenure, Smith called a meeting with the London MOHs in December 1890. He convened the meeting to consider what steps should be taken with the view of preventing the spread of infectious diseases through Board Schools. His objective was to ensure the exclusion from school of any child coming from a family suffering from an infectious disease. This policy had to be adopted across the capital for it to be effective. The means by which such uniformity could be achieved was to set up frequently-used channels of communication between the school head teachers and the MOH in each locality. The Infectious Disease (Notification) Act of 1889 provided this channel in the metropolis, with the MOH, upon notification, informing the school of any child suffering from an infectious disease. Methods of co-operation had already been developed between the educational authorities and the MOHs in Edinburgh, Glasgow, Aberdeen, Manchester, Liverpool, Birmingham, Salford and Bristol. The LSB ensured that the notification procedure was a two-way process. They specified that any child «showing symptoms of an infectious disease, or any child coming from a house where an infectious disease exists, must be sent home at once, and the superintendent of visitors must be immediately informed of the case in order that inquiries made with a view to proper steps being taken

Tab. 1 – Diphtheria cases[1] examined by the medical departments of the London School Board and the London County Council: London, 1903-08.

	Number of cultures	Diphtheria carriers[2]
July 1903 to March 1904	758	58 (7.7)
April 1904 to March 1905	890	60 (6.7)
April 1905 to March 1906	982	95 (9.6)
April 1906 to March 1907	803	68 (8.5)
April 1907 to March 1908	770	75 (9.7)
April to December 1908	1,780	93 (5.2)
Monthly mean	91	7
Totals for 66 months	5,983	449 (7.5)

[1] Klebs-Loeffler bacillus only
[2] Percentages shown in parentheses

Sources: J. Kerr, Annual Reports of the Medical Officer of the London School Board and the Annual Reports of the Medical Officer (Education) to the London County Council.

to prevent the children living in the same house or tenement from attending school» (quoted in Murphy, 1896).

Notification of diphtheria school cases in this way became extremely important once the LSB had sanctioned the laboratory provision of bacteriological testing appliances. James Kerr's *First Annual Report* as the LSB's medical officer expressed the hope that this facility would ultimately render a child «safer from infection in school than in the streets» (Kerr, 1903). These hopes were not dashed. Between July 1903 and December 1908, a total of 5,983 cultures were taken from children giving *any* signs of diphtheria (see Table 1), including aural or nasal discharge, enlarged glands, undue pallor, or a history of recent absenteeism from school. Of these, only 449 cases (7.5%) were found to be carriers of the Klebs-Loeffler diphtheria bacillus (other forms were termed pseudo-bacilli and disregarded). Very soon, it became known that «mild» cases of diphtheria, either considered to be too slight to be infective or perhaps not recognised by parents, teachers and even doctors, represented the most danger to school children. During the first year of the laboratory's operation in 1903, two children were excluded from Lewisham Bridge School after having been bacteriologically tested. One, a boy, was examined three times between 29 September and 8 December. Diphtheria bacilli were still in his throat at the latter of these dates. The MOH had wanted to close the whole school at the commencement of the outbreak, but as the LSB medical officer noted, «it was felt a more scientific procedure would discover the carrier cases, and exclude them only» (Kerr, 1904). Once infected cases were discovered, a telegram was sent to the school to ensure that the infected children were excluded as soon as possible. Bacteriological examination of diphtheria cases served to highlight that:

[T]he maintenance of expensive isolation hospitals, and the universal provision and carrying out of disinfection in notified cases alone are no longer to be considered adequate protective measures. Unless facilities exist for the detection of mild carrier cases preventive measures are largely wasted (Kerr, 1908).

Whilst this illustrates the willingness of the state to intrude upon the freedom of individuals via notification, the exclusion from school and the targeting of individuals with diphtheria helped reduce the enormous expense incurred by removal to hospital and disinfection of property. Notification became the fulcrum upon which a more «economically efficient» means of disease control depended. In the case of scarlet fever, John Eyler has already suggested that as it dawned upon some public health professionals that hospitals failed to control the disease, their economic value came to be stressed. Hence, with proper isolation:

[S]iblings might continue to attend school, other family members might continue to work at trades from which they would otherwise be temporarily barred, and families would be spared the expense and convenience of home care (Eyler, 1987).

Scientific therapies meant «that poverty could be erased from the medical discourse», since antitoxin sera helped relegate the social causes of disease, such as overcrowding, malnutrition, and hazardous occupations, to the political dustbin (Weindling, 1992). This theme of «economic efficiency», based upon a more scientific approach to disease control, must be viewed in tandem with the Edwardian ideology of «social efficiency», which itself was rooted within the wider concept of «National Efficiency». This National Efficiency movement found its origins in the appalling physical condition of the Boer War recruits. Dorothy Porter has skilfully shown how the language of eugenics, closely associated to National Efficiency, informed the development of public health policy. This, she argues, was based along structuralist lines aimed at ameliorating the «physical conditions of existence», a term coined by John Simon of the Local Government Board (LGB). Disease prevention had evolved in two stages. The first concentrated upon the sanitary conditions in localities which served to facilitate the spread of disease. Secondly, advancements in knowledge of disease aetiology «revealed the interdependence of those social and biological conditions which furthered their propagation» (Porter, 1991). Hence, a «causal attack» against disease could be developed under the umbrella of «social efficiency» (Newsholme, 1908-09; Porter, 1991).

However, this concept involved a new definition of the environment itself. Bacteriology had not only identified the aetiology of the many diseases, but it also pinpointed the importance of human behaviour for the spread of disease:

[T]he public health officers embracing the bacteriological revolution no longer *viewed the individual simply as an isolated health unit; he or she was seen rather as the bearer of the social relations of health and illness. It was no longer enough for individuals to heed their own health...; they must be made conscious of the social impact of individual behaviour upon the health of the community* (Porter, 1991).

This new sociological perception of the environment ushered in an era of what Porter has termed «rational-comprehensive health planning», which «encompassed an expanded environmentalist programme dedicated to regulating the social, economic, and physical conditions of existence» (Porter, 1991). In the United States, aetiological awareness coupled with the «determination to prevent the spread of disease by controlling the sick individual and his excretions» was termed «The New Public Health» (Eyler, 1987). Certainly in London, the management of diphtheria in schools illustrates this concept well, and the theme shall be further developed in the next section of the chapter.

4. *Classrooms as public health laboratories: the case of measles*

Measles is the most infectious of all the common fevers[8]. Unlike diphtheria, measles was not on the list of compulsorily notifiable diseases. But due to the high mortality from the disease in the early age groups (see Figure 5), a number of local authorities made it so under Section 7 of the 1889 Act, and by 1912 it was notifiable in 88 districts (Bannington, 1915). However, a series of objections were made opposing measles notification. It was argued that because it was highly infective before the characteristic rash appeared and because the epidemics were so short-lived, the value of notification was limited; it would be difficult to convince parents of the value of notification or even calling in a doctor, since most people did not regard measles as a particularly life threatening disease – indeed, early symptoms were no different to those of a common cold and case fatality rates averaged at less than 5%; because of the high case rates, it was feared that removal to hospital and subsequent disinfection would prove to be far too expensive; notification of measles would also place tremendous pressure upon hospital accommodation in urban areas.

On the other hand, it was contested that the high levels of child mortality from the disease – only whooping cough ever exceeded it – made notification imperative. As we can see from Figure 5, mortality rates in childhood were particularly excessive for one-year-olds, whilst mortality rates at other ages were comparable to those of diphtheria. It was acknowledged by the

---

[8] Measles is caused by a viral infection which takes place in the upper respiratory tract and communicated in person via droplet infection. The virus does not appear to vary, and rarely occurs in children less than three months old, due to the transmission of maternal antibodies during the foetal stages of pregnancy, providing the mother has had the disease.

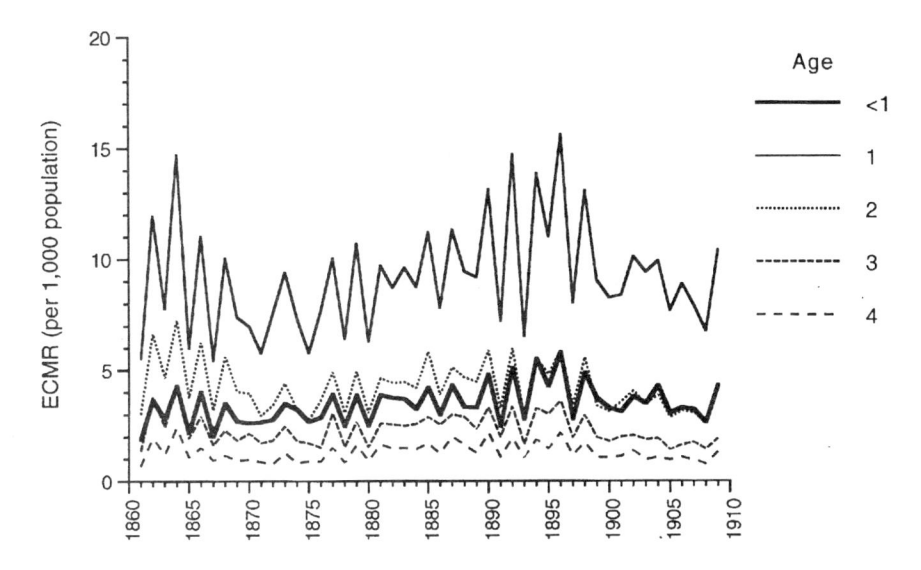

Fig. 5 – Measles early childhood mortality rates: London, 1861-1910

proponents of notification that measles was indeed highly infective in its early stages, but was also believed to be infectious after the appearance of the rash. Notification would at least enable isolation and removal, thereby constraining the epidemic if not stamping it out altogether. However, the main, and most convincing, argument for notifying measles was that it facilitated the closure of schools, which were seen as major pools of infection. It is in this context that measles can be examined, since it provides yet another excellent example of the extent of state interference.

In an influential report on the control of measles in 33 rural and urban sanitary districts covering 1891-95, Theodore Thomson came to the impression that «[t]he problem of how to obtain control of measles is one of great difficulty for Sanitary Authorities. It is clear, however, that a necessary preliminary to taking precautions against spread of this disease is the possession of knowledge to its occurrence and...compulsory notification of measles, properly utilised, is likely to be of no little value». However, of the districts visited by Thomson, only a handful had placed measles on the schedule of compulsory notifiable diseases. Seven urban and three rural sanitary districts had a system of compulsory notification in operation. In the same number, the order for compulsory notification had been revoked (Thomson, 1894-95). In such circumstances, it was necessary to resort to other means of collecting information regarding an outbreak of infectious disease. One of these sources was the school authorities, with whom the sanitary administration could draw up a contract to provide information, be it hand-written or verbal, regarding known or suspected cases. In his survey, Thomson found that this practice was not uniformly adopted for measles.

In London, efforts to determine whether measles was spread through schools began in earnest at the request of James Kerr. In the autumn of 1902, it was agreed that Dr. Sydney Davies, the MOH for Woolwich (Southeast London), would assiduously monitor all cases of measles in his district for one year (Kerr, 1903). Under the scheme, teachers in the Infants' Departments were obliged to keep a list of each class showing those children who had already had measles upon admission, those who contracted measles whilst at the school, and children who left and were not known to have had measles. The measles history of each child was recorded on a card retained by the school. Whenever a child was found to be suffering from measles, particulars of the attack were recorded on the card, which was taken home by the child. The MOH was informed, and a domiciliary visit was arranged to investigate the spread of the disease from house-to-house and amongst the child's family. Early results revealed that in 14 Infants' Departments (3-7 years, with a pupil population of 5,512), 54% of three year-olds had already had measles. The figure rose to 83% at seven years, demonstrating «a steady transference from the unprotected to the immune side during the stay of the children in the Infants' Departments» (Kerr, 1903). This led Kerr to believe that the amount of what he termed «combustible material in each classroom», i.e. the proportion of children not immune to measles, was the most important factor in its spread through schools. By 1908, the study had been extended to a five year period, during which time the enquiry had revolutionised ideas about the prevention of measles in schools. It was discovered, for example, that measles was most likely to spread through a class when between 30 and 40% of the pupils were unprotected. Diffusion continued until between 15 and 20% of the class were unprotected.

In turn, the whole question of the efficacy of class closure was raised, and for the purpose of solving it Woolwich was split in half: rigorous class closure was practised in East Woolwich, whilst in the West reliance was placed upon the exclusion of pupils and children coming from infected families. Within three years of the beginning of the experiment, Kerr confidently claimed that «the usual sanitary idea of results in measles prevention by school or class closure is mere imagination» (Kerr, 1907). Due to the high infectivity of measles, school closure was only effective if applied at the occurrence of the first case, and because measles was so difficult to diagnose, this was normally impossible. It was found that in East Woolwich, class closure was little more effective than pupil exclusion in the West. During 1904-05, for example, 38% of the unprotected children were attacked by measles in the Eastern «closing» schools. The corresponding figure was 46% in the western «non-closing» schools. More importantly, the ravages of measles left 7.7% of the children in the East unprotected and 8.0% in the West (Kerr, 1905). These «scientific» results meant that decisions could be taken with clinical accuracy. On 2 June 1908, four cases of measles were reported in three classrooms in Atley Road School, but «the knowledge that only 18% of the children had measles showed that it was safe to assume that no spread would take place and that therefore no action was taken» (Kerr, 1908). Closure also meant that subsequent cases fell from observation of the school authorities and that the control of the outbreak by home visiting and MOH advice ceased (Kerr, 1908). Children returning to previously-closed schools were often found to be still incubating the disease. As a direct result of the Woolwich enquiry, children in Infants' Departments suffering from measles were to be compulsorily excluded for one month all across London. Moreover, all children in Infants' Departments coming from *any house* in which either measles, mumps, chicken-pox, or whooping cough existed were excluded too. This also applied to any child not in an Infants' Department who had not previously had the disease (Kerr, 1906).

The importance of the Woolwich inquiry lies in that the results were used to place a large part of the blame for the spread of the infectious childhood diseases upon parents, and particularly mothers. The fact that school closure had proved to be relatively ineffective highlighted the importance of early identification. It was recommended in 1905 that circulars be sent to all mothers on the incidence of the first case of measles in a classroom, «begging» them to «notice colds, and upon the slightest suspicion of such symptoms to keep the child at home for a day or two» (Kerr, 1905). Information cards were prepared during 1905 for the Woolwich district, and in January 1908 the system was adopted in all the Infants' Departments across London in order to ensure «a gradual education of the parents to a sense of their responsibility and to the seriousness of the disease» (Kerr, 1908). Today, such advice is regarded as commonplace[9], but at the turn of the century it was symptomatic of a shift in the politics of the British public health movement towards more individualistic prescriptions in preventive medicine: «the emphasis was on regeneration through nurture rather than nature» (Porter, 1991).

Because measles was not a notifiable disease, schools remained «the one channel of information concerning measles and in the absence of school attendance the control over the death rate which knowledge gives is lost» (Kerr, 1908). Nonetheless, measles maintained its high position in the annual records of childhood mortality in London well into the twentieth century. This was probably due to the fact that it was a disease mainly associated with overcrowded living conditions and poverty (Aaby et al., 1984; Hardy, 1993). In addition to this, its high infectivity during the early stages, difficulties with identification in these stages, and the fact that it was most prevalent at ages before compulsory schooling, we can say with some confidence that

---

[9] For example, on 5 January 1994 in the UK, the Health Education Authority began an *Immunisation – Facts for Life* campaign which had three mains aims; first, to remind parents which immunisations are available; secondly to encourage parents to complete the course of immunisations, thus ensuring maximum protection; and thirdly, to remind parents, especially new parents, that childhood diseases are still around and could return if immunisation levels are not maintained (Health Education Authority, 1994).

the overall demographic course of the disease was probably only influenced to a minor degree by the action of the educational authorities. This would suggest that more research needs to be done on the role of measles prevention in the domestic environment and the part it played in the development of more individualistic methods of health care at the turn of the century (Kearns, 1991, Mooney, 1994b).

5. Discussion and conclusion

Infectious disease notification, either compulsorily enforced or developed locally with the educational authorities, was however an important factor in the development of preventive medicine in the late Victorian period. Although it is unlikely that notification played a great part in the decline of diphtheria mortality, it was crucial to the efficient functioning of a system which increasingly relied upon the early identification of cases in order to allow the implementation of scientific therapies. In measles, we have an example of notification being used as the basis of a policy which involved the exclusion of children from schools in order to 'protect' the wider community, even though the success of this policy is questionable. Both show the way in which notification was the foundation of interventions which involved the restriction of individual actions. Yet this chapter has only touched upon a few of the public health issues regarding compulsory infectious disease notification which would repay further study by historians of geography, demography and medicine alike. For example, future research must examine the issue of hospital provision for sick children, since in London the centralised system of pauper hospitals was placed under enormous pressure through notification. Nevertheless, it is important that historical population geographers continue to address medico-political questions.

Figure 6 offers one simplified way of how we may conceptualise such an approach through the study of notification. By no means is the diagram comprehensive: other than public health reforms, it takes no account of variables such as the standard of living and diet which were also important factors for levels of mortality and morbidity. Some pathways are clearly conspicuous by their absence: obviously, the progression from state interference to local intervention for the prevention of disease may be rather more direct than is implied here. Further, the arrows are all uni-directional, which is clearly a misrepresentation of reality. However, in this chapter I have tried to show how the trend of state interference with individuals and property made laws concerning compulsory infectious disease notification not only possible but, by 1889, reality. When this was not the case, as with measles, then the educational authorities developed their own methods of notification, as did the LSB and later the London County Council. This in turn provided MOHs, School MOHs and bodies such as the LSB with daily local returns of sickness and local knowledge of disease prevalence and causation. When these

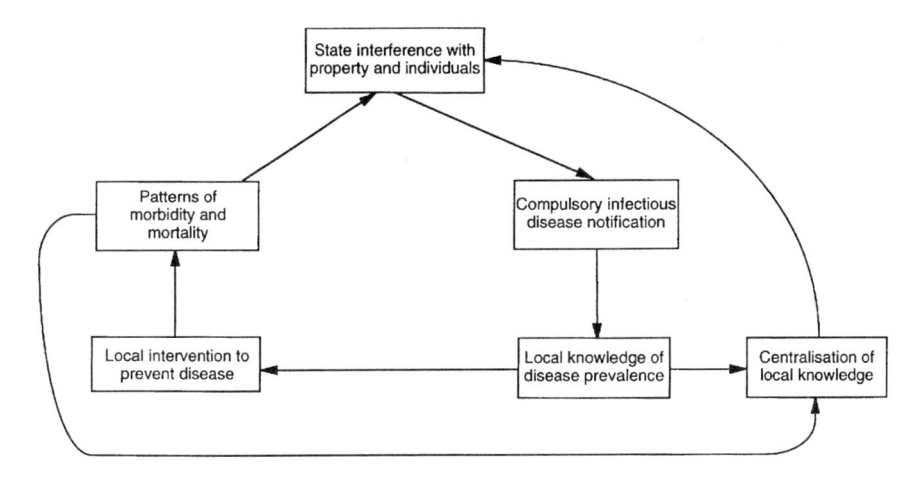

Fig. 6 – A simplified typology for the geographical and demographic study of national state interventionist public health policies

returns were pooled, as in the publication of monthly notification rates in the *Sanitary Record*, the information therein fed back into the ideology which legitimised state interference: compulsory disease notification was enforced upon local authorities by the 1899 Notification Act. Obviously, this local knowledge was also used to contain the spread of local epidemics. The resulting patterns of mortality and morbidity were then used by central government as a justification for further or new methods of intervention. This chapter has tried to show, in a very broad and sweeping manner, that population geographers could make a positive contribution here by studying the unique ways in which different strategies of intervention were adopted in different localities upon the receipt of information regarding pending outbreaks of sickness.

Acknowledgements

The research upon which this chapter is based was funded by an Economic and Social Research Council Research Competition Award No. R00429024868. I would like to thank Violetta Hionidou, Gerry Kearns, Bob Woods, Russell King and the anonymous referees for their helpful comments on an earlier draft of this chapter. I am also grateful to Mark Arnull.

REFERENCES

AABY P., BUKH J., LISSE I. M., and SMITS A.J., «Overcrowding and intensive exposure as determinants of measles mortality», in *American Journal of Epidemiology*, 120, 1984, pp. 49-63,.

ARMSTRONG H.E., «Diphtheria, its extent and fatality in the large provincial towns of England and Wales, and in the hospitals of the Metropolitan Asylums Board, during the years 1894-1904 inclusive, in relation to the use of antitoxic serum in the treatment of the disease», in *Public Health*, 18, 1905-06, pp. 227-232.

BANNINGTON B.G., *English Public Health Administration*, London, P.S. King & Son, 1915.

BECK A., «Issues in the anti-vaccination movement in England», in *Medical History*, 4, 1960, pp. 310-321.

EYLER J.M., «Scarlet fever and confinement: the Edwardian debate over isolation hospitals», in *Bulletin of the History of Medicine*, 61, 1987, pp. 1-24.

HARDY A., «Rickets and the rest: child-care, diet and the infectious childhood diseases», in *Social History of Medicine*, 5, 1992 (3), pp. 389-412.

HARDY A., *The Epidemic Streets: Infectious Disease and the Rise of Preventive Medicine 1856-1900*, Oxford, Clarendon Press, 1993.

HEALTH EDUCATION AUTHORITY, *Immunisation – Facts for Life*, Health Education Authority press release, 5 January 1994.

KEARNS G., «Private property and public health reform in England, 1830-70», in *Social Science and Medicine*, 26, 1988 (1), pp. 187-199.

KEARNS G., «Zivilis or hygaeia: urban public health and the epidemiologic transition», pp. 96-124 in Lawton R. (ed.), *The Rise and Fall of Great Cities: Aspects of Urbanisation in the Western World*, London, Belhaven Press, 1989.

KERR J., *First Annual Report of the Medical Officer of the London School Board, year ended 25 March 1903*, London.

KERR J., *Annual Report of the Medical Officer (Education) of the London County Council, year ended 25 March 1904*, London.

KERR J., *Annual Report of the Medical Officer (Education) of the London County Council, year ended 31 March 1905*, London.

KERR J., *Annual Report of the Medical Officer (Education) of the London County Council, year ended 31 March 1906*, London.

KERR J., *Annual Report of the Medical Officer (Education) of the London County Council, year ended 31 March 1907*, London.

KERR J., *Annual Report of the Medical Officer (Education) of the London County Council, 21 months ended 31 December 1908*, London.

MACLEOD R.M., «Law, medicine and public opinion: the resistance to compulsory health legislation 1870-1907. Parts I and II», in *Public Law*, 1967, pp. 107-128 and pp. 189-211.

MCKEOWN T.R., *The Modern Rise of Population*, London, Edward Arnold, 1976.

MCKEOWN T.R., and RECORD R.G., «Reasons for the decline of mortality in England and Wales during the nineteenth century», in *Population Studies*, 16, 1962, pp. 94-122.

MOONEY G., *The Geography of Mortality Decline in Victorian London*, University of Liverpool, Unpublished Ph.D. thesis, 1994a.

MOONEY G., «Did London pass the "sanitary test"? Seasonal infant mortality in London 1870-1914», in *Journal of Historical Geography*, 20, 1994b (2), pp. 158-174.

MURPHY S., *Annual Report of the Medical Officer of the London County Council 1896*, London.

NEWSHOLME A., «A national system of notification of sickness», in *Public Health*, 8, 1895-96, p. 107.

NEWSHOLME A., «Some conditions of social efficiency in relation to local public administration», in *Public Health*, 22, 1908-09, pp. 403-415.

OGBORN M., «Law and discipline in nineteenth-century English state formation: the Contagious Diseases Acts of 1864, 1866 and 1869», in *Journal of Historical Sociology*, 6, 1993, pp. 28-55.

PORTER D., «"Enemies of the race": Biologism, Environmentalism, and public health in Edwardian England», in *Victorian Studies*, 34, 1991 (2), pp. 159-178.

PORTER D., and PORTER R., «The enforcement of health: the British debate», pp. 97-120 in E. Fee and Fox D.M. (eds), *AIDS: the Burdens of History*, London, University of California Press, 1988a.

PORTER D., and PORTER R., «The politics of prevention: anti-vaccinationism and public health in nineteenth-century England», in *Medical History*, 32, 1988b, 231-252.

THOMSON T., «Report on measles in England and Wales, and as to measures that may be and which have been adopted by sanitary authorities with a view to obtaining control over this disease», *Supplement to the 24th Annual Report of the Local Government Board, containing the Report of the Medical Officer to the Board 1894*, British Parliamentary Paper 1895, LI [7906], Appendix A10, 1895, pp. 567-626.

WATKINS (now Porter) D., *The English Revolution in Social Medicine*, University of London, Unpublished Ph.D. thesis, 1984.

WEINDLING P., «From isolation to therapy: children's hospitals and diphtheria in fin de siècle Paris», London and Berlin, pp. 124-145 in Cooter R. (ed.), *In the Name of the Child. Health and Welfare, 1880-1940*, London, Routledge, 1992.